11月，出版《微博的冲击》（CCC傳媒舍／與蔡成平合著）

多次受邀在法政大學、立教大學、櫻美林大學等名校進行演講

2013年

參演《人間》，陸續出席各大國際電影節

2014年

3月，拜會海江田萬里，開始準備競選

2015年

1月7日，被《朝日新聞》報導

2月4日，加入日本籍

3月10日，被雜誌《AERA》報導

4月10日，被《朝日新聞》報導

4月16日，被《東洋經濟在線》報導

4月26日，開票結果，第一次競選失利

5月2日，被《律師.comNews》報導

7月，出版第二十本著作《原中國人在日本立志成為政治家》

5月12日，被《NHK WORLD》面向全球報導

9月，受邀在復旦大學演講

2016年

4月16日，熊本大地震，帶領中國媒體一線報導，最早在網絡播出災區實況（二更）

NHK導演邢菲拍攝《我要競選》主人公

11月，受邀擔任優酷《圓桌派》談話節目嘉賓

2017年

2月，參與在日華人抗議APA酒店新宿地區遊行活動

3月，率日本主流媒體聯合報導組赴西北進行「一帶一路」採訪報導。作為團長率日本媒體代表團一行十三人，訪問採訪新疆、甘肅、陝西。上天山，下兵馬俑窟，再進敦煌石窟。

多次往返香港、深圳、北京錄制《鏘鏘三人行》《圓桌派》等節目。

2018年

因未婚生育的女兒的DNA報告書，被妻子發現，第六次離婚

8月，參加在北京錄制的《風味實驗室節目的出演。同時，因支持郭文貴被邀前往北京「盤古大觀」頂層四合院赴宴、入住2008總統套房

整年為第二年的參選，也是第一次作為獨立候選人作準備。穿梭新宿區的大街小巷，貼海報、演講、發政治傳單等

2019年

4月，再次參選新宿區議員，得票1036票，惜敗（約1500票當選）

8月，接受李誕、阿丫《奇遇人生》專題影片的採訪，播出後一周之內一億人次以上的點擊率。

9月，出演富士電視台《武漢・歌舞伎町——中日兩國疫情源》的節目

2020年

疫情爆發，停止多項出演影片的合作，在家為美國的華語網絡頻道《明鏡》做《東京都記》的主持人約一年，每週更新一次，每次更換一位嘉賓。

2021年

2月，開設抖音賬號，每週直播兩、三次，介紹日本的疫情現狀，各旅遊景點。

12月，第七次結婚

2022年

〃全年為第三次參選作準備

2月，開設YouTube官方頻道，每周更新一次。繼續抖音的各地直播，京都、大阪、神戶、石川……

2023年

4月，第三參選新宿區議員，惜敗（880票）

10月，到訪台北、高雄

2024年

1月，採訪台北的總統大選，及到訪台中考察性事

2月，「抖音」、「小紅書」徹底被封

4月，開始參加《日本維新會》「政治塾」學習半年並全勤畢業

8月，開始接手管理湖南菜館，重新裝修、更換設備。坐店接待各方賓客……

12月，第二次安倍內閣啟動

55歲

1972年	父親平反	中日建交（田中內閣）	
1973年	報考五七藝術大學舞蹈學院		
1975年	加入湘潭市歌舞劇團，擔任舞蹈演員，母親退休		15歲
1976年	父親第三次被關押，被逼破窗潛逃三個月	周恩來、毛澤東去世，文革結束	
1977年	作者第一次參加高考，落榜		
1978年	再參加高考，落榜，進入湘潭市調壓電器廠	中國大陸改革開放	
1982年	父親創辦湖南芙蓉文藝學院。第一次結婚		22歲
1983年	學院被查封，年底母親去世，小牧出走深圳		
1988年	遠赴日本。	中國駐日大使楊振亞	28歲
1989年	1月，開始「案內人」工作。		
	4月，進入MODE學園		
1990年	獲得MODE學園獎學金，成為首位獲此榮譽的留學生		
1991年	10月，與愛梅離婚		
1992年	初次被講談社著名雜誌《VIEW》報導	中國駐日大使徐敦信	
	5月7日，父親於湖南瀏陽市石霜寺去世		
	4月，獲在日留學生時裝設計優秀獎		
		10月，天皇訪華，江澤民時代開啟	
1993年	接受《週刊朝日》採訪		
	1月，與久美子結婚		33歲
	3月，於MODE學園畢業，獲《讀賣新聞設計獎》		
	出任中國《時裝》雜誌東京特派員	歌舞伎町「陶雅萍事件」，新宿華人商會組合成立	
1994年	7月，混一出生		
	8月，接受NHK特別專題節目《混沌的歌舞伎町》採訪拍攝		
1995年	1月，協助在幕張展覽館舉辦「亞洲青年時裝設計師大型展覽會」	阪神大地震	
1997年	7月，與莉莉邂逅	香港回歸	
1998年	遭到中國黑幫拘禁	中國駐日大使陳健	
1999年	成功申請在日永久居留	石原慎太郎當選東京都知事	
2000年	與莉莉同居		
2001年	1月，創刊《僑報》	中國駐日大使武大偉	
	4月，遭遇車禍，汽車全損，莉莉重傷，筆者反而毫髮無傷	小泉純一郎上台，八月參拜靖國神社	
		7月，北京申奧成功	
	9月1日，明星56大樓慘案	9月11日，N．Y．911事件	
2002年	1月，與久美子離婚，與莉莉結婚		42歲
	2月，日本警方首次在歌舞伎町安裝監控器，引發全國爭議		
	8月，出版處女作《歌舞伎町案內人》（角川書店）		
	9月，巴厘人咖啡廳凶殺案		
	開始在《Best Club》連載專欄		
2003年	4月，據著作《歌舞伎町案內人》改編而成的同名日本電影上映，由現任眾議員山本太郎主演	發生非典	
	接受鳳凰衛視《唐人街》節目訪談，該節目獲獎	胡錦濤就任國家主席	
	出版《歌舞伎町地下世界案內》（日本文藝社），之後一發不可收拾		
	受鳳凰衛視邀請，參與拍攝唐人街系列《歌舞伎町的皮條客》紀錄片		
	受邀在香港大學演講		
	受《鏘鏘三人行》節目邀請作嘉賓，直至二〇一七年該節目停播為止		
	受到BBC等國際媒體報導		
	開始在《週刊大眾》連載專欄		
2004年	在《美國新聞週刊／News Week》開始專欄寫作	中國駐日大使王毅	
	8月，電影《歌舞伎町案內人》公映，導演張加貝		
	公開在媒體批評小泉政權，得到王毅大使當面讚揚		
	出版《歌舞伎町案內人》文庫版（角川文庫）		
	12月，出版《歌舞伎町案內人365日》（朝日出版社）	歌舞伎町淨化作戰	
2005年	開始作為嘉賓出演鳳凰衛視《鏘鏘三人行》03年	中國爆發反日遊行	
	出版《歌舞伎町案內人》中文版（友誼出版公司）		
	出版《歌舞伎町的中國女人》（巴斯利科出版社）		
	出版《歌舞伎町的住民們》（河出書房新社）		
	出版《歌舞伎町案內人2》（角川書店）		
2006年	策劃、製作話劇《夢——歌舞伎町物語》。設立中日韓NPO		
	9月，公開批評安倍的「美麗國度」發言，指責日本為美國殖民地，受到主流媒體關注	安倍內閣成立	
	出版《歌舞伎町事變1996-2006》（鱷魚雜誌社）		
	開始參與國際獅子會、羅大力扶輪會等社會慈善機構的公益事業		
2007年	一龍出生	中國駐日大使崔天凱	
	8月，湖南菜館開張		
	9月，公開邀請安倍來吃辣以補腦，成為媒體話題。不久安倍下台		
	10月，協拍成龍主演電影《新宿事件》		
	出版《歌舞伎町地下世界指南》（幻冬舍文庫）		
	出版《歌舞伎町案內人2》（角川文庫）		
2008年	為汶川地震募捐	汶川地震，北京奧運	
	10月，與東京都知事石原展開論戰		
	12月NHK除夕檔特別紀錄片《書與夜》主人公		
2009年	協拍國產22集電視劇《東京生死戀》		
	出版《歌舞伎町案內人之戀》（河出書房新社）		
	出版《來自歌舞伎町的愛》（CCC傳媒舍）		
2010年		5月，中國駐日大使程永華。上海世博會	
		10月中國幾大都市發生保釣抗日遊行	
2011年	3月11日，新浪微博開播。數次赴災區「餃子賑災」，受到日本媒體報導	日本東北大地震	
	參與美國國家地理頻道《東京雅酷扎》節目製作		
	4月，出版《非常識的中日論》（CCC傳媒舍／與加藤嘉一合著）		
	5月，出版《日本有病》中文版（珠海出版社），反響熱烈。稿酬全部捐獻		
	6月，在《南方都市報》開設專欄	中國領導人更迭，習近平時代開幕	

性事／政治家：歌舞伎町的人權主張

聯合推薦

多年前為了蒐集資料，在歌舞妓町街頭認識了李小牧。一晃廿多年，眼見他從「案內人」變身為作家、商人，現在還在新宿區競選議員！自「新宿事件」之後，其實我一直關注著他，深感他的人生比我的更為精采和刺激。作為一個創作人，多想有他那種經歷啊。雖然不太可能，但也希望從他的大作中得到感悟。小牧故事說得非常出色，他的書我一定會繼續拜讀！

——著名導演，爾冬陞

我在一旁目睹了一直在新宿歌舞伎町擔任「性事」嚮導的李小牧獲得日本國籍，並競選新宿區議會議員。因為他在中國和日本看到光明和黑暗，所以他強烈地感受到人們有尊嚴地表達意見的重要性，也想參與決定社會規則和政策的過程。

——東京大學大學院教授，阿古智子

「壘起七星灶，銅壺煮三江；擺開八仙桌，招待十六方」，《鏘鏘三人行》、《圓桌派》已算是廣交五湖四海三教九流了，但在各路異人中，小牧兄仍顯跳色，他是「國外花國流外流，伎町歌舞幾時休？」

——著名主持人，竇文濤濤

我希望通過這本書讓全球華人讀者瞭解真正的日本人，及「歌舞伎町社會大學」。

——美國新聞週刊 Newsweek 日文版總編輯長，長岡義博

目錄

Part 2／愛情・性慾・麵包

Part 3／時勢催熟的童年

Part 4／日中聯繫人 255

Part 5／遊走幫派間 329

001

前言

虛榮心人皆有之，有時興起會搜一下自己的名字，看看「李小牧」後面會跟著甚麼字眼。

「作家」、「政治家」、「歌舞伎町案內人」，這些都是職銜，白紙黑字印在我曾經的履歷和現在的名片上。職業無分貴賤，只要不是傷天害理，可以自力更生，靠自己的本事吃飯，就是一件值得尊敬的事。我愛出風頭，富表演慾，這塊一份出自我爸，一份出自我媽。無論是歌舞劇場，抑或是新宿街頭，都是我的舞台，不僅是表達自己，更是要取悅對方，讓看的人心悅臣服。溝通和表演，對我來說是一樣的事。小時候，被紅衛兵抄了家，大哥出城打工，二姐上山下鄉，父母親一直押著。母親關了四個多月才放出來，看見我和三哥四姐，三個小孩掰著紅薯吃，吃了上頓就要愁下一頓，終日愁眉苦臉。那時候少數能苦中作樂的時間，就是給母親跳舞，看著她面上漏出一抹久違的笑容，讓我覺得跳舞原來也是一回事。小孩看著媽媽笑了，自己也一起笑了，那是一種表演。在歌舞伎町龍蛇混雜的街頭，對著過客、流氓、警察、小姐哈腰點頭，噓寒問暖。客人盡興了，會給我好處。流氓有面子，會敬我三分。跟警察過得去，他們不會找我麻煩。小姐們高興，我看著也開心。滿足了他人，他人也會滿足自己，那亦是一種表演。競選新宿區議會議員，也是站在街上派著傳單，這次還有不少惡言惡語，辱罵我是中國勢力滲透日本，叫我滾回中國。我當時反罵到：「我在這裡都二十七年了，你要我會去哪裡？」男人該硬的時候，就要硬起來。遇著不講理的人就要遇強越強，雖不奢望對方會服氣，可立場和骨氣還是要清楚表達。用腦筋打架，那也是一種表演。

假若我名片上只能有一項職業，那就是「演」。日本人教會我做事成敗在細節，每件事要認真。任何表演若要入木三分，首先就要認真，把觀眾當是一回事，才會摸得懂他的人性，他的慾望。

「老婆」、「婚姻」、「五妻七婚」（現在已經第七次），大家都好像對我的情愛性事特別感興趣。性慾與愛情，人皆有之，這是一件再正常不過的事。我不會用風花雪月之類的成語在上面塗脂抹粉。我的愛情觀很簡單，愛是建基於性慾之上，而愛的最高體現，就是與她結婚生兒育女，組織家庭。性慾不單是肉體，更是精神上互相索求和取悅。歌舞伎町上滿滿都是牛郎織女，長得最漂亮不一定是最當紅，但最當紅的，每個下午起來都會讀報。魅力就是取悅他人的能力，外表是基本入場券，決勝的是知性和閱歷。腦髓是人最性感的器官，思想的維度越深越廣，就越能捉摸到他人內心世界裡的「性感帶」。很多年前，我在日本有位前度，樣貌甜美，小鳥依人，千依百順，每次從歌舞伎町的煙火世界回到家，都能讓我不能自拔。有一天，我回去的時候，她正在煮晚飯，一開門就見她雙手沾著鮮血，當下嚇了我一跳。原來她見我工作日夜顛倒，買了尾新鮮甲魚給我補補，剛巧我就碰著她下刀去宰。那一刻，她滿手鮮血的模樣烙在我的腦髓，久久揮之不去。她在我眼中不再是個女友，更像個屠夫，一下子再也不性感了，不久以後也和平分手。這件事聽上去可能很荒誕，也或許很絕情，但貫徹了我的愛情觀。我對她沒有愛了，那就必須誠實面對，不要拖泥帶水，藕斷絲連。我要對她負責，就要分開得乾乾淨淨，雙方體面。同樣地，我每次結婚、離婚、再婚，沒有一次不是淨身出戶，不會落下一個孩子，夫妻一場仁義在。事實上，現代社會常有因愛生恨，糾纏不清，很大部分是我們不肯誠實面對自己的慾望，懦於為自己的行為負責。

日本社會比較傳統，很多人還是接受不了單親家庭，或者怕被歧視，所以夫妻即使沒了愛，也不敢離婚。兩夫妻同床異夢，過著僅以一紙婚書牽著的生活。這件事，遠比離婚病態。性事就是政治，我們越是彆扭，越是不肯直視慾望，那到頭來也會被它吞噬。管好性事，愛得負責任，生活才得以完整。家裡環境整潔，衛生要搞好。這兩者兼備，那就是我眼中的「齊家治國」。

「中國人」、「日本人」、「華裔移民」，這些都是出身與身分。論血統，我生於湖南長沙；論法律，我歸化日本以後，就是日本籍，可是呢，身分認同這東西，遠比按護照上面寫的國籍與祖籍複雜。我前半生在中國成長，從湖南走到深圳，吃的都是辛苦飯。我後半生三十多年在日本，所思所學都出自於在東京摸爬打滾的經歷。中國和日本在我這裡就是每邊佔一半，兩邊的聲音在我的腦子裡面迴盪，就連我睡覺說夢話，都是混著中日兩語來說。「李小牧」，中文唸作 Li Xiaomu，日文是 Lee Komaki，一個名字兩種唸法，也是這個意思。我作為一個湖南人，多少會有些崇拜毛澤東，覺得自己家鄉出了個偉人，很是風光，乃至後來在東京開了我這家「湖南菜館」

也掛著他的肖像。後來，日本社會的民主體制，往來的中國流亡人士，都給我這想法帶來不少衝擊，逐漸地，我就覺得毛澤東放在天安門一個玻璃櫃裡面，現在也只是塊不能吃的臘肉。於是，我乾脆就把他的肖像撤下，換成同樣出自湖南的臘肉。我三次在日本競選區議員，每次都花費無數，買的就是千千萬萬中國人一輩子都買不到的東西：民主選舉。小時候在歌舞團，看著領導的高幹子女，相貌平平，才藝一般，單靠著關係擔任主角，遠比他們出色的團員卻要看著別人面色過日子，更不要說我自己就因文革被鬥，一直過不了政治審查。這件事一直以來都是個心結，假若當時團裡有民主，可以一人一票投出隊長和指揮，那表演會不會更出色，團員會不會更服氣？

這個世界沒有「如果」。好與壞，沒有當時的經歷，就沒有今天的我，也不會寫成我這第二十二本書。感謝我的父母和家人，那近乎無限的包容和親情。感謝朋友們的支持和鼓勵，也感謝遇過的女友和情人的溫潤，也感謝我小有名氣後，一路上支持我，關注我的讀者、油管和電影粉絲。每本書都是我的孩子，感謝作為接產士們的編輯。我也要感謝我的敵人，出了這本書就當我贏了吧。

在此要特別感謝日本「繁星集團」近一年多來對我在Youtube的頻道《李小牧看日本》的大力支持。

感謝丁小貓，本書稿相當部分是由她負責整理編集而成。也感謝一八四一出版社的各位，沒有他們努力就沒有這本書。

除本書文字外，更多當年的照片、影片、採訪等等，都一一收錄在我 Youtube 頻道《李小牧看日本》，歡迎大家觀看。

「奇人」、「大佬」、甚至是「傳奇」，這些都是大家安給我的虛名。老實說，「傳奇」這個詞，我嚼著嚼著還是覺得有點不對勁，一來有點不好意思，二來它是形容一個精彩的故事，而故事是他人寫出來的，是經剪輯和編排過的現實，終歸也是服務於讀者。始終，人生不儘然是故事，不會有起承轉合，好人壞人最後都是人。不識廬山真面目，只緣身在此山中，這兩句多解作當局者迷，身在廬山中，所以看不見山的整體。我反倒想藉這本書，帶各位讀者入山，以我的視覺看看山林裡的花花草草，先見樹，再見林。我是李小牧，現在就由我為大家「案內」，走入我的人生。

| Part 1 |

資本主義紅燈區初體驗

002 初來乍到

可能很多朋友會好奇，三十五年前的日本是甚麼樣子？跟現在的日本差別大嗎？今天就跟大家聊聊我初到日本時的經歷。

我來日本的時候是一九八八年，當時我二十七歲。我可以說算是中國最早的一批自費留學生了，是的，那時候出國留學的基本上都是公派的。一九八八年的二月二十六日，我登上了飛往日本的飛機，經由香港到達成田機場。

在通過機場的檢查時，穿著制服的海關女職員問了我一句甚麼，後來我明白，她可能問的是我是否攜帶了需要報稅的物品。但當時我哪裡聽得懂，稀里糊塗地看著她，笨拙地說了句事先學會的日文「你好（こんにちは）」。她顯然看出了我的尷尬，笑著把護照還給我，示意讓我通過。

出了機場後，我在通往各地的眾多巴士站牌中，一下子就發現了醒目的「新宿」這兩個字。對沒錯，就是新宿，我來日本後的第一個目的地就是我現在所居住的地方：新宿。

為甚麼直接到新宿？我只是知道那裡是個聞名世界的地方，據說寸土寸金，甚至在我的腦海裡，新宿就代表日本。另外，我還聽說過，新宿有亞洲最大的繁華街道——歌舞伎町，而且那裡是著名的紅燈區。

八〇年代末期，在國內也能時常聽到各種各樣關於「資本主義社會紅燈區」的傳聞，但它究竟是個甚麼樣子，很少有人親身體驗過，絕大多數是道聽途說。於是，我對這尚未見過的「歌舞伎町」，充滿了想像與嚮往。

我至今還記憶猶新。那天，正趕上東京下大雪。在此之後，東京只下過有數的幾場大雪，而每當我站在街頭，仰望被五光十色的霓虹點染的夜空中飄舞的雪花時，我總會看到那個序幕般的夜晚。

巴士抵達新宿時已經是傍晚時分，下車後，雪一片一片地落到我的身上，但是，這並不影響我的視線。我首先看到的就是新宿中心地帶的那些高樓群。華燈初上，它們在夜色中彷彿通體都鑲嵌著閃光的鑽石，和我幻想當中的一樣美麗。

直到此刻，我的感覺才真實起來。我終於來到日本，我來到東京了！我現在正踏在新宿的土地上！面對著眼前偉岸的高樓，我的心有些抑制不住的激動。天氣很冷，但我卻一點也感覺不到。我取出一枝從中國帶來的「紅雙喜」香煙，點燃，深深吸了一口。煙圈在雪中蕩漾出別樣的花紋。在日本吸的這第一枝煙的味道都有點特別。

我不假思索地徑直走向歌舞伎町。我也不知道這是為了甚麼，也許是冥冥之中的一種召喚吧！我大步前行，甚至哼了小曲。不過，拖著這一大堆行李，在積雪中行走可不是一件容易事兒。

說到行李，那時初來乍到的中國人大多因怕日本物價太貴，會盡量攜帶生活器具。在我的旅行箱裡，甚至有一套硬塞進來的被子，有一些夠我吃上一陣子的各色食品，如臘魚、臘肉、香菇等等，此外，還有大米和菜刀。

當然，我還沒忘記帶一瓶自己愛吃的臭豆腐。後來，我遇到的大多數日本人對這一食物的臭味都退避三舍，但對我而言，它的味道卻要勝過日本類似的傳統食品「納豆」，真的是「聞上去臭，吃起來香」，只要有了它，我就不愁吃不下飯了。

現在的新一代留學生們聽了可能會覺得好笑，或是難以置信，但對於我們早期出國的自費留學生來說，那是很多人共有的經驗。

拖著沉重的箱子，我終於到了歌舞伎町。從靖國大街跨入歌舞伎町的一瞬間，我興奮得全身豎起了雞皮疙瘩，迎接我的是滿眼的霓虹燈廣告牌。它們沒有任何規則，沒有秩序，不受任何約束，也不加選擇地充斥在大街小巷。它們突然跳入並佔據了我的視野，我甚至感到了一陣突如其來的暈眩。

儘管我先前在深圳也到過一些熱鬧的街道，在電視上也見過許多燈紅酒綠的場景，但此時此刻，眼前的這條大街和我如此之近，它那充滿誘惑的特殊魅力的刺激，充斥了我的感官，令我陶醉。

伴隨著視覺上的應接不暇，兩旁林立的店門裡播放著高音量的廣告，震動著我的耳膜。儘管當時不明白它的意思，後來，我才知道這是提供電話聊天的廣告。這種電話聊天也是日本色情產業的獨特類型。

男人們交了錢，就可以撥打電話和另一端的女人聊天，如果談得投機，還可以約對方出來見面。而那些女人既有年輕的學生，也有下班的職員，以及寂寞的家庭主婦。

一切都是那麼新鮮。我環顧著那些閃亮的招牌，從間或出現的漢字中大概能猜出來，哪裡是「居酒屋」，哪裡「麻將館」，當然，最無需語言說明的是「風俗店」。日文裡，風俗業的意思就是色情業。

這些風俗店就直接把廣告看板矗立在路邊，上邊貼著大幅的全裸女子照片。當這樣露骨的廣告刺入眼簾時，我徹底驚呆了。這可是在大街上啊。我一邊滿懷顧慮地小心掃視著周圍的動靜，一邊偷偷凝視那個淫穢的廣告招牌。

街上行人的衣裝和身姿也同樣讓我感到了某種衝擊。我在國內時就一直對時裝很感興趣，這次來日本留學的主要目的也是為了學習時裝設計。深圳在中國時裝業也算超前的城市，但我還是沒想到深圳與東京的差距居然會如此之大。東京號稱東方的時尚之都，果然名不虛傳。

最吸引我注意的是一些身穿寬鬆的西裝制服、外面套著黑呢大衣的年輕男子，他們佇立在街頭，有時朝某個行人走過去說著甚麼，我一下子就被他們吸引住了。後來才知道他們就是拉皮條的。

東京的女性也給我留下了很深刻的印象。其實靠近後仔細觀察，會發現她們當中並沒有幾個真正的美女，但是她們當時身著最新款式的時裝，臉上精心化過妝，甚至更有不少在深冬大雪天穿著短裙。與同年代的中國女子相比，有種截然不同的氣質。在我當時看來，許多人都是那麼的性感和漂亮。

就憑這初次見面，我竟似乎徹底喜歡上了這個地方。公頃之間，我變成了歌舞伎町這棵毒花的俘虜。花雖然毒，但有一種蠱惑人心的妖豔之美。是的，美麗，甚至是極度奢靡頹廢的美麗，讓人驚心動魄。

在這之前，我一直聽說歌舞伎町是個可怕的地方，但現在，我又體會到了她的神秘的魅力，令我的全身的神經都為之興奮不已。不過，那時的我還沒想到，我後來的人生竟然和這條街緊緊連在一起。

我在歌舞伎町逛了整整兩個小時，才打電話給住在東京的「朋友」，向她打聽怎樣可以找到暫住的地方。說是朋友，其實也沒見過幾面，只是我在深圳當中介的時候送到日本的留學生。是的沒錯，我來日本前還做過留學中介，這段經歷我們以後再聊。

朋友迅速趕來，寒暄一番之後，非常抱歉地告訴我，她的房間並不寬敞，不方便讓我去住，但是可以帶我去一個既便宜又舒適的地方。從歌舞伎町走出去沒多遠，我看到周圍到處都是一些醒目的大招牌，每個招牌下面都有一座四五層左右的建築，我認得有的招牌上寫的是英語的「旅館（Hotel）」。

朋友在一個旅館前停下來，帶我進去。她在門口的小窗子前面和裡面的人說了些甚麼，然後很快就拿著鑰匙過來。我還記得那晚的房費是六千日元。和朋友道別後，我找到了自己的房間，開了燈，發現牆上貼滿了粉紅色的牆紙，燈光下有種浪漫的意境。

沒想到這裡的環境這麼好。我興沖沖地看著這摸摸那，突然在床頭發現了一個四方形的小紙袋，我好奇這是甚麼玩意兒，然後就撕開了封口。裡面是一個包裝精美的小塑膠袋，我把它翻過來，透明的一面告訴我這是一隻保險套。我把這東西拿在手裡捏著，感覺裡面滑溜溜的，心裡想：「日本人真變態啊，旅館裡面還發這個。」

我馬上有了更大的發現，那是一個在角落的小櫃子，表面是透明的玻璃窗。我看到最上面的一層有個粉紅色的塑膠東西，看形狀分明是男人的生殖器，後面還連著一條電線和遙控器。這是我第一次見到這種玩意兒，除了新奇也有點噁心。我這時覺得這家旅館有點古怪了，後來才知道，原來這就是日本的「情人旅館（Love Hotel）」。

當時我並沒有想那麼多，脫了衣服就去洗澡。洗完澡躺到床上打開了電視，電視裡每個頻道都是我聽不懂的日文。突然，畫面上出現了一對男女做愛的情景，我拿著遙控器的手臂僵在那裡。

男的是個黑人，女的好像是日本人，不斷發出大聲的呻吟。更奇怪的是，他們的敏感部位被打了一圈馬賽克。我呆呆地看著，身體一下子熱了起來。但很快地由於長途跋涉的肉體勞累，以及高度緊張的精神勞累，一股強烈的睏意向我襲來，我不管三七二十一，關掉電視倒頭便睡，很快就死死地睡了過去。

第二天，我去了位於高田馬場的日語學校，辦好入學手續，交了三個月總共十八萬日圓的學費。接下來便是馬不停蹄地尋找長期住所。起初，我和別的中國人在「新井藥師」附近的公寓裡合租一室。五個人住在一間八張榻榻米那麼大，大概就是十二平米的房間，每月房租五萬。

然而，由於一個月後留在深圳的妻子也要來日本，所以我住了一週就搬走了。就算中國人對擠在一個狹小空間裡早已習以為常，但我們夫妻倆還是很難接受和四個外人共處一室。

我決定找一間學校附近的房子，價錢當然是越便宜越好。有一處是房租三萬六千日元，面積為六帖，不含浴室的。對於六「帖」，當時我還沒有清楚的概念。至於沒有浴室，可以到附近的錢湯，也就是公共浴室去洗澡。

我看看這差不多是最便宜的價位，就答應下來，以日語學校校長做保證人簽了合約。起初，我以為三萬六是一年的房費，當知道這只是一個月的房費時，我的眼前頓時一片黯淡。

還遠遠不止這些，簽約時還要一次交清相當於三個月房費的押金和禮金，押金據說在我搬走時可以返還，而禮金是無償付給房東的貢品。「咻咻」幾個月的房租就這樣交出去了，我的情緒簡直跌到了冰點。

就這樣，我從中國帶來的全部財產，將近五十萬日元，在公頃之間就這樣消失了。依照當時的匯率，五十萬日圓差不多是近二萬人民幣，放在國內就是天文數字。要知道，那時候的人們的薪水也就每個月三、四百塊。看著見底的錢包，我愈發忐忑不安。我知道，為了繼續生活下去，我必須擁有一份工作。

為了賺錢，我做過很多的工作，包括在情人旅館打過工，還有日本料理店和搬家公司，甚至還在「娘娘腔」俱樂部裡當過服務員。

003 時鐘飯店清潔員

一九八八年，二十七歲的我初到東京，身上的全部財產加起來不到五十萬日元，在交完房租後所剩無幾，不得不開始找工作。我的打工生涯也充滿傳奇，可以說是見證了歌舞伎町這條街上的形形色色，本文就跟大家分享一下這段經歷。

當時，租好房子的我，坐在除了兩隻旅行箱以外，空無一物的房間裡，想到國內的妻子也將在一個月後來到日本，感到從未有過的焦頭爛額。但是，古老的中國賦予了我勤奮的個性，我想，即使在這個遠離國土的異鄉，我也一定能夠遇上好運的！

當天下午，我在口袋裡揣了一本袖珍《日漢字典》，徑直奔向歌舞伎町。來日本之前，我從朋友那裡聽說，日本人對髒亂的工作是不屑一顧的，這些工作一般都由旅日的外國人來幹。而歌舞伎町作為一個風月場所，髒活累活肯定少不了。迫切需要一份工作的我，打算先到那裡碰碰運氣。

對於一個不會幾句日語的中國人來說，找到工作的線索其實並不難，因為很多飯店之類的店鋪門口都貼著告示，「募集」兩個漢字我還是認識的，但能不能被錄用則是另一回事。

我最早走進一家中華料理店，裡面一個廚師模樣的胖子走過來，我掏出字典，先用日語說了聲「對不起（すみません）」。他對我說了句甚麼，我沒聽懂，就指了指門口的「募集」廣告。他的態度並不友好，又說了一句，見我還是糊里糊塗的，就用兩隻手臂交叉起來做了個拒絕的手勢。我就這樣轉了一個多小時，毫無收穫。

天色漸漸暗下來，不知不覺中，我竟然又走回了昨天住的那家旅館門口。這時，我看見昨晚沒注意的一張啟事，上面寫著「募集清掃」，應該是在招清掃人員。我鼓足勇氣，走了進去。那扇小窗子開著，後面坐著一位上了年紀的女人。

我拼湊著簡單的日語單詞，盡量完整表達自己的意思：「我，想工作，有嗎？」

老女人沒有說話，她拿出一張紙，在上面寫下兩個字：「時間」。我一陣狂喜，心想：她會錄用我！我在日本的好運就從這一刻開始了。

她和我一邊比畫，一邊寫字，終於使我明白：明天午後就可以來上班了。一小時六百日元，這是我在日本的第一份工作。一直不安的心情，一下子變得明朗起來。只要有工作要做，別的困難就會解決！我樂觀的個性又回來了，一路哼著歌，打算離開歌舞伎町回家。

途中經過劇院前的廣場時，昨天晚上看到的那些身著西裝的年輕男人們，正三兩成群地站在那裡。我停下腳步，悄悄觀察了一會兒，發現他們不斷地向在路上行走的女性小聲打著招呼，往她們手裡塞著廣告紙，有的還跟著某個女子走上一段路，似乎在央求著甚麼……我漸漸明白了，他們在為某種生意「拉客」。

「能穿這麼高級的衣服，錢一定不會少賺！」我心裡這樣想著，覺得自己有點寒磣。和他們比起來，我穿得實在是太土了。酷愛時尚的我注視著他們，羨慕得心裡直發癢，「我要趕快賺到錢！我也要穿得亮亮堂堂的！」

第二天下午四點，我準時來到了那家旅館。出乎我意料的是，和我做同樣工作的還有一個中國人，來自上海的老徐。那位老女人和老徐嘰哩咕嚕地說了一大通，我大概聽懂了意思，是讓老徐教我工作。

然後，老徐帶我走上電梯，來到三樓的房間。在電梯裡，他問我是不是剛來日本？我點頭稱是，他笑了笑，說：「這個活兒很簡單，就是打掃戰場。」

房間和我昨晚住過的大同小異。老徐對我說：「這叫情人旅館，說得明白些，就是專門給男男女女干那事兒的地方。這種旅館和別的不一樣，可以過夜，也可以只待兩三個小時。不管你是合法夫妻，還是婚外戀的情人，只要是想找個地方幹一下，就可以來這裡。」

我有點納悶：「夫妻不是有家嗎？為甚麼要花錢來這種地方？」老徐笑了，跟我說：「這你就不懂啦。日本的房子很多是木頭的，不能隔音，夫妻幹那事都不敢出聲，到這裡就沒事了。」

在老徐的講解下，我明白了我的工作內容。聽起來很簡單，在一對顧客離開房間後，以最快的速度將房間打掃乾淨。不過，給我們打掃房間的時間只有五分鐘。在這短短的五分鐘裡，要打開換氣扇更換屋子裡的空氣，換好床上的枕套被單，將附在浴槽上的體毛等污物沖洗乾淨並擦乾，將房間裡的一切擺設收拾利落，使它恢復到「使用前」的狀態……完全可以說是一項重體力活。

然而，與勞累相比，這份工作對人的自尊心更是考驗。事實上，當我第一次在客人離開後走進房間時，就聞到了空氣中的一股怪味，似乎是幾種人體體液的混合，讓人噁心。我拿起床前的垃圾桶，看也不看，迅速地把它統統倒進我帶來的大垃圾袋。

工作的第二天，我就遇到了更變態的客人。一進門，就看見被單凌亂地散落在地上，而白色大床的正中間是一隻剛使用過的保險套。我只好把它從床上拎起，上面竟然還殘留著體溫。

那天出門前，我的日本房東還給我指手畫腳地上了整整一堂課，說甚麼在日本的中國人不講究衛生，我真想把那個房東帶到這個床前，讓他看看日本人是如何講衛生守公德的。

這份工作唯一的好處，就是在沒有活兒的時候可以休息。我和老徐常常坐在一樓的一個房間裡聊天，只要有客人走了，門口的一個顯示器上就有紅燈亮起。從下午起，旅館裡就總有客人，到了週末的晚上，還會出現所有房間滿員的狀況。

說到老徐，他來日本的時間也不長，就比我早了半年而已，但他一直在這家情人旅館打工，以至於成了「專家」。有一天，我忽然想起個問題，就問他：「要是一對同性戀來開房間怎麼辦呢？」

老徐笑著說：「那得看是女的還是男的。如果是兩個男的，我們這家是不讓進的，兩個女的，可以。」我問：「為甚麼？」老徐說：「兩個女的無所謂，她們走後，我們也好收拾。兩個男的可沒那麼簡單，據說會鬧騰得很厲害。」我聽得哈哈大笑。

接著老徐又說：「有些旅館，要是一個男的帶兩個女的可以開房，兩個男的帶一個女的就不行。」我感到很驚訝：「啊？還有三個人一起來的？」老徐說：「那算甚麼？日本人很流行的，叫 3 P。你沒看過日本的色情錄像帶吧？有不少是幾十個男男女女在一起幹的。」

我心想：「真她媽的變態。」我又想到一個問題：「你說那些電視裡的毛片是不是真幹？」老徐回答：「當然是啦，那叫 AV。那幫女孩很賺錢。」

我覺得很好笑：「這甚麼鬼法律！露出來和擋上馬賽克要都是真幹的話，有啥必要呢？」老徐不懷好意地笑了，問我，知不知道他在日本的理想是甚麼。我立刻心領神會：「不就是當毛片的男主角麼？」他狂笑不已。

後來有一天，旅館的女主人臨時出去，要我們幫她坐在窗口收錢。我第一次有機會目睹情人旅館的客人是甚麼樣子。一對年紀相差懸殊的男女來登記。男的是個六十來歲的老頭子，已經禿頭的腦袋泛著油光，看起來是個有錢的老闆。女的頂多二十五歲，面貌姣好，儘管還是初春，卻穿得很暴露，身材凹凸有致。我不禁多看了她幾眼。等倆拿了鑰匙進了電梯，我和老徐都不禁唏噓起來。

那老頭子和美女走後，我和老徐一起進了房間，發現保險套沒用。床上凌亂不堪，想想那樣年輕美麗的女孩子就在這裡，把自己的青春身體奉獻給一個可能比自己的父親還年長的老傢伙，我第一次意識到，這就是不平等的現實世界。

在情人旅館工作的事情，我後來沒有和語言學校的同學說起。那間學校的學生中，七成左右來自中國內地，他們都很年輕，在課間嘰嘰喳喳的，談論最多的就是打工的情報和經驗。當然也有例外的，像我，還有兩個年紀比我還大的：一個來自東北的吉林，叫範勇；一個來自四川，叫陳海波。我們三個「老同志」很快就組成了一個小圈子。

有一次，這些小孩說晚上要組織集體去玩，有的人竟然請假不去打工也要參加，真是不知道生活的艱辛。我們三個「老同志」都拒絕了。過了幾天，他們拿了一堆照片來分享，我看到其中幾張就笑了。照片上，他們集體站在情人旅館前面合照。那家情人旅館的霓虹燈確實很漂亮，但我想他們肯定不懂其中的含義，周圍的路人肯定也被他們嚇壞了，沒人會如此堂皇地在那裡留影。

範勇和陳海波見我在笑，就問我是為了甚麼，我這才給他們講起了我在上學前的這份工作。他們聽了也笑起來。但當我問起他們的工作時，他們卻有些支吾。

不過，情人旅館清潔工的收入實在太少了。隨著我學會的日語簡單會話多起來，我開始努力尋找更多的工作機會。在高田馬場車站附近，我看到一家日本料理店貼出了招聘的告示，就去應徵。

一個小個子日本人和我見了面，他五十來歲，自稱姓佐藤，神色和藹，耐心地聽我結結巴巴地自我介紹，還幫我糾正了一個語法錯誤，然後告訴我，我被錄用了。於是，我每週有三天來這裡，在廚房幫忙，當他的助手。主要的工作是切魚、洗菜，有時也幫他做一些簡單的飯菜，最後是洗碗，每小時七百五十日元。

來日本之前，我對日本人的印象主要是來自歷史教材、影視作品，還有老人講述的一些往事，畢竟我出生的湖南是抗日戰爭中廝殺多年的主要戰場。所以，我總是覺得日本人都是一些窮兇極惡的壞蛋。但是，來日本以後，我覺得很多日本平民和我們沒多大差別。就像我的這位師傅佐藤，他是一個非常和藹可親的人，和中國的普通勞動者一樣。

我至今仍難以忘懷的是，他教我很多事情，除了日文之外，還有日本生活中應該注意的細節。我了解的日本料理的基本常識，基本上都是來自於他。有一天，他切了一小塊生魚，蘸了下和著綠色芥末的醬油就放在嘴裡：「嗯，不錯。」又切了一小塊給我：「李君，你嚐嚐。」

那是我第一次吃到叫做「刺身」的生魚片，覺得味道怪怪的，實在不理解日本人為甚麼這麼喜歡生吃魚肉，但為了感謝他的好意，我還是做出很好吃的樣子。佐藤哈哈笑了，似乎覺得很光榮。從那以後，他不時切點魚給我吃。漸漸的，我還喜歡上了這東西，慢慢能品味出生魚肉入口後不一樣的感覺，以及不同魚的差別。

不過，我來自以「口味鹹辣」著稱的湖南，對普遍清淡的日本菜一開始還是不大適應。店裡晚上會提供一頓晚飯，我就帶了瓶自己的辣醬去。佐藤很感興趣，嚐了一點點，卻受不了馬上去喝水，連連喊著：「太辣了！太辣了！」

佐藤還是個狂熱的棒球迷，店裡的電視幾乎每晚都有棒球比賽的直播，他也經常興致勃勃地給我這個沒有半點興趣的人，大談巨人隊如何受到日本人的喜愛，有一位叫長島的教練如何受人愛戴，而他自己卻是另一個叫大榮的球隊的球迷等等。

但是，這樣的工作，我還是無法滿足。只要有一點空餘時間，我都希望能再找一點零工。目的只有一個，就是賺錢。

在東京的下落合，有個民間組織叫「學生援助會」，那裡大量提供招收打工學生的資訊。我常常抽空去檢索一番，有時也能有所收穫。我做得最多的就是代人搬家的工作，一天可以賺到八千至一萬日圓。週六和週日的白天，我基本上都在忙著奔走。也因為這份工作，我得以粗略地跑遍了日本關東地區的大大小小的城市。

有了收入之後，我的妻子來到了日本。歌舞伎町裡的故事太多了，我也漸漸在這裡認識了一些以前從未想過的群體。我那時已經依稀感覺到這裡會是我第二個故鄉。

004

「姐妹」俱樂部台柱

我來到歌舞伎町，為了生計，一口氣打了三份工，成為了這條街上的一份子。有了收入，但遠遠還不夠，不久後我的妻子還將從中國飛到日本，我的生活漸漸又有了一些變化。我又接觸了一些很新鮮的群體，比如說跨性別人士，我一般都以「姊妹」稱呼。

我當時仍然繼續著語言學校的課業。開學前的一個月尤其繁忙，我起早貪黑，不是在別人的體毛和用過的避孕套之間拼命勞作，就是在廚房裡和鍋碗瓢盆、油鹽醬醋打交道，或者就是全身臭汗地把一件件家具從這裡搬到那裡。

我在東京銀行辦了個戶頭，把自己的全部積蓄都存了進去。但就算是這麼拼死拼活地打工，到月底發了工資，銀行帳戶上的數字還是沒有甚麼驚人的增長。我拿著帳單，盤算著妻子到來的日子，心裡一片焦急：像這樣幹下去，自己累得要死，收入卻平平，那種我想要的黑色呢子大衣只能在夢裡去穿了。

有一天傍晚，我和同期來日本的一位朋友約好了見面。這還是我們到日本後第一次碰頭，大家都忙著上學打工，時間實在太緊張了。我在高田馬場車站接他，一起進了一家中國餐廳。

「這狗日的，物價太貴了。看看，一份回鍋肉加碗米飯居然要七百五十日元，在國內都可以買十份了。」我還記得，當時那位朋友一邊這麼說，一邊自我解嘲地大笑。

因為窮，那天我兩個每人只點了份最便宜的拉麵。吃完飯也沒地方去，就在高田馬場的大街上閒逛。沿途各種咖啡館、麥當勞、肯德基之類的餐飲店燈火通明，裡面坐著很多日本中學生，享受著資本主義的陽光雨露，而我們只能毫無目的地在街上走著，捨不得花錢進到店裡。

當我們走到高田馬場大街上的一家時裝店門口時，他突然拉住我，低聲說：「你也沒有件像樣的衣服穿吧！走，進去拿一件。」我當時就愣住了，朋友卻不當一回事，向我表示：「沒事！這種事我常幹！」

我雖然是個男人，但不妨礙我喜歡時裝。從國內帶來的幾件衣服無論式樣或顏色都大同小異。當我走在歌舞伎町的大街上，看著身邊的行人，常常覺得心裡不是滋味。我確實想要一件新衣服。

但偷東西，雖然在我看來是不敢想像的，但此刻的我，面對朋友的慫恿，竟然有點心動了。我在店裡走了一圈，我看中了一件紅色羊毛衫，標價五千五百日圓。朋友發現我看中了這件衣服，小聲對我說：「我幫你看著，趕快藏起來。」

我的心提到了喉嚨眼，覺得嘴裡發乾，腦子裡嗡嗡作響。短短幾分鐘的時間裡，我想了很多：萬一被抓住怎麼辦？店裡一定會叫來警察，把我送進監獄。即使不是重大罪行，被遣送回國也是在所難免的。

我剛來日本一個多月，學校的課程才開始入門，妻子很快就要來了，況且我還有繼續發展深造的野心。如果僅僅因為這麼一件衣服，讓這一切都化為泡影的話，實在太得不償失了。

就在我猶豫不決的時候，朋友催起來：「快點動手！」幾秒鐘後，我終於把心一橫，把那件羊毛衫藏在夾克衫裡，轉身和朋友向外面走去。在商店門口，兩名穿著套裝的禮儀小姐朝我們鞠躬，笑著說：「多謝光臨。」我無暇多想，飛快地就走開了。

現在回想起來，那是我人生中第一次偷東西，也是最後一次。但那個朋友看起來已經是個慣犯了。我也沒辦法印證對他的猜測，因為那也是我最後一次見到他，大約兩個月後，我再打電話給他，始終沒有人接聽，他就這麼悄無聲息地消失了。

第二天，我穿著新衣服去情人旅館上班時，情人旅館的老太太見到我的樣子，眼睛裡閃現出了驚奇的目光，說：「啊！李君今天打扮得可真漂亮呀！」我面紅耳赤，那是我第一次、也是最後一次穿那件衣服。

過了幾天，我去機場去接妻子小梅，我們分開一個多月後，終於在日本團聚了。我把她接到了我們只有六帖的小屋裡，雖然兩個人顯得很擁擠，但她一點也沒有抱怨，反而表現出對前途的憧憬，她對我說：「多好啊，這就是我們在日本的處女地了。」

不好意思的是，小別勝新婚，那天我們動靜鬧得有點兒大，以至於第二天，房東過來告訴我們，如果以後不安靜一些，它就要加收租金了。日本的房子果然隔音不好。

雖然當時我還不到三十歲，但其實小梅是我的第二任妻子。早在一九八二年，我年紀輕輕就結了第一次婚，不過很快就發現自己和妻子都沒有做好組成家庭的準備，一九八六年，我們離了婚。離婚之後，我很快又再婚，新婚妻子就是小梅。那時我也以為這是我的最後一次婚姻了，沒想到，到現在為止，我已經經歷了七次婚姻。這些都是後話了，以後再慢慢跟大家說吧。

小梅來到日本後，先和我一起上學。值得慶幸的是，當時我們就讀的是一所正規的日語學校。日本老師都非常溫和耐心，文化素質也比較高，除了在課堂上的學習，也常常為我們在異國生活中碰到的難題出謀劃策。

為甚麼我說在正規的日語學校值得慶幸？這裡要介紹一個背景知識：一九八〇年代中期，日本政府實施了招收十萬留學生的計劃，同時，中國政府也放開了鼓勵個人赴海外留學的政策。我和小梅，可以說是屬於這群中國留學潮的受益者。

在這種情況的推動下，我眼見東京街頭的日語學校如雨後春筍般一個個建立起來，形成了一個新興的熱門產業。可是，這裡面也有相當多的學校，他們的真正目的是為了騙錢，撈到外國留學生的學費，連最基本的教學設備和師資力量都不具備。

另一方面，以我們這些語言學校的學生為賺錢對象的機構和個人也紛紛湧現，在中國，這類機構或個人主要就是操辦留學中介。八十年代末期，日本正值泡沫經濟時代，各行各業都一派繁榮，勞動力也供不應求。在一些做著發財夢的中國人的眼裡，日本簡直就是可以大淘一筆的「黃金之國」。於是，為那些渴望來日本的中國人開辦的中介機構和中間人氾濫成災，專搞運送偷渡客的「蛇頭」也大發橫財。

面對金錢的誘惑，一些本來抱著求學目的來到日本的正規留學生，也逐漸染上不良習氣，甚至開始參與違法犯罪活動。特別又是當時中國經濟發展還遠落後於日本，現實中高額的學費和生活費壓得中國留學生們喘不過氣來。

依照日本法律規定，留學生可以在有限的時間內打工，但涉及色情、賭博等行業是禁止的，然而，實際上還是有一大批學生半明半暗地在那些地方打工。而一旦走上了那條路，再想回頭就難了，他們只會越陷越深。

在我的日文班上，常常可以看到，有些女生突然間穿起了高級時裝，還化了濃妝來上課，大家心知肚明她從事了甚麼工作。當時，我最高的薪水是搬家的每小時約一千二百日元，但那些女孩子只要陪客人聊天打情罵俏，可以很輕易地拿到每小時三千日元。還有一些膽子更大的人，在日本非常流行的柏青哥賭博機上做手腳，居然可以在一個月之內賺到幾千萬日元，這樣巨大的金錢誘惑，不是每個人都能抵擋得住的。

我還記得有一天晚上，我在語言學校的那兩個同齡朋友「範勇和陳海波」，聽說我妻子來了，嚷著要為她接風。我本來不願讓別人破費，但當時我們三個人的關係相當好，盛情難卻之下，就帶著小梅去了。

出乎我意料的是，他們將晚餐的地點約在了新宿的一家高級飯店。我曾經好幾次在樓下仰望過，根本不敢奢望到裡面吃飯，因為菜單上一盤麻婆豆腐就要兩千多日元，頂得上我兩三個小時的工資了。兩個朋友對此似乎完全不在意，他們點了一大桌子菜，我估計至少要花五、六萬日元。這時我才意識到，大家雖然在語言學校看起來都差不多，但其實差距是非常大的。

後來，趁著小梅去洗手間的時候，範勇才偷偷終於向我坦白，他們跟著一個大哥在柏青哥店作弊，平均每天能有二十來萬的收入。陳海波當下就邀請我說：「大家都是朋友，你要是有興趣，過來一起幹吧，不要再幹那些髒活累活了。」

我沒多想就婉言謝絕了。現在回想起來，當時我能夠躲過這些誘惑，繼續做著每小時只有幾百日元的體力勞動，實在是一種福分。人的一生是由許許多多幸運或不幸的事情縱橫交錯在一起的，正因為這樣，我才沒有陷入到旋渦中去。

話題回到那天晚上，在我們六帖半的房間裡，小梅第一次流露出了不滿：「同樣來了日本，怎麼人家混得那麼好啊？」其實在來日本之前，小梅和我住在深圳的一棟花園洋房，生活是比較優越的，跟初到日本的日子相比，可以說深圳的生活是在天堂裡。

小梅難免會數落我兩句：「放著花園洋房不住，偏偏到這個島國熬窮日子。」不過，小梅並沒因此放棄我。當時我們在課餘時間都要打工，她給一家中國餐廳洗盤子，而我則繼續在情人旅館和飯館間奔走。

我打工的時間是早上五點到晚上七點，中間會在飯館拿到免費午餐。小梅沒來之前，我常常是在早上餓著幹活，小梅來了以後，每天都會在家做好早餐便當，然後專程給我送來，吃著她做的飯菜，那是我一天中最快樂的時光。但是，我還是必須賺錢，要賺更多的錢。

於是，來日本半年以後，我又開始在歌舞伎町裡一家名叫「夢組合」的「姊妹」俱樂部打工，以每小時八百日元的工資做招待員。我當了幾天的招待之後，對那些來自日本、泰國還有菲律賓的「姊妹」們不斷重複表演的舞蹈更感興趣。

我覺得就舞技而言，我絕不比這些靠跳大腿舞吃飯的人差。我可不是盲目自信。我從小就練習舞蹈，還成為過正規的專業舞蹈演員。在來日本之前，我在深圳一家服裝貿易公司工作，作為中國最早的經濟特區，夜生活十分充實，到了夜晚，我經常換上華麗的服裝，在舞廳伴舞，收益不菲。

我結結巴巴向老闆講述了自己在國內的工作經歷，提出可否讓我登台表演一下。留著小鬍子的老闆起初對我的話半信半疑，我當場給他來了個舞蹈亮相，踮起腳尖原地一連轉了三圈。不出所料，他的臉上立刻露出了驚異的表情。他對我說：「下一場演出你上去試試，如果客人反應不錯的話，工資給你漲到每小時一千日元。」

到了表演時間，我穿上一身黑色緊身西裝，與數名「姊妹」一起開始表演「華麗」的舞蹈。這雖然是我在日本的第一次登台亮相，但我並沒有感到絲毫的緊張，只是跟著音樂節奏，施展著自己擅長的舞姿，店堂裡立刻響起了轟然的喝采聲，我成為了客人們注視的焦點。

一曲終了，當我和「姊妹」們一起謝幕時，一些客人用筷子夾住一張張面額一千、五千甚至一萬日元的鈔票，向我遞過來。我不知道自己該不該拿這些錢，旁邊有一個「姊妹」好心地提醒我：「快收下吧！這是給你的小費。」經他這麼說，我才伸手接過幾張遞到我面前的鈔票。

自從來到日本之後，每天都在為生活疲於奔命。在「姊妹」俱樂部，久違了的舞台令我非常快樂，再加上還意外地得了這麼多小費，心情簡直飛到天上去了。我確信了一件事：舞台依舊是我的摯愛。那天晚上回到家裡，小梅還沒睡，我拿出我賺的小費給她看，還特地在她面前做了幾個舞蹈動作。

在「夢組合」工作的歲月裡，我幾乎成了那間店裡的明星。每晚只要有我上場表演，氣氛總是異常熱烈。為了讓我們的舞蹈看起來更富於觀賞性，我和「姊妹」商量，加入了一些新穎的動作，來觀賞的客人更多了。當時，日本客人中間相互傳說著，「夢組合」來了一個外國人，而且，會跳很專業的舞蹈。老闆看我能為他帶來這麼多客人，再見了我，臉都笑得差點變形了。

005 街頭初體驗

第一次登台表演，我立刻成為了大明星，而且還得到了很多從前想都不敢想的小費。我在「姊妹」俱樂部紅了，老闆的笑臉也越來越多，看起來是把我當成搖錢樹了。

當時正值日本泡沫經濟時代的尾聲。許多日本人口袋裡的零用錢可比現在多了，他們一到夜晚就頻繁出入於繁華熱鬧的娛樂場所，花起萬元面額的鈔票來，隨意得就像是扔掉一張張擦過鼻涕的餐巾紙。

其實在我的少年時代，曾經有過一個夢想，就是到北京去從事藝術。我十三歲那年報考過當時的「中國五七藝術大學」，很多年輕的朋友可能沒聽過這所學校：在「文革」期間，江青把中央音樂學院、中國音樂學院、中央戲劇學院、北京電影學院、北京舞蹈學院等藝術類院校合併起來，成立的所謂「綜合性的藝術大學」，就是「五七藝術大學」，由她自己親任校長。

我自小練舞，報考過「五七藝術大學」，也報考過總政、海政、廣州戰士歌舞團、以及湖南省歌舞團，雖然我的專業是沒問題的，但結果統統都因為特殊的家庭背景，導致了政審不合格而被淘汰，最後只被市級的湘潭市歌舞團所錄取。至於為甚麼政審不合格，這個說來話長了，以後再寫。

沒想到多年之後，歌舞伎町又給了我一個意想不到的舞台。在「姊妹」俱樂部，我穿著刻意從深圳帶來的演出服，在舞台上總是能看見瘋狂的觀眾。我還記得，有一位看起來非常溫和的中年紳士，突然將領帶纏到頭上，站到了椅子上，高叫著：「幹！乾了！」然後一仰頭就將手裡杯中的酒一口灌了下去。

這位客人像喝水一樣一杯杯灌下肚的法國紅酒，在當時的價值一瓶要三萬日圓。我被日本人的這種花錢如流水般的瘋狂舉動驚呆了，也很好奇他們是從哪裡賺到的這麼多的錢。要知道在那個時候，光是他在店裡一晚的消費，就能夠在我中國的家鄉湖南蓋一座小樓了。

我在休息的間歇也和「姊妹」聊天，因為有些「姊妹」不是日本人，日語能力有限，但靠著連比帶劃，總算能明白各自的意思。在國內的時候，我也在一些雜誌上看過「姊妹」的報道，心裡難免對他們有某種偏見。不過，在和他們近距離接觸之後，我發現他們也是有血有肉的真實的人。

他們來到異國表演，出賣勞動，也不過是為了賺錢。我和幾個來自泰國的「姊妹」聊天，說起將來的理想，一個說他要存夠了錢去做變性手術，成為一個真正的女人；一個說因為喜歡吃海鮮，將來希望能開一家屬於自己的海鮮餐廳。他們問起我的理想。我的答案是：「賺錢。」是的，賺錢！我和小梅第二年的學費還沒著落。

說到「夢組合」這個「姊妹」俱樂部，雖然在性質上有點色情意味，但它其實並不涉及真正的色情交易，客人們大多也很規矩。但是，偶爾也會發生意外。有一天，一個客人喝多了酒，突然抓住身旁的一位泰國「姊妹」，大喊大叫著撕扯著他身上的短裙，直到把短裙撕破了還不罷手。我不太聽得懂他在叫甚麼，但還是和其他同事一起上前把他按住了。

後來，這位客人被罰了一筆錢，還差點送到警察局。原來，他是想看看那個「姊妹」的乳房是不是真的，有沒有男性生殖器……我回到後台，看到那個被羞辱的「姊妹」坐在梳妝台前哭泣，有幾個其他「姊妹」在旁邊安慰他，但很快音樂就響起來，他們不得不繼續強顏歡笑上台表演。

我心裡多少有點為他們難過，就走到哭泣的「姊妹」身邊，拍了拍他的肩，掏出剛賺的一萬日元小費，塞到他的手裡。他抬起頭看著我，眼神中充滿感激，但又把錢還給我。我再次塞給他，對他說：「收下吧。買點你喜歡的化妝品。」他點點頭，終於破涕為笑。

我和這些「姊妹」們的關係其實並不是很親密，一方面是語言的障礙，另一方面是這份職業的本質，都使我們很難成為真正的朋友。不過，我常常覺得，在那種環境裡，我們都是為了生存而奮鬥的同路人。不能說相濡以沫，至少應該要互相關照吧。

後來，我辭掉了這份工作，和這些「姊妹」最後告別的時候，他們過來逐一和我擁抱，氣氛很是傷感。那位被我安慰過的「姊妹」在一張紙上寫下了他的電話，甚至還有他在泰國老家的電話，他叫我將來如果去泰國的話，一定和他聯繫。

那天我走出大樓，回頭看了看「夢組合」閃爍的霓虹燈，知道自己這段人生經歷結束了。我感覺到一種充實，經過一段這樣的生活，自己增長了見識，認識了一些萍水相逢的人，也在生命中體驗到了一絲感動。

算起來，我只撐了一個月，就堅決辭去了這份工作。辭職的最主要原因，是當時的我除了上場表演之外，還要兼做招待工作。那種無論何時，都必須不斷對客人點頭哈腰的日本式的工作態度，讓我疲憊不堪。另一個原因，也是我漸漸知道了，光靠自己的舞蹈本領就在歌舞伎町混飯吃，幾乎是不可能的。

辭職之後，日文學校的暑假還沒結束，我又開始每天在歌舞伎町徘徊，想重新找一份更好的工作。像我這樣，不斷對工作有更高的「追求」，是留學生的普遍經驗。隨便問一個來日本兩三年以上的中國留學生，誰沒有打過五、六份工？誰沒有搬過好幾次家？在生活的壓力之下，大家都不得不如此。

有一天傍晚，當我正忍著飢餓，盲目地閒逛的時候，突然看見一位三十多歲的男人，頭上戴的棒球帽壓得低低的，正站在人行道中間，向過往行人手裡發著甚麼東西。他身上的衣服一看就不是那些拉客的，他到底是做甚麼的？我好奇地走過。手裡立即被塞上他遞過來的東西。我低頭一看，原來是一包紙巾。

日本有很多商家將紙巾做成十幾張的一個小包，在包包上印自己的廣告，然後僱人到車站或鬧市街頭免費發放。我在歌舞伎町走上一趟，如果來者不拒的話，能收到十五、六包。這又是甚麼廣告？我把它翻過來，那一面印著一句令人費解的日文：「歌舞伎町第一家相親俱樂部！」

「歌舞伎町」的意思我當然知道，「第一家」的字也知道，「俱樂部」的字也明白，但這「相親」是甚麼？我立刻翻開隨身帶著的小字典，我查到了中文的意思。但對於「相親俱樂部」的真正意義，還是不能把握，難道是婚姻介紹所麼？

在歌舞伎町，常常會冒出許多令日本人都難以理解的新詞。諸如「流行健康」、「同伴喝茶」、「SM喝茶」、「包間裸體」、「花瓣旋轉，三千日元」等等等等，我大致猜到有提供色情服務的含義，但具體含義和區別，還是無從知曉。

當時，拿到那包廣告紙巾的我，一樣是雲裡霧裡，不但不明白「相親俱樂部」的具體意義，更無法理解上面的價目表。「男性一千五百元，女性免費，飲料自由。」第二天，我把它帶到日語學校向老師請教。

老師看了看，笑著回答說：「到底是甚麼內容的店，我也無從知道。但這上面寫著免費和提供不要錢的飲料，意思是明白的，即店裡為了招攬更多的男性客人進來，因而對女性客人採取免費優惠。」當時我對這種商業手法感到很新奇。

不知為甚麼，「相親俱樂部」這個詞在我腦海裡揮之不去。莫非我與它有甚麼緣分？這樣想著，我決定去問個究竟。幾天后，我再次走到那個發紙巾的男人面前，問道：「你們好！請問你們這裡需要打工的嗎？」

蹩腳的日文一下子就暴露了我的外國人身分。這個男人把帽簷壓得那麼低，給人神秘乃至冷酷的印象，但當他抬起頭來，我看到的眼神卻是溫和的。他慢慢地，一個字、一個字地盡量將每個字說清楚：「你是中國人？他們可能不要外國人。不過，如果你願意做我這樣發廣告紙巾的活的話，我可以幫你問問老闆。」

這真的是一份好工作！只要站在街上往行人手裡發紙巾，每小時就可以輕易拿到一千日元。而且上班時間完全自由，想甚麼時候發就甚麼時候發，不管是早上還是深夜都沒關係。如果打這份工的話，就不用擔心與學校的課程安排相衝突了。

我驚呆了，沒想到還會有這等好機會。我被引見給了老闆，他是個滿面紅光的中年大胖子。我向老闆深深地鞠了個標準的日本躬，請他僱用我。老闆看了一遍我的履歷書，當天就僱用了我。因為這份工作，我終於也擺脫了那些整天泡在情人旅館和餐廳裡的苦差事。

我當天就去向情人旅館的老太太辭職了。她對我辭職抱持著無所謂的態度。我又和一起工作的老徐打了招呼。他則不斷追問我的新工作是甚麼，我有點煩了，當他問我每小時多少錢時，我胡亂編了個數字：「一千六。」他的眼睛一下子亮了：「這麼多！」

我之所以說出這麼不可靠的數字，可能是虛榮心在作祟，也可能只是個玩笑。但要我幫他介紹，這就成了一個難題。所以我的回答就不那麼乾脆了，只是說「我試試看。」他又說：「你別忘了，我可是一直很照顧你的。」

聽到這裡，我有些不高興了。照顧我？除了第一天向我介紹工作的基本內容之外，還有甚麼可以稱之為照顧的？恰恰相反，自從我來了之後，那些擦地、擦玻璃的活兒，我幹了絕大部分，他經常站在一旁抽煙看著，只因為考慮到他比我年長，我才沒有計較。

這不是我倆最後一次見面。兩年後，有一次在歌舞伎町的街頭，我遠遠看見他朝我走過來，但我一閃身就躲進了旁邊的遊戲廳。我不想見到他，也不想聽到他說我「不夠意思」，在我心裡，那些「姊妹」可以和我成為朋友，但他不能。

新的工作環境，簡直就像天堂一樣。特別是能在自己喜歡的地盤，想幹多久就可以幹多久，這一點讓我體會到了「自由」這個詞的可貴。我既能站在我所喜愛的歌舞伎町大街上，還能賺到錢。天底下居然有這樣的美差！

由於我急於賺到更多的錢，一連幾天，我都站在街上拼命發紙巾。我迅速找到了訣竅：微笑。永遠保持笑臉，態度好得就像把行人當做了上帝，即使被拒絕，也要笑著說上一句：「抱歉」。很快，我就變成了一部合格的紙巾發放機器。

每天十幾個小時站在街上，臉上始終保持微笑，眼見那些裝著紙巾的紙箱一個個空了下去，老闆一天比一天喜歡我，還頻繁地請我吃飯。他坐在飯店裡狼吞虎嚥的樣子，簡直就是我想像中的相撲運動員，我估計他脫光了衣服，繫上一條兜襠帶子，真的可以登上相撲土台了。吃喝之間，我自然也跟他關係熟了起來，常常跟他談談自己的頭痛事。

我最頭痛的是小梅的工作。女人能做的工作本來就不多，小梅在國內時雖不是大家閨秀，也還算是能吃苦的人。但來了日本，要讓她低聲下氣地在餐廳打工，實在是有些難為她了。所以當她因為工作而心情煩躁時，還常常會把怨氣都轉移到我的身上。

小梅看到語言學校裡很多女生，但凡有個中等的姿色，都開始在「斯那庫小酒吧」裡工作。斯那庫是日語，指的是那種有媽媽桑或是小姐姐陪你聊天喝酒的小酒吧。小梅提出也想去那樣的店裡打工的想法。讓自己的妻子去陪別人喝酒說笑，我總覺得難以接受，更何況我又不能時時刻刻在她身邊，如果發生甚麼，我根本把控不住。在她一次次的要求下，我突然想到了自己打工的「相親俱樂部」。

我對這個店的經營多少已經有些了解了。所謂相親，只不過是形容而已。說到底，這個俱樂部僅是都市裡寂寞的男男女女們想找個陌生人聊天，談得來的，可能會留下個電話，談不攏的，起身就可以走開。如果她在這裡，我也能比較方便地了解狀況。

於是幾天后，我把小梅領來和老闆見面。小梅還是長得不錯的，當時就被採用了，我暗自高興，卻沒想到這竟為我們的感情埋下了隱患。我和妻子在日本的生活逐漸走上了正軌，不久後我就經歷了人生的一個重要轉折：變身歌舞伎町案內人。

006 走上「案內人」之路

在歌舞伎町的街頭發放廣告紙巾，這份工作對當時的我來說，已經像是在天堂一樣了。那麼，還有甚麼事比天堂更吸引我呢?沒錯，就是變身「歌舞伎町案內人」。

這件事對我的人生來說一個巨大的轉折，正如你們所知，之後的幾十年裡，「歌舞伎町案內人」成為了我身上最重要的標籤，我甚至還以它為標題出版了兩本書，一本中文的，一本日文的，另外還拍了一部日本電影。很多人也是因此認識我的。在這篇，我就準備跟大家聊一聊，我是如何走上「歌舞伎町案內人」這條路的。

我們說回為「相親俱樂部」發放廣告紙巾的工作，當時妻子小梅也來到了店裡，扮作陪聊的女客人。儘管我們兩人都有了工作，但收入還是很拮据。不僅如此，繁忙的生活也影響了我們之間的關係，我漸漸發現，我們每天見面的時間越來越少，晚上回到家裡都很疲憊，有時候話都說不上兩句，就各自倒頭大睡了。不過，這種情況並不罕見，許多剛到日本初期的中國夫妻，都有過這樣的共同經驗。

發放紙巾的工作做了一個多月之後，我開始認識一些同在歌舞伎町工作的人們，這令我很高興，至少我不再是個孤獨的陌生人了。和我交往得最多的，自然就是那些當初吸引我目光的「拉客小夥兒們」，對的，就是那些身穿黑色呢大衣的酷傢伙。然後還有陪酒小姐、陪客人洗澡的小姐、中國餐廳的老闆、電話交友店的店長，還有一些不知整天到底在做甚麼的街頭小痞子。

由於以前還從來沒有中國人站在這條街上發放廣告紙巾，所以我成為了一個新奇的人物。我一直很遵守規矩，加上還算得體的言行，很快便得到了大家的認可。說起來，今天的歌舞伎町，中國遊客的身影是隨處可見的，還常能聽到中文對話。但那時候完全不是這樣，當時偶爾也有華人來到歌舞伎町，但基本上都是台灣人和香港人。

我在大街上站得久了，有時候就會遇到一些港台遊客過來找我打聽。你猜他們都打聽些甚麼？他們會問我「你也說中文吧？聽說這一帶有可以看脫衣舞的地方，能告訴我們在哪裡嗎？」對，這就是他們問得最多的問題。可能是因為我得天獨厚的優勢吧，每天站在歌舞伎町大街上會說中文的，就只有我一個，自然而然地，不知從甚麼時候開始，我就成了華人遊客的案內人。

這裡先解釋一下，可能很多人現在還不知道「案內人」是甚麼意思，從字面上來看，還以為是甚麼「知道案件內幕的人」，或是「有案底的人」。其實不是哈，「案內」這兩個字是日語，翻譯過來就是「引導」、「引路」的意思。所以「案內人」通俗來講其實類似「嚮導」的工作，只不過在這裡是「夜間的嚮導」。

遇到台灣人的時候，我就用國語跟他們搭腔，遇到香港人的時候，我立刻就轉變成了粵語。雖然我出生在湖南，但因為來到日本之前在深圳工作了六年，所以粵語說得也還不錯。當時很多香港人完全不會說普通話，一聽到我說起了他們熟悉的廣東話，就更增加了對我的信任。

每當遇到華人向我問路，我都會主動停下手上的工作。只要是我知道的地方，都會熱情地為他們引路。作為回報，他們有時候會給我一枚五百日元硬幣，或是一張千元紙鈔，作為小費。這種事做得多了，我對歌舞伎町的地理環境和店鋪情況也越來越熟悉了。

有一天晚上，我帶著一些從香港來的公司職員去一個脫衣舞場，他們居然一次就給了我三千日元的小費。我一下子就看到商機了！要知道，在路上發紙巾的工作，每小時只有一千日元收入，我平均每天要站上八到十個小時，頂天了每天也就只有一萬日元收入。但我現在只是帶了個路，就得到了三千日元！

我開始動腦筋了：如果專做在街上為別人引路，也就是案內的工作，可行不可行？我決定試一試：在發放紙巾工作的同時，開始實行我的「案內人」計畫。這個計畫的第一步就是：我改變了過去只是等待別人走上前來的被動局面，只要一看見華人，就主動上去詢問。

「您好！是從台灣來的嗎？」「您好，您是香港人嗎？」「你好，歌舞伎町的情況我很熟，我能幫您甚麼嗎？」我就是這樣積極地主動搭腔，尋找我的「顧客」。當然，我也有我的職業規範，那就是：始終保持笑容，問話方式盡量自然親切。

比預想中效果還好，這些「客人」聽到問話，大都會停下腳步。知道原因是甚麼嗎？因為，幾乎所有男人都想逛逛這個傳說中「亞洲第一的紅燈區」，大多數人也想嘗試走進色情店舖裡去看一看。但具體去哪？看些甚麼？哪些店有意思？提供甚麼樣的服務？價格如何？該付多少錢才不至於被宰……這些事情他們真的是兩眼一抹黑，甚麼都不知道。

當時日本的旅遊其實已經很發達了，像甚麼皇居啊、秋葉原電器街啊、上野動物園啊、迪斯尼樂園啊之類，在中文旅遊指南上都有詳細的介紹。但是對於世界聞名的紅燈區——新宿歌舞伎町的「內幕」，是不會寫在任何一本指南上的。

他們最多可能就聽說過：歌舞伎町是一個「可怕的紅燈區」、「到處是幫派分子」，類似這樣的恐怖的描述，除此之外一切都稀里糊塗。所以，大部分遊客都是表面上裝出一副若無其事的樣子，其實內心既緊張又興奮，還有一點點害怕。

因此，當港台的遊客來到歌舞伎町後，發現居然有人彬彬有禮地用熟悉的母語問候他們，面帶笑容，親切還講規矩，他們就會放下戒心，然後耐心地聽我給他們做介紹。等到他們終於確信我不會為他們帶來危險之後，他們立刻就會變得非常主動，不停地提出各種問題。到了這一步，我的買賣就基本上成功了。就這樣，我順利地踏出了「案內人」的第一步。

這一年，日本的泡沫經濟進入了最後一波。到了年底，上班族們拿到了相當於幾個月薪水的大筆獎金，開著名牌汽車來歌舞伎町大肆揮霍。連平常很少涉足這裡的各種人也紛紛出現了，每天晚上，街上到處都是著喝得醉醺醺的客人、大聲喧嘩的大學生、肆無忌憚隨地小便的中年職員、在馬路中央大口嘔吐的年輕女孩、還有目中無人激情擁吻的小情侶，甚至是在黃金街通往情人酒店的林蔭道上「席地野戰」的男男女女們……每個人都是非常亢奮的樣子。

光是站在這喧囂的歌舞伎町之中，我的心裡就已經興奮得不能自制了。於是我也鼓起了幹勁，拼命地尋找著華人遊客的身影。也就是在這個時候，我辭掉了發紙巾的工作，正式幹起專門為華人遊客「案內」的行當。促使我下定這個決心的，是和一間名叫「TSミュジック」的脫衣舞場老闆談妥了拉客的回扣。

當時，港台來的遊客最感興趣的就是日本的脫衣舞表演了。我在發紙巾的間隙，曾經好多次帶客人到這家脫衣舞場，不知不覺就和店員們熟悉起來。我深知，光憑客人的心情好壞收一點小費，是不足以保證穩定收入的。於是，在帶了好幾波客人來到這家店之後，我輾轉託人向老闆提出：是否可以給我一些拉客回扣？

剛開始的時候，老闆連見都不願意與我見面。但我沒有放棄，也沒有「賄賂」店員，只是更玩命地為他們拉客，頻繁地把客人帶到店裡來。我深知：這些客人就是我的「武器」，我要靠自己的實力博得認可。

終於有一天，我又帶了十幾位從香港來的旅遊團成員到店裡。突然，從裡間走出來一個五十歲開外的、面色陰沉的男人。他向我招手讓我過去，說：「你就是李君？不錯！一個人帶了那麼多客人給我的店。我們談談吧！」我立刻明白過來，啊！他就是老闆了！

我假裝鎮定，趕緊笑著恭維他：「哪裡哪裡！謝謝誇獎！是你的店很有特色！」我在日本學到的成功訣竅之一，就是懂得向別人低頭。按照我過去的性格，這麼做實在有些勉為其難。但是中國人的傳統是外圓內方，而且，以我在歌舞伎町快一年摸索出的經驗，和日本人打交道時，如果不保持低調，甚麼事情都很難辦。只要稍稍低低頭，對方的態度就會完全不一樣。

但是，這並不是說只要表面低頭，實際上可以當面一套、背後一套。起初我向別人鞠躬、打招呼時，確實是有自己的目的。但漸漸的，我發現，保持低調、謙虛謹慎，其實也應該是一個人起碼的做人原則。這個處世哲學幫助了我。那天，脫衣舞場的老闆和我達成協議：「每拉來一位客人，可以分到五百日元。」這個回扣額度現在聽起來很低，但當時我已經相當滿意了。

因為在這之前，帶路的客人中雖然有一些會付我小費，但更多的只會給實物，比如說啤酒甚麼的，還有些更摳門兒的，說一句謝謝就揚長而去了。想依靠小費是無法保證穩定的正常收入的。現在有了回扣，就代表：只要帶去客人就一定會有報酬！這更加堅定了我以「案內人」為職業方向的信心。

我越幹越如魚得水，不再侷限於華人，只要看見外國人都會上前打招呼。生意好的時候，一連幾天，我都能帶去二、三十個客人給「TS」舞場。那個起初總是陰沉著臉的老闆，越來越器重我，開始對我露出笑容，給我的提成也直線上漲。過了一段時間，我已經可以拿到百分之五十的提成，成交金額以客人的實際消費額計算。也就是說，一個客人的入場券是五千日元，那其中的二千五百日元就是我的所得。

跟大家科普一下，在這些脫衣舞場裡，除了可以看表演，還可以跟裸體女明星們拍照簽名。另外，客人們還有個福利，他們當中猜拳勝利的那個幸運兒，就可以上台和女明星實戰。更有甚者，例如我當時的服裝學校對面，新宿警察署的附近，有一家脫衣舞場，只要客人再另外花錢，還能在小房間裡享受女明星的單獨服務。不過，這些都是廿多年前的事了，現在都是不被允許的。

我就是用這樣的方式，和歌舞伎町裡的一個個店鋪達成了協議。這些店的形式各種各樣，從最初的脫衣舞場，到吹簫店、摸奶店、泡泡浴、「姊妹」俱樂部、出場店等色情場所，再到飯店、舞廳、小餐廳，還包括專門經營黃色書刊、錄影帶的商店，販賣成人玩具的商店等等……從九十年代後期開始，又增加了中國人和韓國人開辦的、如同雨後春筍般的色情按摩店。

即使是做這樣一個職業，我也有自己的原則，那就是：從不做「欺騙同胞」這種不道德的事。我所介紹的店鋪，都是歌舞伎町公認的，而且是合法的「優良店」。我不斷透過各種管道獲取「優良店」的訊息，也會自掏腰包親自體驗，直到我確定它真的是「優良店」，並搞明白遊戲規則時，才會正式達成合作協議。

這裡要強調一句：雖然我也被中國同胞們稱作「皮條客」，但這明顯是一種誤解。我的「案內人」工作和「皮條客」有著本質上的差異。「皮條客」當中，很多幹的都是裡應外合、騙取客人錢財的勾當。從一開始，我就對自己發誓，絕不賺昧著良心的錢。

就這樣，來到日本將近一年的我，作為歌舞伎町第一個「華人案內人」，踏上了遙遠的旅程。剛開始，我以為這份工作只是一時之計，但是，隨著時間的推移，我才發現，這項工作中也蘊藏著為人處世的道理，它讓我佇立在歌舞伎町的街頭，看遍了歌舞伎町人的悲歡離合，也看遍了日本從高度經濟發展到不景氣的潮漲潮落。

我在東洋第一歡樂街上，拉開了「歌舞伎町案內人」的人生序幕，而另一邊，我也漸漸開始覺得，在語言學校上課，實在有些耽誤時間。事實上，語言學校裡我的兩個同齡朋友「範勇」和「陳海波」早就不去上學了，他們一頭扎進了柏青哥賭博機上，成天琢磨著怎麼能快速賺到更多的錢。我之所以動搖得厲害，還有一個原因：我們上語言學校不是為了考大學，如果學語言的話，其實在歌舞伎町的工作中可以更快速地掌握它。

到了後來，連妻子小梅也開始逃學了，而且我慢慢發現，小梅對我的態度更加忽冷忽熱了。她每天穿著盛裝去上班，說話的口吻也開始隱隱露出些嘲笑的意味，她經常對我說：「案內人先生，你就不能多一點長進嗎？」

我向妻子保證，我會證明給她看的。但她只是淡淡一笑，繼續像往常一樣，到相親俱樂部上班。隨著日文程度的提高，她也不固定地開始與一些客人在俱樂部裡聊天「約會」。當時我「案內人」的行當才剛開始，透支了我很多精力，我也沒有太多的時間去關注她的舉動了。

而就在這時，我遭遇了歌舞伎町「案內人」工作的第一個危險：「拉客」的日本同行來找我的麻煩了。而大家一直關心的、歌舞伎町背後的神秘力量——幫派勢力——也隨之在我的生活裡登場了。

007 龍蛇混雜

儘管我開始了歌舞伎町「案內人」的工作，而且進行得很順利，也在這條街上交到了一些朋友，但其實我還沒有和歌舞伎町真正的主角——「雅酷扎」（日文ヤクザ，**yakuza**，亦稱「暴力團」）——有過接觸。

那時候我走在街上，常常會和一些看起來像幫派成員的人擦肩而過，他們身穿黑色西裝、戴著墨鏡、褲子肥大、滿臉橫肉，但僅憑這副扮相，我還無法明確判斷他們到底是不是真的幫派份子。那時我對日本幫派的了解，更多來自於出國前看過的幾部香港電影，自認為是良民的我，從未想過會和他們有甚麼發生瓜葛的可能。

為甚麼說「雅酷扎」是歌舞伎町的主角呢？這就說來話長了。眾所周知，新宿位於東京市的中心地帶，東京最多的高層建築、許多著名的大飯店都坐落於此。一九四五年，日本戰敗後，美國、中國等戰勝國派憲兵對東京進行了管制。戰後日本經濟復甦的頭幾年裡，許多國民黨政府派駐東京的憲兵，將手上多餘的口糧換成了現錢，然後在新宿購買土地和不動產。如今新宿歌舞伎町三分之一的主要建築，都是當年那些老一代華僑的產業。

除此之外，這裡還有很多的韓僑，包括朝鮮人，他們在「二戰」時被日本人抓壯丁抓到日本做苦力，後來就留在了日本。除了老華僑，在新宿歌舞伎町佔有最多不動產的，就是這些韓僑了，甚至有的一整條街都是韓國人的店。「雅酷扎」在歌舞伎町的存在，最早開始於關東大地震後，他們當時就是由一些韓僑自發性組織起來進行募捐、賑災的社會團體，後來發展成為右翼的政治團體。

日本的「雅酷扎」也是全世界唯一被政府預設存在的。在歌舞伎町，「雅酷扎」還扮演平息許多小衝突的角色。例如有人醉酒鬧事，夠不上打電話叫警察的程度，就會讓「雅酷扎」來「擺平」，讓肇事者掏點錢賠罪了事。在歌舞伎町，地下世界有自己的規矩，講自己的道理，遵從自己的遊戲規則。

在我的「案內人」工作的某一天，我第一次遇到了幫派成員的「巡街」。事情發生在歌舞伎町主幹道的一番街，曾是地標性店鋪、但現已不存在的「上高地」咖啡廳周圍，忽然聚集起一大群人，大約有二百人左右。我開始誤以為是個大型旅遊團，但仔細一看那些人的樣子，就覺得有點詭異了。

每個人看起來都很扎眼：有的身形高大、剃著光頭；有的臉上留著很大的疤痕；有的穿著背上繡著龍的圖案、閃閃發亮的衣服；還有的穿著純白西服套裝，裡面是黑色襯衫，繫著非常艷麗的領帶，脖子上還搭著長長的白色圍巾……活脫脫就是從極道電影裡走出來的人物形象。

過了一會兒，他們整隊排成了四、五列，朝著電影院廣場方向進發。剛才還都站在路中央拉客的男人們看到他們，立刻自動站到路邊，要嘛畢恭畢敬地一動不動，要嘛就是熟練地堆出諂媚的笑臉，不斷地說出一些恭維的話。おす！おす！其實就是おはようございます（編按：早安）的意思。

這時候，有一位相識的拉客日本人悄悄向我耳語道：「看！又要開始了！這是他們的慣例，很可笑吧？」沒錯，相信大家已經猜到了：這群人就是幫派團伙。他們多則每週一次，少則每個月一次，要在歌舞伎町走上一圈，進行「巡街」，其實本質上就是在秀肌肉。

每當幫派巡街的時候，電影院廣場周圍總會聚集起很多看熱鬧的人，就像看演出一樣七嘴八舌地議論著。說這個人的造型肯定是致敬高倉健啦，那個人看起來肯定在吸毒啦，又猜測哪個是極X會的，哪個是住X會的，還有人意猶未盡，說要是他們能光著上身展示一下就好了……

這種怪異的景象讓我有種甚麼感覺呢？一般的日本人雖說還是害怕「雅酷扎」，但骨子裡好像又喜歡他們。歌舞伎町就是這樣一個令人不可思議的地方。

打這以後，我無數次目睹「雅酷扎」的「巡街」，但都不如第一次看到的那般印象深刻。幾百名「雅酷扎」成員浩浩蕩蕩走在一起的景象，真是太壯觀了。

這種「巡街」活動不單是一個團伙的活動，在歌舞伎町面積僅有半平方公里的區域內，就有幾十個「雅酷扎」團伙的據點，鼎盛時期總人數據說超過兩千名。各大組會及分支機構都各有自己的地盤，每個團伙都在他們自己的「領地」列隊遊行。這條街簡直稱得上是「雅酷扎」的群雄爭霸。

不過，這種昔日的歌舞伎町一景，由於被日本警方一再嚴厲制止，現在已經徹底滅絕了。如今的「雅酷扎」成員的外表也發生了很大變化。泡沫經濟時代的「雅酷扎」成員比較招搖，只要看一眼就可以斷定。但現在的成員大多在穿著和髮型上，已經與一般人沒甚麼不同。就我個人來說，還是比較喜歡過去那種「雅酷扎」成員所獨有的傳統飛機頭髮型。

身為良民的我，怎麼會和這些「雅酷扎」產生交集的呢？話題就要回到我越做越順手的「案內人」工作上來了。我當時把混熟了的一番街當作工作據點，起初一個月，一切相安無事，與周圍的各色人等的關係也處得不錯。我有了錢後，立刻買了一件嚮往已久的黑色呢子大衣。雖然屬於價格比較便宜的一種，但終於可以把自己打扮得更酷一些，就像那幫「拉客」的傢伙中的一員。

雖然這麼做是有點虛榮的心理因素，但是我想，日本的拉客者們之所以這麼看重身上的這套行頭，關鍵也是為了給人一種正規從業者的形象，讓人放心。我也為自己披上了這層「黑皮」，卻一點也沒想到危險即將來臨。

我記得那天是個非常冷的冬夜，我照例在傍晚七點來到一番街「上班」。或許是因為在下雨的緣故，街上的客人很少，更別說外國人了。我不想無功而返，腦中冒出了一個念頭：不妨拉拉日本客人。

於是，我開始招呼過往的日本人。結果可想而知，根本沒有哪個日本人願意停下來聽我這個外國人講話。不僅如此，我還在不經意間犯了歌舞伎町的一個大忌。

晚上九點多，我換了個地方，站到了一番街和電影院廣場大街的交叉口上，這裡平常是一些身穿制服的日本人站的地方。當時，這一帶的幾棟大樓裡有許多火熱的迪廳，客人會多一點。

我剛站定，就有一個身穿黑色呢大衣、長相冷峻的年輕小伙子，帶著四五個同夥徑直衝我走來。雖然我沒有說過話，但我知道，他是與附近好幾家迪廳有協約的「拉客者」之一。

他們一衝過來，就狠狠往我肩膀上打了一拳，嘴裡吼道：「你不是發紙巾的嗎？誰允許你來拉客的？」我的火氣一下子就上來了，回擊道：「我又沒有給誰添麻煩。招你惹你了？」

那個小伙子飛起腿就給了我一腳，像小痞子一樣地叫罵著：「外國雜種！狂甚麼你！」我至今都記得那一腳，非常狠，正好踢在我的胯骨上，一種火辣辣的感覺，鑽心般地痛。

這時我才明白，我之所以能相安無事地當了一個月的「案內人」，全是因為這些人一直把我當成發紙巾的，沒有引起他們的注意。

猛地被踢了一腳，我拳頭都硬了。可是，我的對手不只有一個人，而我可以說是勢單力薄。我的理智告訴我，一旦還手，就會招來更多的敵人。我打算尋機逃跑，一路退到了電影院廣場上，廣場上人很多，也是最容易逃跑的場所。

但他們還是把我堵住，圍攻了。雨傘打在頭上，肚子被皮鞋踹，連新買的黑色呢子大衣也被撕壞了，讓我心疼不已。他們一直把我打得摔在地上，現在回想起來，他們當時其實手下留情了，只是要教訓我，並不想真的把我怎麼樣。很快，他們住了手。我瞅空哧溜爬起來，向劇院街上的派出所方向飛奔而去。

我心裡很清楚，警察管不了他們，所以只是在派出所裡躲到他們消失了身影，才放心地離開。晚上回家，妻子小梅看到我挨揍的慘樣，一個勁地數落我：「就說這份閒差吃力不討好吧？真不知道你為甚麼不繼續發紙巾？現在倒好，弄了一身傷回來。」

我沒有說甚麼，但是，我天生就是不服輸的個性，怎麼可能在這個節骨眼兒上打退堂鼓呢？我心裡想，只要我有任何退卻的想法，就會完全被這些日本人瞧不起，以後都免不了任他們擺佈。

挨打的第二天，我強忍著疼痛，重新瀟灑地站在了歌舞伎町的大街上，故意身子挺得筆直，臉上假裝甚麼都沒有發生過。不過老實說，我當時心裡是非常緊張的，擔心又會再遭到攻擊。

前一天那個帶頭圍攻我的小伙子看到我時，雖然明顯地愣了一下，但也沒有別的舉動。我小心翼翼地招攬著生意，當然再也不招呼日本人了，當我帶著華人遊客從他們身邊經過時，他們也只是斜著眼睛瞪我，沒有再出手。

平安無事地過了一個星期後，「真武」出現在了我的面前。我第一眼看到他，他正從「上高地」咖啡館走出來。我估計他的年齡在三十五歲左右，身高差不多一公尺七，體重至少有一百公斤以上。

他的臉很小，與肥胖的身軀非常不和諧，但眉毛兩邊向上挑起，看起來很兇。他的上唇留有一小撮鬍鬚，頭髮長長的緊梳在腦後，身上穿著雙排扣的黑色西服。光憑這幅扮相，我就知道他是「道上的人」。

起初真武就和那些打人的小伙子一樣，用一種咄咄逼人的眼光緊盯著我，大聲問道：「這位兄弟，沒見過啊！外國人？中國人還是韓國人？」我心裡立刻打起鼓來：難不成他是那群人的「雅酷扎」後台？看得出來，他早就已經知道我了，只不過在找搭腔的藉口而已。

我立刻滿臉堆笑，用日本人常見的寒暄語說：「你好！我姓李。初次見面，請多關照！」沒想到他竟然大笑起來，笑得還有點可愛，跟我寒暄起來：「真是個懂禮貌的中國人！你每天都在這裡？」

於是我告訴他，我是為外國人服務的導遊，專門給來歌舞伎町觀光的外國遊客介紹飯館、脫衣舞場甚麼的。他聽我解釋了一番，連聲表示「明白了」，又拋出一個問題：「兄弟，你後面是哪個組的？受誰保護？」

我不太明白這句話的意思，直言我就是一個人。他本來還客客氣氣的，這時候臉色「嘩」地一下就變了，對我說：「你這傢伙原來沒付錢啊！站在這兒拉客，就得交保護費！」

他狠狠抓住我的手腕，一把將我拉進了「上高地」咖啡廳。直到這時，我才突然想起一件事來：帶客人去「TS」脫衣舞場的時候，好心的店員曾經告誡我說，「李桑，你快找個後台吧，這樣下去，哪天會出問題的！」

我當時一門心思只顧著賺錢，哪捨得交甚麼「保護費」，天真地覺得我都已經站在大街上那麼久了，也從來沒被人找過麻煩，以後肯定也不會有甚麼大問題。所以，我並沒有把他們的話當一回事。

遇到了真武，我才開始意識到問題的嚴重性。當時，交給幫派保護費的行規早已根深蒂固，但這在現行《組織犯罪對策法》中屬於違法現象。歌舞伎町裡勢力最強的各大幫派之間常常是針鋒相對，短兵相接。那時的歌舞伎町，簡直是活脫脫的「雅酷扎博物館」，用日文講就是「ヤクザ博物館」。

歌舞伎町的每個角落都歸「雅酷扎」管轄，連何謂「保護費」都一無所知的我，居然在沒有他們的許可的情況下，擅自在這裡做生意，簡直就是以卵擊石。我終於明白了自己的處境：看來，沒有「後盾」是不行了。

008 保護傘

由於我不知道道上的規矩，在沒有繳保護費的情況下，就開始在歌舞伎町做起了案內人。於是在一個月後的某一天，我被一個叫做真武的幫派給堵住了。真武看起來很兇，身上穿著雙排扣的黑西服，光憑這幅扮相，我就知道他是「道上的人」。當我被他拉進了這家叫「上高地」的咖啡廳時，我心中閃過一萬種可怕的猜想，既緊張又恐懼。

但坐下來之後，卻不料真武的態度十分和藹，非常熱情地將桌上的菜單打開，讓我先點上點兒喝的。我只好盡量配合他的演出，在表面上故作鎮定，裝得像甚麼都不知道的樣子，看來看去，最後點了杯冰咖啡。

當時的我，是不可能自己跑到咖啡廳去消費的。真武大概是看出了這一點，更加豪邁地說：「兄弟！別擔心價錢。今天我請客！肚子餓了吧？不用客氣，點些喜歡吃的吧！來碗意大利麵吧？不喜歡？那來份咖哩飯怎麼樣？」

他連聲稱兄道弟，又不斷地勸我吃點兒東西，我愈發地覺得不對勁，根本沒有心情吃飯，心想這肯定是個圈套。我一邊在表面上假裝跟他禮貌客氣，說我不餓，還不想吃東西，一邊在暗中思考著脫身的辦法。可惜，敵強我弱，在這種情況下，我根本沒有逃跑的機會。

真武倒是輕鬆得很，見我再三拒絕，心意已決，他終於不勸了，大聲叫來服務員，給自己點了一份咖哩飯，還反覆叮囑要大份的。點完餐，他還轉頭對我抱怨：「他媽的，我明明剛剛才吃了三明治的，怎麼這麼快又餓了！」

現在想起來，真武此舉也許某種程度上是為了讓我放輕鬆，之後他和我聊起天來，東拉西扯甚麼都說，儘管他談吐粗俗，完全一派 **Yakuza** 的作風，但卻沒有一句話是關於「保護費」的。

這裡解釋一下，可能很多朋友聽過，日本的幫派成員或說暴力團成員，在日文裡叫做 **Yakuza**，那麼 **Yakuza** 這個詞兒是怎麼來的呢？這就要說到早期的暴力團成員最愛玩的一種賭博遊戲：花紮。

花札是日本的傳統卡牌遊戲，其中有種玩法就是三張牌比尾數大小。例如一個人先抽了兩張牌，一張八和一張九，那麼加起來就是十七。一般人看到尾數是七就不會再抽了，因為七就已經夠大了。

但有些貪得無厭的賭徒還不滿足，非要再抽一張，結果抽到了三，加起來就等於二十，尾數變成了最小的〇。所以人們就用「八九三」的日語諧音 Yakuza，來形容這些無可救藥的賭徒。由於當時的暴力團成員大多都是賭徒，所以 Yakuza 也成了暴力團成員的代名詞。

我們言歸正傳，真武和我東拉西扯聊著天，然後就聊到了香港。他好像對香港情有獨鍾，他說自己去過五次香港，實在是太喜歡那個地方了，菜的味道好，氣候也溫暖，漂亮女人又多……說著說著，他好像才終於找到了適當的時機，話鋒一轉，問我：你呢？從哪裡來的？

要博得他的好感，就要從我們有共同話題的事物開始入手，我靈機一動，也開始胡謅，說：「我就是從香港來的。」在深圳生活期間，我去過好幾次香港，面對一個日本人，我有信心不會穿幫。

不出我所料，真武哈哈大笑起來，看起來很高興，聲音都提高了幾個聲調，大聲對說：「那可太好了！今天交了一個香港朋友！你知道成龍吧，我最喜歡成龍了，我就是因為他去的香港。」

我感覺我的演技也厲害起來，趕緊添油加醋地瞎編道：「那可太巧了，其實說起來，成龍還是我的遠房親戚吶。」真武聽我這麼一說，更加高興了，連連跟我說道，他以後再去香港，一定要讓我給他當導遊。

說起來我當時是為了吹牛，硬跟成龍攀了關係，沒想到二十年後，我真的跟成龍有了交情。二〇〇七年，我擔任顧問，為成龍主演的以歌舞伎町為舞台、描寫幫派鬥爭的日港合作電影《新宿事件》提供了協助，相信後來很多觀眾也發現了，那個角色身上有很多我的原型。當然，這些都是後話了，我們以後慢慢再聊。

就是這樣，我和真武在「上高地」喝的這杯咖啡圓滿收場，幾個小時裡，他的笑聲一直在店裡迴盪，他不僅買了單，還把自己的私人BP機號碼留給了我，臨走之前，響亮地扔給我一句話：「李君！從今往後，有甚麼事儘管找我！」

比我想像中更快，真武的BP機號就派上用場了。幾天後，正當我站在劇院廣場上抽煙時，突然背後被人猛推了一下。轉過頭一看，又是那群圍毆我的日本小痞子。他們滿嘴髒話攻擊我，大意就是：「愚蠢的外國人！又皮癢了是不是？這裡是我們的地盤，你知道不知道？你狂甚麼狂？還敢在這裡抽煙！」

這次我沒有忍氣吞聲，立刻反擊道：「我抽煙，礙你們甚麼事了？」他們衝過來又要打我，我心中已經有了策略，一把甩開抓住我的手，飛快地向「上高地」咖啡廳跑去。如我所料，他們雖然追了上來，卻不敢進入咖啡廳，在門外停住了腳，罵罵咧咧地離開了。

我拿起咖啡廳的電話，掏出真武的BP機號碼，撥了過去。真武馬上就回過來電話，我著急地對他說：希望他能趕快過來一趟。我想尋求他的幫助，同時也想藉機看看他到底有多大能耐。如果他真如他表現出來的那麼有勢力，我需要他幫我徹底解決和這群小痞子之間的矛盾。

幾分鐘後，真武就出現在上高地門口，簡直比消防車速度還要快。當看到真武跟著我來到劇院廣場時，那些小痞子一下子就變了臉色，一反之前的猖狂，愣愣地站在那裡。

真武拉著我走到他們面前，對他們喊道：「喂！打搞一下。你們看好了，他是我的人，你們跟他把關係搞好一點！」我感覺這句話他應該是經常說，語感氣勢，十分熟練。

那些小痞子站得筆挺，一動不敢動，語氣裡一半是恐慌，一半是恭維：「是嗎？原來是『千葉聯合』的人啊！」這是我第一次聽說真武的組織名，雖然不了解詳細情況，但至少肯定了他確實是有來頭的，不是狐假虎威。

真武把手搭在其中一個小痞子身上，和藹地說：「沒錯！多關照著點啊！」這是第一次經歷這種場景，感覺自己就像在參演一部極道電影似的。事實上，身為「千葉聯合」組員的真武，並沒有正式成為我的保護人，我們之間更像是一種口頭上的交情，他只是說過一句「有甚麼事儘管找我」而已。

依照歌舞伎町「道上」的規矩，必須每個月付給這片管區的 Yakuza 組織一定數額的「保護費」，然後才能開始工作。但真武從未向我提出這個要求，我也從未交過所謂的保護費。為甚麼他不要我的保護費呢？我直到今天也不知道原因，也失去了詢問他的機會。兩年後，真武的身影就從歌舞伎町消失了，我再也沒有見過他。

我和真武的口頭協定，是只有我們兩個才知道的事。歌舞伎町裡魚龍混雜的人們不知內情，他們見我總是和真武走在一起或聊天，理所當然地認為我是向真武交了保護費的，於是形成一種錯覺：「那個姓李的後面撐台的是千葉聯合」。

由於這層關係，真武在歌舞伎町的最後兩年時間裡，再也沒有人找過我的麻煩。就包括那群曾經打過我的小痞子，後來見到我時，不僅沒有找碴，還會微微地點個頭，算是主動打個招呼。

我覺得我運氣真是太好了，一分錢也沒有花，就佔領了歌舞伎町從一番街到劇院廣場前的這條路，這裡成了我的專屬「地盤」。

我的「幸運之神」不只有真武桑一個，歌舞伎町另一大幫派「極 X 會」某組的組長也是我的後盾之一。我和他認識，源自於我的一個「擴張圈地策略」。

真武還在歌舞伎町的時候，我的活動範圍僅限於一番街和附近小徑、中央道一帶。但到了一九九三年夏天的時候，我決定擴大活動範圍，並將其延伸到新宿區政府大樓附近。

區政府路中間一有個「風林會館」，一樓是一間名為「峇里人」的咖啡廳，那裡相當於歌舞伎町的辦公室，是幫派們的沙龍。我的作戰計畫是，到那附近的街上，對每一位路過的幫派成員都畢恭畢敬地問候。

「早安！」「辛苦了！」這是我最常用來打招呼的兩句話。身為一個中國人，我堅信俗話所說的「伸手不打笑臉人」。老祖宗的教訓還是有用，大多數被我打招呼的幫派成員，都會友善地「おす～」一聲作為回應，一邊還會舉手還禮。

我的「擴張圈地策略」進行得很順利，日子久了，我成功地建立了自己在幫派之間的存在感，他們還給我取了個外號，叫「總站在那的傢伙（いつもあそこにいるやつ）」。

極 X 會某組的組長，就是這樣向我回禮的人之一。我第一次見到他，是在一個飄著小雪的寒冷夜晚。當我像往常一樣對他說「おはようございます！」的時候，他表現出比其他人更多的關心，對我親切地說道：「這麼冷的天，你也怪辛苦的，注意別感冒了！」

說完他就進了「沓里人」。再出來已經是兩個小時後，手上還挽著一個歌舞伎町的「織女」。從電梯走出來的組長，見我還站在原地，臉上露出了一絲意外，可能是覺得我可憐吧，他從皮夾子裡掏出了一萬日元給身邊的織女，讓她去給我買一罐熱咖啡喝。

在那樣寒冷的冬天裡，我拿著一杯熱呼呼的咖啡，心情是非常感動的。在異國他鄉，我已經很久沒有感受到這樣來自陌生人的溫暖了，雖然他是個幫派成員，但在那一刻，我覺得他是個好人。

所以，我不僅嘴裡說著感謝，還鄭重地對他鞠了一個躬。這是我的真情實感。很久以後，他告訴我，正是這個深深的鞠躬打動了他，使我們的關係漸漸演變成可以推心置腹的朋友。他還笑稱，如果我能給他一千萬日元的話，他就能保護我，當然，這不過是一句玩笑。

我和組長的交往持續了很久，尤其是當他與我介紹給他的一位中國女孩結婚以後，我頭上的這頂「保護傘」的威力也越來越大，而就像真武對待我那樣，組長也始終沒有從我這裡收過一分錢的保護費。

不過，幫派們的輝煌轉瞬即逝。日本在一九九九年推出了《組織犯罪對策法》，規定收取「保護費」等行為是不合法的。這項法律的橫空出世，無疑大大打擊了各大幫派的經濟來源，就連之前我在影片裡說過的，歌舞伎町代表性的演繹活動「巡街遊行」也都看不到了。

幫派組織的辦公室也逐漸減少。後來為了收取保護費，他們無所不用其極。例如Yakuza每個月會去到店裡，依照服務生的人頭數賣給他們「溫泉雞蛋」，一個雞蛋多少錢呢？不是一百日元，不是一千日元，而是一萬日元！又比如到了年底，他們還會去店裡賣十萬元一幅的掛曆。

對於在歌舞伎町長年生活過的我來說，回憶起「歌舞伎町之王」幫派們的落幕，真是滿腔的感慨，千言萬語都無法表達。而一項法令的頒布，對公民生活以及社會形態的影響和改變之大，也令我嘆為觀止。

| Part 2 |

愛情・性慾・麵包

009

小別勝新婚，重逢生罅隙

在我做案內人的同時，我的妻子小梅，也被我帶進了歌舞伎町，介紹給了我之前打工的「相親俱樂部」，卻沒想到這竟為我們的感情埋下了隱患。此章就跟大家聊一聊，我的妻子小梅來到歌舞伎町後發生的種種變化。

小梅在「相親俱樂部」幹得非常起勁，在上個世紀的八十年代末到九十年代初的歌舞伎町，相親俱樂部是非常受歡迎的一種店鋪。我也是在小梅開始在那裡打工之後，才完全明白了它內部的潛規則。

它是如何運作的呢？男性客人進去之後，要先在前台付三十分鐘的門票錢，一千五百日元，還贈送一杯飲料，很實惠。而女性客人聽起來就更實惠了，不僅門票免費，而且她們在店裡所有的消費都是免費的，比如她們可以隨意點飲料和披薩之類的食物。

我第一次聽到這個遊戲規則的時候，我覺得很不可思議，心想即使是到了共產主義社會，應該也不會有這種吃飯不要錢的地方吧。我甚至一度懷疑：這兒的老闆是不是腦子有問題？

進到店裡後呢，男性客人和女性客人的座位是分開的，他們是一種面對面的形式，每張桌子上都有號碼牌，我第一次見到時，覺得就像是一個舉行談判的會議室。

於是我就更不懂了：男人們到這裡來，到底做甚麼？難道就為了和女人們把酒言歡？那又何必呢？去斯那庫小酒吧或情人酒店豈不是更好？至少在那樣的地方，男人可以和女人緊貼著坐在一起，不用擺出這副假惺惺的君子做派。

後來我才知道，這種俱樂部其實是暗藏玄機。原來，在每個男性客人的桌子上，都放著筆和紙條。當他看中哪位女性客人時，就會將桌上的號碼寫在紙條上，並寫上一些諸如「想請你一起喝一杯，可不可以給個面子」之類的話，再經由店員轉交到這位女性客人的手上。

如果收到紙條的女性也有意，表示同意他的請求的話，兩人就可以轉移至另一邊的雙人包廂了。這時候，男方必須向店裡繳交包廂費，這比情人酒店貴多了：一次一萬日元！原來老闆就是這樣子賺錢的。

進了包廂以後，男人們開始施展渾身解數去討女人的歡心。如果兩情相悅，這之後兩個人再去甚麼地方，店裡就管不著了。但是，女方有自主選擇的自由，如果話不投機，她就可以隨時退回女性座位，等待新的機會。

這就是所謂的「相親俱樂部」的真實內幕，並不是像字面上寫的「只是提供男女相識的場所」。我搞清楚遊戲規則之後，其實剛開始是不願意自己的妻子去做這樣的工作。不過，小梅給我的解釋讓我暫時放寬了心。

她告訴我，要賺錢，店裡往往會在規則上做些手腳。最常見的是，他們會僱用一些女性來充當「誘餌」。這些「誘餌」在接到男性客人遞過來的紙條時，從不拒絕，隨後男性客人付的一萬日元包廂費，將由店裡和充當「誘餌」的這個女性對半平分。

小梅就是這樣一個「誘餌」，她要做的並不是和男性客人真的「相親」，而是盡量多賺取包廂費。儘管當時的她只是個連日語都講不了幾句的外國人，但她長得很好看，很快就成為了店裡接到紙條最多的「紅人兒」之一。

只要拒絕跟男性客人出場，小梅就可以不斷往返於女性座席和包廂之間，一次往返，就能到手五千日元。最多的時候，她一個晚上被十個男人指名坐到包廂去，一晚就賺了五萬日元。平均下來，每天至少也能賺兩、三萬日元，遠遠在我之上。當時我的月收入，包括「案內」所得到的小費在內，只有二十到三十萬日圓之間。

在金錢的發酵作用下，小梅漸漸地改變了。她去語言學校的次數越來越少，終於，到了一九八八年十月中旬，她沒有和我商量，自作主張地放棄了學業，成天泡在俱樂部裡陪客人聊天。

那段時間，我也正忙著開拓「案內人」的市場，對她無暇顧及，採取的是「睜一隻眼閉一隻眼」的態度。我想，畢竟我們都是在為了我們的未來打拼，我不相信她還能相信誰呢？

很顯然小梅不是這麼想的，她對我的態度越來越冷淡。我試著讓她開心，不斷重溫我們在國內時的快樂回憶，畢竟這是我的第二次婚姻，我很希望這會是最後一次，但是，有些事情不是我自己能掌控得了的。

小梅的冷漠漸漸演變成了我們之間的爭吵，尤其是在我看見她和店裡的客人私下出去吃飯，而且越來越過火的時候，終於忍不住質問了她。

小梅總是很理直氣壯，她的回擊聽來有理有據：「那個客人有錢啊！陪他吃一次飯，他就能給我兩萬日元！」末了還總是將我一軍：「不是說好了兩個人一起拼命賺錢，換個大點的房子住嗎？

一聽到這種鬼扯的話我就火大，空氣裡瀰漫著濃濃的醋味。當時我很愛她，所以即使只是看到她跟別的男人單獨在一起吃頓飯，也覺得難以容忍。我每天在街上目送她和客人走出俱樂部，心裡就會不斷猜疑：說是去吃飯，沒準是去情人旅館吧？

我的疑心越來越重，終於忍不住有空就去跟蹤她。有一次，我一直跟著她和客人走進一家台灣小吃店，站在櫥窗外目視他們坐下來，結果小梅一側頭就看見了我，她臉上明顯地表現出不快，然後迅速把頭扭了過去。我心裡酸溜溜地轉身離開了。

可想而知，那天晚上我們又吵架了。當我提出小梅已經被金錢沖昏頭時，她再一次激烈地反擊了我：「你有甚麼資格說我！你有本事多賺點錢回來。還導遊呢！別笑掉我大牙！」她冷冷地看著我，漂亮的臉上充滿了惡毒的嘲諷。

我沉默了。沒有妻子賺得多，一直是我覺得抬不起頭來的事。小梅其實說得沒錯。當時的我「案內人」的工作才剛起步，雖然我自己對這個新工作的未來滿懷希望，但在我最親密的人眼裡，我卻只不過是個丟臉的沒用的丈夫而已。

對一個男人來說，當他為家庭付出的勞動被貶得一錢不值，工作能力受到質疑和否定時，這種打擊是最致命的，因為它關乎個人的基本尊嚴。我想，我無論如何都不能原諒她了。

雖然她現在也在賺錢，但來日本最初的半年裡，是我起早貪黑，玩命地賺出了兩個人的學費和生活費。而且，我從來沒有偷偷留下一點私房錢，也沒有亂花浪費，我對於她，一切都是透明公開的。

前幾次吵架之後，我還試著講一番道理，企圖說服她、感化她。但她說的話卻一天比一天惡毒。「你說你到底到日本幹甚麼來了？上學不行，錢也掙不到，還反過來找我的麻煩。每天只能站在大街上給人帶路，一點點可憐的小費你就滿足了？你不覺得害臊嗎？」

愛與恨之間，其實只隔著一張薄薄的紙。我的忍受能力和心理防線，終於在不知不覺中崩潰了。我在那一刻，第一次覺得妻子的臉不再美麗，反而有些兇惡。這還是我曾經幻想過相伴終身的人嗎？這還是我當初許下海誓山盟的對象嗎？這還是我全心全意想要維護的家嗎？

為了讓自己亂糟糟的心情得到平靜，我常去錢湯「避風」。錢湯其實就是便宜的公共澡堂，如今在東京的一些街區還能找到。你可能在日劇裡看過，很多日本的中年男子在下班後，感到疲倦至極之時，最愛做的事就是去錢湯放鬆一下。

每當我泡在錢湯裡，就能暫時把與小梅爭吵的痛苦和煩惱忘到腦後。甚麼也不去想，讓自己全身心都接近空白的狀態，只是享受當下一刻。從水裡上來後，用一條浴巾纏在腰間，再來一罐加牛奶的冰咖啡，慢慢地品飲，是我那段時間裡少有的悠閒時光。

在小梅剛來日本的時候，我也曾帶她去過錢湯，還答應以後等生活安定了，要帶她去溫泉旅館泡溫泉。她笑著說好，樣子看起來很幸福。可惜，時間一轉眼，我們恐怕再也沒有那樣的機會了。除此之外，還有另一件讓我焦頭爛額的事情，那就是簽證。

直到廿一世紀初，在歌舞伎町裡打工的中國人，至少有三分一以上的人還沒有合法簽證。他們大多是簽證過期而又不願意回國而留下來的，也有一部分是以坐船或假護照的方式偷渡來的。還有更多的是先拿留學簽證來到日本後，再想辦法找日本人假結婚，再換成結婚簽證的。

他們的目的當然只有一個，就是賺錢。更確切地說，在沒有被日本警察抓住之前，有一天就賺一天的錢。在那些中國夜總會和按摩店裡，有許多這樣的女孩子，她們每天都小心翼翼地躲避入國管理局和警察的追捕，在膽戰心驚中工作著。一旦被抓住，她們的命運只有一個，就是被強制遣送回國。

當時，我和小梅也同樣遇到了類似的難題。在語言學校，學生簽證會因為缺課過多而無法延長，我們兩人之間也常為這個問題爭吵。每當我提醒她「不去學校就會拿不到簽證」的時候，她就會表現出一副無所謂的態度「如果被抓住的話就老老實實回國唷！」

小梅的脾氣越來越大，說話越來越不顧全我的面子。雖然我對她那種耀武揚威的樣子很反感，但簽證的問題還是得想辦法解決才行。我可不願意一事無成地逃回中國。而且，除了賺錢之外，我在日本還有很多想做的事。

回想起來，那時我來日本的最大動機其實是學習服裝設計。在長沙的時候，我就當過一段時間的縫紉工人。後來我又去了深圳工作，作為一家服裝公司的員工，我對時裝也非常感興趣。另外，我還在工作之餘參與組織當時在中國還很少見的服裝模特兒表演。

我希望有朝一日，我自己設計的服裝也能穿在那些模特兒的身上。而日本的時裝大師森英慧、高田賢三、山本耀司、君島一郎等人，在中國時裝界也非常知名，所以我一直嚮往著，能在與巴黎、紐約、米蘭、巴薩羅那齊名的時尚之都東京，得到一個正規學習的機會。於是，我拿出了在深圳工作六年的全部積蓄，來到了東京。眼下這個志向還沒有任何進展，我怎麼可以輕易回國呢？

我在日本的運氣應該是不錯的，好像冥冥當中會有一隻手，每當我遇到困境時，它總能把我柳暗花明般地解救出來。我已經遇到很多次這種情況，在關鍵時候，總是能得到貴人相助，簡直就是一種神秘的「緣分」。

這一次也同樣如此。那一天，我和「相親俱樂部」的老闆一起吃飯。我和他已經很熟悉了，自然地就把心裡話告訴他了。當我說到想學服裝設計時，老闆告訴我，「東京ＭＯＤＥ學園」很有名氣，而且學校的地點就在新宿附近。

這裡簡單介紹一下，ＭＯＤＥ學園創辦於一九六六年，是日本規模最大的專門學校，主打服裝設計、美髮與化妝等與時尚相關的專業。二〇〇八年完工的新教學大樓「蟲繭大樓」，如今也成為了東京的地標。

當我聽到這個消息後，我坐不住了。第二天，我就直奔「ＭＯＤＥ學園」，我的好運氣再次降臨了。在八十年代末期，正是「ＭＯＤＥ學園」剛開始擴招留學生的時期，學校裡已經有為數不少的來自台灣、香港、韓國和新加坡的留學生，卻沒有一個來自中國大陸的，因此，學校對我表示了極大的歡迎。

事實上，我的突然上門求學在恪守程序的日本人看來，應該是有些唐突的。但儘管我毫無準備就貿然前來，學校方面還是迅速研究了接收我的可能性。很快，只進行了極其簡單的面試後，我就被順利錄取了。身為「第一名來自中國大陸的留學生」，我受到了學校熱情的款待。

「ＭＯＤＥ學園」雖然是專門學校，但也和大學一樣，四年才能畢業。也就是說，只要認真上學，我之後四年的簽證都有保證了。不但能學到我朝思暮想的服裝設計，而且還能拿到長達四年的留學簽證，簡直是兩全其美。況且學校和我的打工地點又同在新宿，省去了太多的時間和麻煩。

但是，小梅的簽證怎麼辦呢？日語學校雖然還保留著她的學籍，但她早已不再去學校上學了。沒有出席率，繼續拿到留學簽證的可能性微乎其微。但出乎意料的是，這個問題居然也迎刃而解了。

當我拿著材料去東京入國管理局諮詢時，我原本的想法是，我和小梅都去「MODE學園」上學。簽證官拿著我們的材料仔細看了後，發現小梅的出勤率很低，立刻就知道了，她不是個讀書的人。令我沒想到的是，隨即他主動提出，小梅其實是可以拿家屬簽證的！我是第一次聽到這個政策，這真的是個天大的好消息。這不僅解決了我倆的簽證問題，還省下了一個人的學費，要知道「MODE學園」的學費一年要一百二十萬日元。

我至今都記得當時那位簽證官的樣子，是一個頭髮花白的清瘦男人，他真的是我生命中的一個貴人，恐怕現在再也找不到這麼親切的簽證官了。

010 初遇葦子

我生命裡的第一個日本女人，名字叫做「葦子」。遇到她的時候，剛好是我最需要錢的時候。當時我剛從「MODE學院」拿到了錄取通知書，簽證的問題也搞定了，當我從狂喜中冷靜下來，一個天文數字擺在了眼前：這個學校的學費，一年要一百二十萬日元。

要知道，在當時的日本，一般的私立大學每年的學費也不過七、八十萬日元，國立大學除了醫學、藝術等少數幾個學科外，更是幾乎免費。「MODE學院」雖然是一所專門學校，但由於其專業的特點和在業界的聲望，再加上該校的畢業生幾乎有百分之百的就業率，因此學費完全是大學中的高昂水準。

我只能給自己打氣：只有拼死打工這一條路了！當時，來到日本的留學生之中，流傳著一些在我聽來「天方夜譚」的故事。例如，某人忍受著「飢寒交迫」的貧窮生活，不受任何花花世界的誘惑和干擾，兩耳不聞窗外事，一心只讀聖賢書，最終獲得了學業和事業上的成功。

但很顯然，我不是那樣的清高的人。在我看來，至少在日本，這些大多都是「美麗的謊言」，在現實面前不堪一擊。也許這個世界上真有不食人間煙火的高尚之人，但我在日本的這些年來，從未見過一個，反而是看到了太多的反例。

我需要錢，對當時的我來說，錢能幫助我實現夢想。只不過，在追求的程度和方法上，我保持了一定的克制。我那兩個沉迷於在柏青哥賭博店作弊的朋友，範勇和陳海波，他倆隔三差五會給我打電話，勸我加入他們的行列。他們的生活肉眼可見地變得有錢起來，據他們自己所說，每天能賺幾十萬日元，都沒時間去花。

每天幾十萬，這當然是個很有誘惑力的數字，但我還是謝絕了他們。在我每天拉客的歌舞伎町的大街上，就有很多柏青哥賭博店，我看到其中一些已經開始在店門上貼出告示：「中國人禁止入內」。有一天，我還見到一個中國人因為作弊被發現，逃出了店門。但很快幾名店員就追了出來把他給摁在地上，然後叫來警察把他帶走了。可想而知，等待他的結局只有一個，就是被強制遣送回國。

我可不會冒這樣的風險，更不想賺這種提心吊膽的錢。我這種人，充其量就是能耍點兒無傷大雅的小聰明。活到今天，歸根究底，靠的還是我內心的愚鈍、平庸和笨拙。我認為正因如此，我才得到了更長久的生存，甚至還經常得到一些突如其來的驚喜，比如葦子，我生命裡的第一個日本女人。

我初次認識葦子，是在一九八九年初，一個冬天的晚上。那段時間，跟妻子小梅之間的拉鋸戰讓我筋疲力盡，有一天，我依舊站在寒冷的北風中發紙巾，抬頭就看到一個漂亮的日本女人走進了妻子工作的那家「相親俱樂部」。

我以前從未見過她，肯定她不是店裡僱的「誘餌」，而是一位偶然光顧的客人。她最多在店裡待了三十分鐘，然後我又看見她一臉無奈地從店裡走了出來。

她梳著八十年代末最流行的披肩髮，豐腴的臉頰白嫩得如同日本的傳統人偶，烏黑的眼睛裡流露著一種發自身體深處的溫情，塗著鮮豔口紅的嘴唇輪廓分明，非常性感。

最誘人的是她的身材，非常地凹凸有致。即便穿著厚厚的大衣，也能明顯看出一對高聳豐滿的乳房。而她那雙腿，又顯得修長秀美。這絕對是個大美女，我的眼睛像被磁鐵吸引一樣，遲遲無法從她身上移開。愛美，本來就是人的天性。

她發現了我的目光，遲疑了一秒，然後竟然微笑著走到了我的面前。她主動跟我搭話：「今天可真夠冷的！其實我早就注意到你了。每次都看見你站在這裡。」

在國內時常自詡為情場得意的我，儘管來到日本已經有了一段時間，但其實根本沒有幾次和日本女人面對面交談的經驗。聽她這麼說，此刻的我，居然像一個仍處在童貞階段的男孩一般，緊張得竟然一時間接不上話來。

她倒是非常大方，一點也不介意，自顧自地說了下去：「第一次看到你的時候，還以為你是個男招待呢！後來才知道原來你是發紙巾的。我每次看你工作得都很辛苦，就憑你的形象，去做個男招待一定能賺到更多的錢啊。」

想不到她那麼早就注意到我了。我有點羞澀地笑了。在歌舞伎町混跡了那麼些日子，我當然早就知道，日本也有一種專門為女性服務的「男性俱樂部」，在裡面工作的，就是我們今天說的「鴨子」或者「牛郎」，說得冠冕堂皇一點，就叫「男公關」。

如今的歌舞伎町，牛郎店的數量其實已經超過女孩子的店了，你去歌舞伎町轉一圈，那些最大、最富麗堂皇的招牌，基本上也都是牛郎的。但在當時，牛郎店還只有區區幾家，而這其中呢，要數名為「愛」的那家俱樂部時間最久、也最有名。它最有趣的是把店裡的許多男招待的照片都堂而皇之地掛在店外，我經過時也偶爾瞥一眼，確實也暗自對比過：有的還不如我長得帥呢！

其實不怕告訴你們，早前我從「姊妹俱樂部」辭職出來以後，還真的去那家「愛」俱樂部面試過。我還記得當時那裡的老闆面試我的時候，還牽著一隻很大的狗，氣勢十足。不過很可惜，他覺得我當時日文還不太流利，也就沒有僱用我。

不過有趣的是，十多年後，當我帶著記者去他店裡採訪時，那個老闆拍著大腿後悔地跟我說：「哎呀，我當初應該把你留下來的，要不然現在你就是我們店裡的台柱子了。」

話說回來，我和葦子簡略地說了那次面試的經歷，她聽完就笑了，很豪爽地說：「原來你是中國人啊……外國人他們是不會要的。乾脆跟我交朋友吧！」

她這樣熱情主動邀請我，我其實非常心動，但下一個瞬間，我就想到了在店裡陪人聊天的妻子小梅。我有點顧慮，於是搪塞著說：「雖然我很想跟你去吃飯，但我得工作，不然老闆會生氣的。」

葦子絲毫沒有退卻，又問起了我的工錢，我坦誠地告訴她，一小時一千日元。葦子聽完後立刻開了個價，表示可以付我一小時五千日元。話都說到這個地步了，我當然不會再拒絕。我給自己打氣，不就是吃頓飯嘛，小梅不是一樣陪人吃飯賺錢嗎？我也可以這樣賺錢的！

最後，我丟下手上的活，接受她的邀請，到中國飯館撮了一頓。我和葦子確實也只是吃了頓飯而已，飯後我們又一起回到「相親俱樂部」門前，她似乎和我聊得很開心，走的時候說：「我還會再來找你的。」

我站在風中的街頭，看著她的身影消失於遠處，不禁有點意亂神迷，我仰望著被霓虹照亮的天空，心裡想，這可能就是飛來艷福吧！葦子是個很好的女人，給我那段喘不過氣的人生帶來了短暫的快樂。

我們第二次見面，也是在一個深夜。她跑到我面前說：「走吧。去吃點東西！」這次我們去了旁邊一家名叫「天下一品」的拉麵館，一碗熱氣騰騰的拉麵吃下去，剛才還佇立在寒冬街頭的我立刻有了精神。

不是有句老話叫「飽暖思淫欲」嗎？長久以來跟小梅的爭吵，我們之間已經很久不做那事了。當我瞥見葦子領口後那條隱約的乳溝，我就感覺到體內湧起一陣熱浪，我想當時我是臉紅了。

葦子看穿了我的心思，提議道：「你走開一兩個小時沒關係吧？我帶你去休息一下。」沒想到日本女人這麼主動，我半信半疑地跟著葦子走了。出了店門，她帶著我直接往風林會館的方向走去，然後毫不猶豫地走進了一家情人旅館。

要說我當時的感受，毫不誇張，就是腦中嗡嗡地一陣亂響。我也不得不再次承認，身為男人，有時候真的是只用下半身來思考問題的。

葦子交了兩個小時的房費，拿了鑰匙。我依然跟在她身後，搭電梯上了樓。進了房間，我打量著周圍的陳設，其實和我原來打工的那家情人旅館沒太大的分別，不同的是，我現在不再是清掃員了，竟然是個客人！

葦子表現得很自然，一邊脫衣服，一邊吩咐我先去洗澡，絲毫沒有一丁點羞澀。倒是我，有種沒見過世面的驚慌，三下五除二脫光了之後立即衝進了浴室。不一會兒，全身赤裸的葦子拉開門大大方方地走進來，看到我箭在弦上的樣子，哈哈笑了起來，說：「真可愛！すごく元⊠ね！」

那天晚上讓我終身難忘。葦子向我展示了她熟練的床上技巧。同時我也有點慚愧，過去我竟然還自我吹噓是情場高手？與這個女人相比，我的性愛經驗不過是個小學生罷了。

現在回想起來，我們這一代的中國人，接觸到的關於性的知識確實很少。在深圳的時候，雖然我也會看一些香港傳來的色情讀物，接觸到了一些關於性愛技巧的內容。但在和妻子的實踐中，我還是扭捏，甚至是愧疚。這是我們那一代的共性吧。

和葦子在一起時所擁有的強烈的激情，我必須承認，是我和妻子之間從未有過的。我無法抗拒她帶給我的快樂。但令我感動的還不只是這些。我發現了一些細節：在我去浴室洗澡時，她會將我脫下的衣褲整齊地疊好，洗臉台前放的牙刷上也已經擠好了牙膏。當我們激情之後，她竟然還會溫柔地為我按摩十分鐘。

現在我才知道，像她這樣的女人，其實在日本人當中也是不多見的，但當時我錯把這認為是所有日本女人所共有的特點。過去常聽到「找老婆要找日本女人」的話，以至於在那一刻，我也真的動了這個心。

從那一夜的魚水之歡開始，我和葦子之間一發不可收拾，頻繁見面。我覺得她身上似乎有一些曾經深愛的小梅的影子，但似乎不完全是。只有一點是肯定的：在床上的時候，葦子讓我忘記了所有的煩惱。

後來，我們的見面地點也漸漸不再是廉價的情人旅館了，而是西武新宿車站上面的「太子飯店」之類的高級賓館。每次都是由葦子定房，所有的花銷也都由她出。在她的名牌皮夾裡，總是塞滿厚厚一沓萬元面額的鈔票。除了飯錢、房錢以外，每次分開的時候，她還一定不忘了塞給我一兩萬塊。

身為一個傳統的中國男人，從比自己年紀小的女人手中拿錢的滋味其實並不好受，但當時我的確需要這些錢，所以才沒有拒絕。有一次和葦子閒聊時，她問我有甚麼嗜好，我說在中國的時候喜歡攝影。第二天，她就把一台佳能 EOS 單眼相機擺在我的面前。

這台相機，是我人生中的第一台單眼相機，對我來說意義重大。以至於在二〇〇〇年，我在家被偷渡來日本的同胞綁架時，我對他們提的唯一要求就是，不要拿走我衣櫃裡的這台相機。關於這段我被綁架的經歷，我們之後再慢慢聊。

我們話說回來，一個二十五歲上下的年輕女人，哪來的那麼多錢？和葦子在一起的日子，她始終沒有透露她是做甚麼的。我猜想，她多半也是從事某一類色情業的。

首先，因為我跟她見面基本上都是在深夜。其次，在歌舞伎町閒逛的年輕女子能那樣花錢如流水的，幾乎都是些從事色情行業的。在那個舉國被錢燒得亢奮的泡沫經濟時期，她們的收入之高超乎想像。

在日本的電視節目裡，我偶爾會看到有新宿的「金牌牛郎」接受採訪，他們在過生日的那一天，可能會收到價值上千萬日元的禮物，送禮者要嘛是富婆，要嘛就是同樣混跡於色情業的年輕女人。

對葦子來說，我或許只不過是個比「牛郎」更廉價的遊戲對象而已。但對當時的我來說，卻很不妙地動了真情。依照事物發展的基本規律，當動了真情的時候，就是「豔遇」走到尾聲的時候。

而同時葦子的出現也如催化劑一般，加速我與妻子小梅之間感情的破裂。我在日本這些年，事業的發展和感情的變化始終是如影隨形的，它們共同造就了今天的我。無論是妻子小梅，還是第一次豔遇的葦子，不管結局如何，她們都曾經帶給了我美好的回憶，我的內心是充滿感激的。

011

明槍暗箭與斐濟國王

正所謂「樹大招風」，我的事業做得風生水起，自然就有小人出來「擋路」了。那是一個五十歲開外的馬來西亞華人，他時不時會來找我的麻煩。這個人以歌舞伎町的「風林會館」一帶為地盤，專門給一家台灣俱樂部拉客。因為我們都是華人，最初關係其實處得還不錯，見面時還會寒暄幾句客套話。

但自從我與脫衣舞場「TSミュジック」簽訂了回扣協定，我發現：他的態度迅速發生了變化，總是在背後說我的壞話。過了一段時間，我又輾轉得知：我之所以挨那些日本小痞子的打，也是因為這個能講幾國語言、自稱曾是東京外國語大學留學生的馬來西亞人在背後挑唆。

那段時間，我常遭遇騷擾事件。例如在街上走得好好的，突然就有小痞子拍我的肩膀，只要一回頭，迎面就是一拳。又例如和陌生人擦肩而過時，突然身上被狠狠抓上一把。諸如此類的事時有發生。現在回想起來，恐怕都是那傢伙使的壞。

幸好，在我有了真武這個保護傘之後，這一類事情也隨之煙消雲散了。而我，因為有了「案內人」這個身分，每天忙得暈頭轉向，所以也就懶得再理會那樣的小人了。

至於那個馬拉西亞華人拉客者，據我所知，他一直混得不太好，我漸漸也跟他沒有了交集。後來再聽到他的消息，是二〇一〇年的時候了。那天我剛從香港做完節目回到東京，就震驚地聽說，他在頭天晚上猝死在了歌舞伎町的小弄堂裡，第二天早上才被發現。當時我對此感到唏噓不已，還在自己的官方網站上，用日語為他寫了一篇追悼文，也算是為我們之間的恩怨，畫上了一個句號吧。

每天，從晚上七點開始到深夜兩、三點，我都站在街上拼命拉客。接下來則是去各店「開拓」事業。當時在歌舞伎町街上，還沒有一家陪酒 club 是中國大陸人開的，倒是有很多是台灣人開的，大概得有三、四十家。

很多年後，我在一份報紙上看到：有一萬多名台灣女人，在經濟高速發展階段的新宿歌舞伎町，付出了她們的青春歲月，這是符合經濟規律的。在來日本之前，我從來沒有接觸過台灣人。到了歌舞伎町，這些台灣人開的陪酒 club 都是我活動的區域，因此和他們打了很多交道。

為了與更多的店建立協作契約，有時我要請一些店的老闆吃飯，有時還要作為客人去店裡消費一下，在開拓新市場的同時，還得去那些已經簽訂了契約的店裡逐個收錢。

在工作的間隙，我偶爾會與葦子幽會，吃飯然後去酒店。另外，我心裡也不放心「相親俱樂部」裡小梅的狀況。「保護傘」的情緒更是要照顧到，我時不時要去「上高地」咖啡店或「白木屋」居酒屋，耐著性子聽真武吹牛。

處理完這些事情，通常就到下半夜了。我再騎腳踏車，回到高田馬場那個破破爛爛的出租房間。我每天都累得倒頭便睡，偶爾小梅春心動了，我還好伺候她，完事後再昏睡過去。

但是，不管睡得如何像死豬一般，到了早上七點多我就得起床，簡單吃點麵包，喝杯牛奶，然後在九點前趕到服裝學校上課。所以平均下來，我每天頂多只能睡三、四個小時的覺。

等服裝學校放學後，我就得趕回家，不管多忙，都要在鏡子前精心將頭髮梳理成型。對一個「案內人」來說，形象非常重要，而這項工作是絕對不能怠慢的。頭髮梳理整齊後，我換上西裝，再重新奔往歌舞伎町。這就是我在那時每天的生活模式。那段時期，雖然跟小梅的關係已經很淡漠了，但當她告訴我她懷孕了的時候，我還是充滿了就要當爸爸的激動和喜悅，決心要加倍努力地賺錢。

努力總會有回報，那段時間，我在歌舞伎町的「地位」有著突飛猛進的提升。我不僅漸漸得到了周遭人的認可，活動的範圍也逐漸擴大。

一九八九年夏天，除了一番街之外，旁邊的中心道也成了我的地盤。為了能拉到更多的客人，我的活動範圍又擴大到區役所前的大街。到了一九九〇年初，與我成功簽訂回扣契約的店鋪，已經超過了五十家。相應地，我的收入也有了大幅的上漲，平均下來，每個月我能賺超過一百萬日圓。

聽到這裡，是不是很多讀者，也有點蠢蠢欲動了？光是站在街上招呼客人，就能賺那麼多的錢？其實沒有那麼簡單。那之後，很多同胞都開始效法我的樣子，也投入「案內人」的行當。但至今為止，還沒有人能夠超越我。對於這一點，我是有自信的。

我的長處在哪裡？首先在於表達能力。日本色情業的服務種類五花八門，初來乍到的人一定會被一堆古怪的名詞弄得不明所以。我在剛開始拉客的時候，也只知道個大概，就像最初對「相親俱樂部」的認識那樣，我不得不下大力氣先把概念搞清楚。

為此，我的做法是：自掏腰包到各種各樣的店裡親自「消費」，以便掌握各個店鋪的服務和特點。幸好我先前還有一點資金基礎，才能做到這一點。同時，日本有許多色情店不接待外國客人，對於這樣的店鋪我也要心裡有數。

如果只是一般的陪酒 club，倒用不著一定要親自去體驗，因為價位和內容大致差不多，只是有的陪酒小姐會跟客人去旅館開房間，而有的不會。但許多日本特色的店，例如「性感澡堂」、「粉紅沙龍」之類的地方，顧名不能思義，如果不是親身體驗一次的話，就很難向客人介紹。

自己花錢體驗的另一個好處，是可以跟店裡的人搞好關係。跟他們聊聊天、偶爾一起吃頓飯甚麼的，這些都是「套瓷」的訣竅。日本人，或者說我們東方人，都重視這種人際關係的交往。我在這些方面所花費的時間和金錢，又為日後與新店鋪簽約打下成功的基礎。

又比如說帶客人去「性感澡堂」，有些拉客的，根本就說不清楚某家店裡具體有哪些服務、價格又是怎樣，以及應該注意哪些問題等等。光從價格來說，這種店的懸殊就很巨大，有的店只要一萬多日元，有的店卻在十萬日元左右。

這些店的價格，通常分成入浴費和服務費兩部分，前者少而後者多，一般是先消費後結帳。那些為賺錢不擇手段的拉客者，可能會只報前者的價格，想把客人先隨便糊弄進去，但這很快就會帶來糾紛。

明明是總額需要兩萬日圓的店，拉客的卻只提及入浴費為五千日圓。當客人接受完服務打算離開時，突然要多收一萬五千日元，當然會對店家發火。有過幾次這樣的事之後，店裡自然不再願意與那些惹麻煩的拉客者繼續合作。

在這件事上，我自認為還有一個長處，那就是對善後工作從不怠慢。當客人與店裡發生糾紛時，多半是因為外國客人無法用日語與店家溝通，這時店裡的工作人員就會立即撥打我的BP機。最早還是BP機，後來才換成了手機。一接到電話，我立刻飛奔到店裡，在他們之間做調停和翻譯。這些努力做太多了，店家和我之間便建立起信賴的關係。這種信賴關係，我認為，正是我做這行生存的基礎。

除了提供色情服務的店家以外，還有一些出售黃色錄影和書刊的書店，以及成人性用品商店，也都和我有回扣契約關係。在這種店，就更不能只把客人帶進門就算完事，我會和客人們一起進店，用普通話或廣東話向他們詳細介紹商品的用法，還要在與店方討價還價時為他們充當翻譯。客人如果不買東西，我是拿不到回扣的，所以，從某種意義上，我還是個商品導購員。

有一次，我遇到了一位五十來歲的香港老兄，大腹便便，兩隻手的十根手指恨不得全都戴上金燦燦的戒指，手腕和脖子上還套著粗粗的金鍊子。我看見他在一家成人性商店的門前轉悠，立即走上前去，用廣東話搭訕：「老闆，要不要進去看看？」

他頓時眉開眼笑，問我：「你是香港人？」「不啦。我只是會講廣東話。」我老實交代，然後建議他進去看看，我可以充當翻譯。

他興致勃勃地和我進了店門，轉了一圈，指著一個名叫「南極二號」的充氣娃娃問我是甚麼。我立刻變身商品導購員，很專業地告訴他：這個娃娃跟氣球的原理是一樣的，只要打開空氣閥門，它就會膨脹成一個真人大小的玩具人。我示意他注意娃娃身下的一個孔，請他把手指放進去試試看感覺如何。

香港老兄立刻明白了這是個甚麼東西，他捧腹大笑，說：「比我老婆要強一百倍。買了！」一樁生意就這麼做成了。這些小商店給我的回扣，通常是商品價格的十分之一，也就是說，如果客人買一萬日元的商品，我拿的回扣就是一千日元。

除此之外，我還意識到，做「案內人」這行，不能光靠隨機偶遇，還得輔以自我宣傳，比方說我的名片。我獨自做導遊之後做的第一件事就是印名片，而且第一次就印了五千張。在名片上面，我印了自己的照片以及 **BP** 機號碼。到了一九九三年，手機剛上市，雖然價錢很貴，我也毫不猶豫地買了一個，將手機號碼也增加了上去。

為甚麼要印上自己的照片呢？我認為，這樣可以讓對方感到安心，知道自己打交道的人長甚麼樣子，這是建立信用的根本。發名片的對象以各國華人為主。每次印刷五千張，但第一年，我就增印了兩次。也就是說，一年之內，我曾經寄過名片給一萬五千人。

每逢東京召開國際性的展銷會，或是舉辦大型商貿會議，就會有大量華語圈的人踏入歌舞伎町，他們都是我的好主顧。

我來為大家表演一下我是怎麼招攬他們的：

「您好！從台灣來的吧？吃飯了嗎？」

「先生，有甚麼需要嗎？要不要看『秀』或『喝花酒』？」

「知道日本的成人玩具吧？帶回去可是件不錯的禮物哦。」

不管這樣的「商談」是否成功、會不會被拒絕，我都無一例外地遞上我的名片。這招特別管用，因為有很多人，當時雖然轉身就走了，但隨後卻會打電話來。

「喂，你是李先生嗎？那天在歌舞伎町，你給過我名片。當時因為有女同事在場，所以不好開口。其實我很想去看看脫衣舞，今天能給介紹介紹或帶我去嗎？」

經過這一番努力，我的生意越做越興旺，時常還會遇到一些著名人士。我帶過香港警務署的高層人物去看脫衣舞，還有以私人身分來日本的台灣當局官員，我給他介紹了一家中國人開的club，他表現得非常高興。這些不平凡的客人，給的小費也多得驚人。

我印象最深刻的名人，就是中國的知名大導演張藝謀。我原本就喜歡看電影，就算來到日本後，這位大導演的電影也是一部不落。當他出現在歌舞伎町的大街上時，我幾乎是毫不猶豫地，立刻衝上去打招呼，向他索取簽名。

大導演很隨和，一點架子也沒有，在我的名片反面簽了名。他對我這個在異國他鄉做「另類」工作的年輕人似乎很感興趣，簽完名沒有立即離去，停下來問了我很多問題，問我是不是從國內來的？老家是哪裡的？為甚麼要來日本？在歌舞伎町做甚麼工作？

我如實回答，說我在日本的服裝設計學校留學，晚上在歌舞伎町做點為人民服務的事，賺點學費和生活費。能跟他說話讓我受寵若驚，我不會放過這個機會，接著追問他想去哪裡？表示歌舞伎町我最熟，哪裡我都能帶他去。現在回想起來，這也是我人生中唯一一次，主動免費做「導遊」。

大導演提出想去脫衣舞場看看。我對此並不意外，與其說是因為男人的慾望，我覺得不如說是他作為導演的體驗生活，他對日本這個鄰邦的風俗文化表現出極大的興趣。

此後，他又來了好幾次日本，每次我都會給他介紹各種各樣的地方。我們去過男同志俱樂部、「姊妹」飯店、SM咖啡店……他每次都認真地仔細觀察著一切，最後笑著和我道別：「謝謝了李桑！又讓我長了次見識。多保重啊！」

我還接待過國家元首級別的客人。一九八九年，日本昭和天皇駕崩之時，一個大人物在十幾名耳朵上戴著耳機的保鑣簇擁下出現在歌舞伎町。我用蹩腳的英語向其中一個保鑣搭腔：「要不要看脫衣舞表演？」

有位全身肌肉、穿著黑色西服的保鏢，聞言站住了，在問了我幾個問題之後，欣然接受我把他們帶到了「TSミュジック」脫衣舞場門口。當時我並不知道他們是些甚麼人，直到第二天我看電視新聞，我才知道這群人是斐濟的國王和他的保鑣們。

012

離婚大戰

在我忙碌於「MODE學園」的學業，和歌舞伎町案內人的工作之間時，妻子小梅的肚子也越來越大。而在她生下孩子幾個月後，迎來了我們兩人的離婚大戰。

在離婚之前，我和小梅的經濟狀況其實非常好。那時候我每個月基本上可以賺到一百萬日元，小梅在「相親俱樂部」工作，每個月差不多也能賺到這麼多。我記得在一九八九年的時候，我們回過一次國，在深圳又買了一套房，而且我還買了摩托車、冰箱、電視機等等的一大堆當時在中國人看來屬於奢侈品的東西，透過海運寄回國。

那一年我們從深圳要去湖南懷化她的老家，我本來想從長沙轉車，順便去看望一下我的家人，但小梅堅決反對，最後我也順從了她的意思。和她一起到了懷化，發現她家裡還有一個表弟，小梅表示：想把表弟也辦到日本來。我想了想，剛好我的事業規模越來越大，也要招一些小弟幫忙，就答應了她。

但是，我隱隱發現有點不對勁：在小梅和表弟的言談舉止之間，好像有一種奇怪的曖昧。小梅的老家很窮，只有一棟土房子，在一片田野裡，還養著牛和豬，門前有一條小溪。因為窮，家裡沒有洗澡的條件，他們平常都在溪裡洗澡。

那天她和表弟一起去小溪裡洗澡，我無意中發現他倆居然在打情罵俏，心裡就有點懷疑，但又不敢多想，畢竟「亂倫」這個概念，對當時那個時代的人來說還是很禁忌的一件事。我只是有點擔心：這個表弟到日本來，會不會搞出些麻煩事來？

我那時候其實心裡已經很不高興了，但小梅和表弟完全沒把我當回事兒，不僅不收斂行為，這個表弟在他們家還儼然一副主人的態度，感覺上並沒有把我當成姐夫。

這裡要爆料一個我以前從來沒有說過的事實，小梅其實也是第二次結婚，和我結婚之前，她在長沙還有過一段長達五、六年的婚姻，和我結婚的時候，她和前夫的孩子都已經十歲了。我後來還見過一次她的前夫，他當時很缺錢，我還背著小梅偷偷支援了他幾千塊的私房錢。

所以說，我和小梅的前夫關係還算是不錯的，但這個表弟不一樣，越來越多的懷疑堆積在我心裡，讓我心裡越來越不舒服。後來，我沒有和他倆一起回深圳，我一賭氣，自己在株洲車站就買了個站票回了長沙，心想：我憑甚麼完全依著你，我也要去看看我家裡人。

當時我的錢包和卡都在小梅身上，我自己身上只剩下百多塊錢現金，我的護照也在她身上，如果她走了，我甚至都回不了日本。但我太生氣了，根本沒有想太多，我在長沙家裡待了幾天，找姐夫借給我二千塊人民幣，姐夫又買了機票親自把我送到深圳，我才又重新見到了小梅。

這次見面，我們沒有再吵架，但其實我們夫妻感情已經徹底破裂了。我對小梅的種種懷疑，後來也證明全部都是對的。

在我忙碌的學業和工作之間，小梅的肚子越來越大。我當時還不知道她已經有外遇，所以內心其實是既高興又期待：是的，我要生一個孩子了！只要一想到這一點，我就可以忍受小梅越來越大的脾氣。

為了改善我們的關係，我每天都會帶她去逛公園，閒下來還帶她去韓國玩，偶爾也去日本的溫泉療養。那一年的十月，為了迎接即將出生的孩子，我們把家搬到了新宿區下落合的哲學堂公園附近，這樣，我們就可以天天就近去公園散步了。

一九九〇年三月廿八日，正好是廿三年前的今天，同樣是櫻花爛漫的季節，我們的兒子出生了。我還記得我在醫院裡，第一眼見到兒子的那一刻，我高興得嘴巴都合不起來了。

不久以後，小梅把她的媽媽、親哥哥、還有表弟，都一起辦到日本，照顧她和孩子，家庭的開銷隨之增加了很多，我身上的負擔一下子加重了。小梅呢，在身體恢復之後，又回到「相親俱樂部」打工，她騙自己的母親說在飯店當服務生。我當然是很憤怒的，但每當看到孩子可愛的睡相時，又甚麼都能忍下來了。

我成了一個身兼數職的男人，「MODE學園」的學生、專為外國人服務的案內人、小梅的丈夫、以及孩子的父親。現在回顧當時的情景，我都覺得不可思議。那會兒從哪裡來的那麼大的能量和精力？而且最重要的是，自己還有不管遇到甚麼狀況都能逾越過去的自信。

這段時間裡，小梅的親哥哥和表弟都在幫我當小弟，給我的案內工作打下手。表弟在語言學校學日語，哥哥拿的是三個月的旅遊簽證，他倆就光是靠著幫我的忙，把客人帶到我指示的店去，每個人每個月都能賺一百萬日圓。說起來，我生平第一次有了兩個部下，就是小梅的親哥哥和表弟。

當我告訴真武自己有了兒子時，他簡直像自己當了父親一樣高興，邀請我到一家名叫「野郎壽司」的壽司店慶祝。不過在碰杯的時候，他問了我一個致命問題：「李桑！孩子長得像誰？」

經他一說，我突然發現，我從來沒有想過這個問題。我拍著自己喝多了酒的腦袋，想回憶兒子長得甚麼樣，但卻想不清楚。眼睛好像是細長的，耳朵好像是小小圓圓的，鼻子嘛……我突然愣住了：這麼說來，長得跟我確實一點都不像啊！

隔天早上回到家，我花了很長時間觀察兒子的臉，最後得出了一個結論：確實不像我！兒子的眼睛倒是很像小梅，在日本的整形醫院拉出大雙眼皮之前，她就是這種細長的丹鳳眼。到日本之後，小梅改變的不只是對我的態度，她的外表也發生了很大的變化。

她做過幾次整形手術。原本細長的單眼皮，現在變成了漫畫裡的美女那樣的大眼睛，鼻子也墊高了許多。除了臉，她那對讓男人盯住了就不願意再挪開眼睛的E罩杯巨乳，實際上裡面注了甚麼矽膠。這一年來，她在整形和美容化妝品上花的錢，在中國都能買一套不錯的房子了。

我有些惱恨地問她：「你不覺得這個孩子，沒有一點像我的地方嗎？」她倒是很鎮定，反過來問我：「你想說甚麼？甚麼意思？是不是想說不是你的孩子？」

這時候，其實我手上已經有一些小道消息了，我繼續套她的話：「我知道，你跟一個小職員在一起混。你是甚麼時候開始和那個男人的？」小梅的臉色瞬間就變了，她又開始翻舊帳：「你有甚麼權力說我？你跟那個日本女人的事我還來不及跟你算帳呢！」

就像以前那樣，我倆又吵了起來，而面對我的質疑，小梅終於放棄了演戲，她情緒激動地坦白：「沒錯！我是有個日本男人。那又怎麼樣？就憑你的本事，在這異國他鄉能養活我過上好日子麼？」最後她終於向我說出真相：「想知道孩子的父親是誰？告訴你吧！連我都不知道。」

這樣的爭吵注定兩敗俱傷，誰都不可能成為贏家，那一天，是我來日本之後第一次哭了。我全身顫抖著，強忍著聲音，蹲在牆角，抽泣起來。

說起來很諷刺，最早向我告發小梅有外遇的人，其實是她的表弟。事情的導火線是一台摩托車，表弟很想要這台摩托車，也不知道小梅怎麼想的，偏偏不聽他的，把它寄回國給了另一個更帥的表弟。我記得那輛摩托車花了一百多萬日元，對那個時候的中國人來說是「天價」了，沒有得到摩托車的表弟越想越氣，乾脆來找我告發了小梅外遇的事情。

當時，我租了一個月租十二萬日元的新建公寓，小梅的哥哥和媽媽回國之後，只有我、小梅和表弟住在裡面。表弟有一天很不高興，跑來找我，支支吾吾地跟我說，說孩子不是我的，並且證實了我的懷疑，他們兩個人之間確實也發生了不倫關係。表弟坦白，他們去飯店開過好幾次房，甚至我外出工作的時候，在家裡也發生過關係。

這時候我才想起來，小梅曾經這麼問過我：「難道你覺得我們之間會有小孩嗎？我們之間都沒有高潮過。」表弟因為要繼續跟著我賺錢，所以無論我問甚麼，都事無鉅細地坦白了。他所說的種種，都讓我覺得：這個孩子是表哥的。結果沒有想到，原來是那個銀行小職員的，就是這個新公寓的保證人。

但大家不要誤會了，並不是我知道了小梅的外遇才要跟她離婚的，表弟對我的這些坦白，是離婚之後的事了。實際上逼著我要離婚的人，反而是小梅。孩子生下來三個月後，我倆就分居了，她不知在哪裡重新租了房子，帶著她的媽媽和孩子，頭也不回地走了。

我也不知道她的真實原因是甚麼，反正她的藉口是，要讓丈母娘把小孩帶回中國，這樣我們兩個都可以專心賺錢。而我堅決反對這件事，我倆的衝突由此升級，越吵越嚴重。最後為了讓我答應離婚，她甚至扣下了我的護照，終於到了一九九〇年十月，我們正式離了婚，一直到辦完離婚手續之後，她才把護照還給了我。最終，兒子也被她媽媽帶回了深圳。

這之後還有個精彩的事：小梅呢，原本拿的是我的陪讀簽證，離婚兩個月後，她的簽證就要到期了。我知道她的如意算盤，她本來是想跟那個銀行小職員結婚，然後申請日本人的配偶簽證的。但她有所不知，當時日本的民法有規定：女性離婚以後，半年內是不能再結婚的，後來這個期限在二〇一六年縮短到了一百天。

小梅不知道日本法律的這個規定，但我知道。等她簽證到期之後，本來已經搬出去的她，又帶著表弟出現在我面前，帶著滿滿一袋錢，大概是一百六十萬日元的現金。她是來求我繼續幫她續簽證的。

當時我倆其實已經辦完了離婚手續，但她覺得還能鑽個空子。我堅決地回絕了她：這麼做是違法的。說完，我把她塞給我的錢往天上一揮，轉身就走了。我從餘光裡看到，她和表弟兩個人正趴在地上滿地撿錢呢！

說起來很有趣，我的第一次婚姻維持了四年，第二次也正好是四年，人家說婚姻有所謂的「七年之癢」，我卻好像冥冥之中有個「四年之門檻」。剛離婚的前幾年，我其實每年都會給小梅生活費，每次我也會提出同一個要求：想和孩子做DNA親子鑑定。

對於這個孩子，我其實還是有一絲僥倖在。小梅一開始只是拒絕我的要求，後來乾脆連錢也不要了，面也不見了，後來我聽說，她離開日本回到深圳，住在我們倆當初在一起時的那套房子裡。再後來，當我打算去找孩子時，又得知她已經賣掉了房子，不知所蹤。總之，這個人就完全人間蒸發一樣，她徹底和我的生活失去了交集。

一直要到二〇一一年左右，我在《鏘鏘三人行》錄製節目的時候，才重新得知了小梅的消息。當時有個人是這個節目的贊助商，他輾轉透過工作人員拿到我的聯絡方式，找到我之後，告訴我說，她是小梅的債主，小梅在廣東省一所女子監獄關了十年，被抓之前欠了他一大筆錢。

至於小梅被抓的理由，是因為從一九九六年開始，她參加了法輪功。之所以那麼多年我一直打探不到她的消息，也是因為她已經改了名字。聽說，小梅一直到二〇一〇年的上海世博結束才被放出來。我原本是對法輪功一點也不關心的，但從這件事情之後，我開始覺得中國對法輪功的制裁有點太過了，竟然把一個女人關了十年，害得我找不到兒子。

我是在二〇一二年找到小梅和這個兒子的。當時我開通了微博，孩子的舅舅透過微博和我取得了聯繫。隨後，我去了深圳兩次，見到了兒子，給了他二百萬日元，還和他住了一個星期。我也終於實現了當年的願望，帶他做了DNA親子鑑定，結果很遺憾：他確實不是我的親生骨肉。

一開始我們是在深圳做DNA親子鑑定，我當時還抱有一絲幻想，是中國的技術有限，才導致結果不準確。我就以檢查身體為藉口，用棉花棒取了點他的口腔組織，偷偷帶回日本又檢測了一次，結果依然不是，於是才徹底死了心。

儘管如此，我依然對待他像對待其他兒子一樣，為他傾注了滿滿的父愛。我們一直有聯繫，他現在在深圳的某網路大廠工作，每年到我過生日的時候，他都會發微信跟我說：爸爸生日快樂。至於小梅嘛，據說她曾經還在我的抖音粉絲群裡一直盯著我的各種信息。二零二四年一月，因為我到台灣採訪大選，回東京後發佈一些影片，弄得抖音帳號被封殺，這段藕斷絲連的絲也就斷了。

013

罫丸事件

スナック（斯那庫），指的是一種在一九六〇年代起，才在日本出現的陪酒小酒吧，一般店裡都有一個老闆娘，我們叫做媽媽桑。

「斯那庫」這個行業，本來一直是由日本人壟斷的，但到了泡沫經濟時代，大量來自台灣、馬來西亞、菲律賓和泰國的年輕女孩子們來到歌舞伎町，進入「斯那庫」裡陪酒。這些充滿異國風情的女孩很受歡迎，從日本的陪酒女郎身邊奪走了大批日本客人，再從日本客人身上賺取大筆日元，然後寄回家裡。

到了九十年代，來自中國大陸的女孩也進入了「斯那庫」，這使得歌舞伎町的陪酒格局發生了根本性的變化。經過幾次地盤爭鬥之後，逐漸形成了韓國店與中國店平分天下的格局，而泰國店、馬來西亞店、菲律賓店，則完全被邊緣化了。

最早由日本人經營的斯那庫，百分之九十都是強調「賣藝不賣身」的，大多就只是陪客人唱唱卡拉OK，喝酒聊天，最刺激的也不過是打情罵俏罷了。但那些來自發展中國家的陪酒女孩們，為了掏光日本客人的錢包，開始破壞「行規」，這也導致了規矩的日本店日漸蕭條。

那時候，中國人經營的斯那庫一家接一家開張，「服務計畫」也越來越朝著「簡單明了」發展，當時如果哪家中國店還敢稱「賣藝不賣身」的話，保準它三天就會倒閉。

另一方面，這些斯那庫也漸漸發展成了犯罪的溫床。舉一個例子，九十年代末期在歌舞伎町，曾經掀起一股盜用信用卡的犯罪高潮，背後的真相，就是斯那庫店主和偽造信用卡的團伙勾結在一起，在店裡的刷卡機上安裝信號讀取器。這樣一來，客人結帳時在刷卡機上留下的個人資料，就會被犯罪集團掌握，他們很快就能複製出這張信用卡，然後在香港、漢城等地瘋狂購物。

曾經有好幾個跟我合作的店主，都私下向我打聽：是不是能介紹偽造信用卡的團伙給他們？我可以摸著良心說，這些要求我都拒絕了。而且，一旦我知道哪家店在進行這種交易，我立刻就會和他們解除合作關係。儘管這麼做會讓我的收入受到明顯的損失，但我不能讓我的客人成為受害者，要是這麼做了，不僅我的信譽會受到影響，日本的警察肯定也不會放過我。

繼斯那庫之後，歌舞伎町又出現了各種保健按摩店，走的也是情色的路子。首先是韓國人開始經營，由於價格適中，效果良好，受到了日本客人的歡迎。不過很快，就又冒出來很多華人按摩店，不能否認有些店確實是有經過專業培訓的保健按摩師，但絕大多數都是「掛羊頭賣狗肉」，打著按摩的牌子，做著色情的勾當。

剛開始的時候，為了給客人做介紹和服務說明，我也試著走進了一家名為「絲綢之路」的保健按摩店。為了體驗「一般客人」所享受的待遇，我沒有揭露自己中國人的身分。一個東北口音的小伙子熱情地請我換鞋，半跪在地上為我準備好拖鞋，我覺得他們的服務精神還可以。

然後，這個東北小伙子用不太熟練的日語向我介紹他們的服務項目：基本保健六十分鐘八千日元，每延長半小時三千日元，因為我是第一次來，可以享受八折優惠。我又問他還有甚麼服務項目，他很機靈地說：「我建議您試一試我們的VIP服務，六十分鐘才一萬五千元，怎麼樣？」

「喔？這個VIP都有甚麼服務啊？」我裝出很感興趣的樣子，將兩手指尖對上，向懷裡扇動了幾下，向他做了一個暗號：「可不可以這個——」在業界，這個手勢就是性交的意思。

小伙子也不跟我遮掩了，露出神秘的笑容：「這個——您可以跟小姐商量，我們，不能直接說的。」說完，他又拿過來一本影集樣的冊子，指著其中一頁說：「這個，娜娜小姐，手法很好。這個，叫幸子，您看，長得很卡哇伊吧，才十九歲啊！」

我對小伙子說：「這樣吧，我先做個基本保健，其他的到時候再說。」談好之後，小伙子將我帶到一間用木板簡易隔離出來的「按摩間」，裡面燈光微弱，只能勉強看到對方五官的輪廓。

小伙子離開房間大約一分鐘之後，我「指名」的那位名叫「麗華」的小姐進來了。她先是學著日本人的樣子朝我鞠了一躬，接著用不流暢的日語結結巴巴地說：「初次見面，請多關照。」

然後就像背書一樣，一個字一個字往外擠：「衣服」「脫掉」「內褲」「躺到」「床上」……我的天啊，我都替她發愁，這樣的日文程度也敢接待客人？日本人恐怕根本聽不懂她在說甚麼。

我按照「麗華」的指示，躺到了一張像是國內診療台一樣的床上。說實話，她的手法實在不敢恭維，要力道沒力道，更別說找準穴位了。熬過了漫長的五十分鐘，小姐離開，那位小伙子走進來，微笑著問我是否需要「升級」，我覺得根本沒有那個必要了，就跟他說：「今天沒有時間了，以後再來。」

後來我才知道，這家店還算是比較「乾淨」的，沒有強買強賣，有些店根本不管客人是不是需要，安排小姐上去就扒客人褲子，然後還「剋扣」客人的時間，提高「翻床率」。當然，這樣的店統統維持不了多久，很快就把客人都嚇跑了。到了更後來，有些店開張不到一個月就倒閉了，不過他們也不怕，因為他們根本也不需要回頭客，只是要狠狠撈一筆。倒閉了大不了換個鋪面，再換個店名，還能繼續宰客。

隨著這些斯那庫和按摩店的開張，歌舞伎町湧進了大量華人，這是有目共睹的。這些華人，要嘛是簽證過期「黑」下來的留學生，要嘛就是經過蛇頭運送、偷渡上岸的淘金客。從常理上講，人數越多，壞人出現的機率當然也越大。更何況，他們來到的地方是本來就不太平的歌舞伎町，這裡從來就是一個充滿暴力和情慾的世界。

有時候，我會聽到閒晃歌舞伎町的中國人說這樣的話：

「日本真是個犯罪天堂！」

「只要一踏上日本的國土，當小偷就等於已經成功了一半了！」

「騙日本人簡直比在騙中國的小學生還要容易。」

當時，在新宿、池袋這一類中國人聚集的地方，經常會有中國人在餐廳和咖啡館裡海闊天空地討論犯罪。有時候是小偷們在商議下一步的行動，有時候是「柏青哥店作弊的幫派」在交換情報。他們仗著日本人聽不懂中國話，就在光天化日之下公開地、旁若無人地大聲商討犯罪計劃。

大家聽過後來成為歌舞伎町最大勢力的華人幫「福建幫」嗎？他們的特徵就是，不管是偷渡來的、犯罪潛逃的、還是老實的留學生，都一律不注重自己的穿著和打扮。所以我在歌舞伎町工作的時候，最讓我感到恐怖的，並不是那些衣著時髦、大搖大擺招搖過市的日本幫派，反而恰恰是這些穿著落伍的汗衫和廉價的運動鞋、躲避眾人眼光、陰著臉自顧自走路的福建幫。

「福建幫」其實是後來才崛起的，最早在歌舞伎町佔有一席之地的華人幫派，是上海幫和北京幫，再加上台灣幫。最早在這條街上開中國餐廳的，其實都是上海餐廳。上海幫很厲害，他們有錢，又很聰明，而且他們幹甚麼事情基本上自己不動手，這就為後來震驚全日本的「快活林事件」做了鋪墊。關於「快活林事件」，先賣個關子，之後再細說。

一九九四年的夏天，歌舞伎町發生了四起殺人事件，其中三起分別是台灣幫、北京幫和福建幫幹的，另外一起是馬來西亞華人幹的。一個夏天發生了那麼多殺人事件，而且都跟華人幫有關係，難怪在那時，日本人心中形成了一種印象：歌舞伎町就等同於華人「雅酷扎」。

一九九八年，改編自同名小說的電影《不夜城》上映。電影中，金城武飾演的男主角「劉建一」，和他本人一樣，也是日本和台灣的混血。這部電影就是當時歌舞伎町的一個縮影，講述了華人幫間各種明爭暗鬥，而小混混「劉建一」在夾縫中求生的故事。

但其實在這裡我要說明一下：這部電影裡，其實只有一個鏡頭是真正在歌舞伎町裡拍攝的。在影片的一開始，有一個金城武從地下往地上走的鏡頭，我一眼就看出來了，那是我常帶客人去的脫衣舞場。整部電影只有這個鏡頭是在歌舞伎町拍的。

為甚麼會這樣呢？這部電影是香港人投資、找香港導演來日本拍攝的。他們想在歌舞伎町取景，但沒有找對人，被日本幫派趕出去了。要是香港人當時找到我，也許歌舞伎町的畫面能多一些。而後來找到我的那些片子，大名鼎鼎的《新宿事件》也好，廿二集的電視劇《東京生死戀》也好，全部都是在歌舞伎町真實取景的。

在這裡我也想糾正一下：這些所謂的上海幫、北京幫或福建幫，雖然叫這群的，但在我眼裡，並不是真正的幫派，跟日本人的幫派完全不是一回事。這些所謂的華人幫，通常也都是幹一票就跑了，所以充其量也就是犯罪集團而已。

不過話說回來，歌舞伎町存在過那麼多「雅酷扎」，那麼多鬥爭事件，死了那麼多人，各種厲害人物來到這裡，然後又消失不見，到最後我卻好好得活了下來，還能接受媒體採訪，最開始是一個案內人，如今還能參選日本議員，也可以說是「時勢造英雄」吧。

關於歌舞伎町的華人幫派，還有過這樣一件事。有一天晚上工作結束後，大約是淩晨兩點多，我去了情人旅館街附近的電子撲克牌遊戲店。店裡當時只有一個客人，看起來年齡在二十五歲左右，穿著艷俗的西服套裝，頭髮燙的是「雅酷扎」典型的短平小捲花頭。

我看到他的左手缺了一根小大拇指，猜想他應該是年輕小嘍囉。小嘍囉一邊玩遊戲，一邊和一位中年店員好像關係很熟地交談著，他一直吵著要店員提高機器設定，讓他贏點兒錢。

在這種店裡，每台遊戲機的賠率都是可以設定的，有的店家因為生意不好，為了招攬客人，就會把設定調高，使客人很容易贏錢，然後再將設定調低，那麼，客人就只有掏腰包的份兒了。一般客人是不知道某家店及某台機器的設定賠率的，不過老手只要試上幾把，大概就能知道這台機器是否能贏錢。

從店員和小嘍囉的聊天中，我得到了一些資訊：小嘍囉是罩著這家店的某個「雅酷扎」組織負責收錢的。他的手指是因為接私活被組織發現，所以被切掉了。日本的「雅酷扎」，大多紀律嚴明，禁止成員額外收取保護費，一旦破壞了規矩，要麼挨一頓臭罵毒打，要麼被掃地出門，切手指頭還不算最重的懲罰。

我正在偷聽他兩個聊天，自動門響了一聲，幾個醉醺醺的中國人走了進來。他們看見「雅酷扎」小嘍囉，完全沒有要收斂的跡象，甚至故意挑釁，在他面前大口吐痰。我心裡很緊張，假裝去廁所，走過那個小嘍囉身邊，低聲對他說：「那群人很危險，小心點！」沒想到，他絲毫沒有聽進去我的好心提醒，反而還煩躁地趕我走。事實證明，我的預感是對的：那幾個人玩遊戲還不到五分鐘，就開始對著遊戲機又踢又打起來。

「雅酷扎」小嘍囉這下可不幹了，這家店是他罩著的，他怎麼可能袖手旁觀呢？他氣勢洶洶地站起來，將手裡正喝著的可樂罐向那幾個中國人扔了過去，嘴裡吼著：「你們這些外國佬！幹甚麼呢？趕快給我滾出去！」

話音剛落地，一個臉色陰暗、眼光可怕的人就站了起來，一言不發地走過去，朝著那個小嘍囉的下身狠狠踢一腳，他的幾個夥伴也一齊衝了上去，用椅子狠砸那個小嘍囉的背，抓著他的頭不停地撞在地板上，砸得滿地是血，中年店員試圖過來阻止，也被打倒在地。

太危險了！正當我打算逃跑的時候，他們中的一個回頭看見了我，然後用手指著我的臉走了過來。由於當時我還穿著上班的服裝，估計他們把我也當成一般的日本客人了。情急之下，我把眼前的遊戲機推倒在我和這幾個人之間，才爭取到了時間，一口氣跑到了歌舞伎町的大街上。

那之後連著幾天，我都沒有去上班。等我再回到歌舞伎町大街上的時候，從一個熟人口中得知：被那些中國人打得不成樣子的小嘍囉，是歌舞伎町裡一個勢力弱小的「雅酷扎」組織的組員，他被打成了重傷，住院去了。我還聽說，小嘍囉連睪丸都被那夥人割掉了，在地板上滾來滾去。

這有傷日本「雅酷扎」面子的事件並沒有被公開，「睪丸事件」只作為「道聽途說的謠言」，在歌舞伎町流傳了一陣子，也就逐漸被人們遺忘了，但是，我卻是整個事件唯一的目睹者。

日本警察一直對「罣丸事件」有個不解：那夥中國人並沒有搶劫店裡的錢，打完人之後就逃之夭夭了。我猜想，他們也許是擔心我逃走後打電話報警，所以才慌忙逃跑了。

014 上海女友的騙與愛

和小梅離婚後，一九九〇年十月，我從新宿西落合搬到西新宿一個名叫「WHITE HOUSE」的公寓裡，當時我的案內人工作幹得很有起色，租了個條件還算不錯的一室一廳，我記得房租是每個月十二萬七千日元，已經是很多留學生無法企及的條件了。我之所以選擇這棟房子，是因為這裡離我的學校「東京MODE學院」很近，而且站在陽台上，還能看到西新宿新都心高層建築的繁華街景，這一點讓我很滿意。

對於我的人生，我一直都說，我是一個運氣很好的人。這個「運」，其中很明顯的一點就是桃花運。恢復自由身的我，才剛三十歲，正是精力旺盛的時候，接連交往了好幾個女朋友。在和一個英國的猶太人女友分手後，我遇到了悠悠，一個比我小五歲的上海女孩，當時還是日語學校的學生。

悠悠完全是我喜歡的女人類型，一個標準的上海美女，身材高挑，一開始我還以為她是做模特兒的，後來才聽她說，她在出國之前的職業是「上海某文藝團體」的專業舞蹈演員。她來日本之前其實已經和一個上海男人訂了婚，她來日本留學也是跟未婚夫一起來的。

我遇到悠悠的時候，她剛從那個上海男人那裡逃出來，我收留了她。她當時就像一隻迷路的貓咪一樣，既可愛，又可憐。而她的個性也像一隻貓一樣，讓人難以捉摸。她總是悠閒地躺在床上，手指間夾著一枝細長的香煙，一邊抽一邊看著窗外發呆。

尤其是她那喃喃的上海普通話，對我來說，簡直就像是一針強效的興奮劑，每次她趴在我肩頭或懷裡，嘀嘀咕咕地說甚麼的時候，我就完全被麻醉了，一點也聽不進去她在講甚麼，總是迷迷糊糊地用嘴將她的嘴堵住，然後就順勢滾到床上。

我們在床上特別合拍，可能是因為我們都練過舞蹈，在身體上出乎意料地和諧，簡直是天生一對。我們能在身體韻律中找到共鳴，這是我之前和其他女人不曾有過的體驗。

悠悠的柔軟肢體與我的熱情陽剛相碰撞，身體上的和諧讓我對悠悠產生了越來越深的依賴。我這個在夜晚的歌舞伎町都沒有被打敗的男人，卻被眼前的上海小女人輕易地就給俘虜了。

住在一起之後，我倆常去一個名叫「知音」的中華物產店，買很多從中國運來的河魚、螃蟹、蝦子和甲魚之類的，然後一起回家做飯。雖然我是嗜辣的湖南人，而她是上海人喜歡吃甜，但我倆都很喜歡喝甲魚湯，這道菜也就成了最常出現在我們家餐桌上的一道菜。

有一天，我從歌舞伎町收工回家，剛進門就聽到陽台上傳來很大的響聲，我趕緊衝過去，以為出了甚麼事。結果我看到悠悠表情很恐怖地站在那裡，眉頭緊鎖，兩眼充滿仇恨地盯著手裡的塑膠袋，正用力地往牆上一下一下砸著。我湊近一瞧，塑膠袋裡是一隻甲魚。

悠悠沒有發現我的到來，接著她就做了一件讓我毛骨悚然的事。只見她用腳踩著甲魚，左手用鐵鉗夾住甲魚的腦袋，用力把它從殼裡扯了出來。緊接著右手拎起菜刀，手起刀落，甲魚的腦袋就這麼被她活生生給剁了下來。

這一幕看得我是冷汗直冒，這時悠悠也發現了我，她表情先是一驚，然後迅速變了個臉，露出了一個甜美的笑容，拎著甲魚腦袋就跑過來抱住了我，開心地跟我說：「小牧，你終於回來了！我今晚給你做甲魚湯好不好！」

當天晚上，我們又喝上了美味的甲魚湯，但不知道為甚麼，她剁掉甲魚腦袋那一幕，在我腦海裡揮之不去，讓我產生了一種莫名的不安：我是不是根本不了解她？那天晚上的氣氛很溫馨，我也沒有再多想，只是開玩笑地問她：「你不會哪天也把我當甲魚給剁了吧？」我完全沒有想到，一語成讖，後來她真的就像對待那條甲魚一樣，把我搞得遍體鱗傷。

一九九二年是我來到日本以後生活最繁忙的一年，我在「東京MODE學院」的學習還有一年就要畢業，已經開始進入畢業製作的準備階段。同時，我的留學簽證也只剩一年了，我只好開始考慮下一步的出路，這件事實在讓我頭痛。

還有歌舞伎町的工作，競爭對手越來越多，我好不容易才在這條街上取得了還算穩固的地位，得到周圍的認可，不能再出甚麼岔子。這份工作為我帶來了相當可觀的收入，日本對我來說，成了一個充滿了機會的「黃金之國」。

但當時的我沉迷悠悠到甚麼地步？悠悠對我來說已經勝過一切，我被她的嬌嗔所迷醉，就算我心裡多麼想留在日本，但只要能和她結婚，我情願放棄我在日本的一切，放棄我辛辛苦苦打拼來的事業，和她一起回國。

一九九二年二月，我帶著悠悠一起回到上海，拜見未來的岳父岳母，我感到自己前所未有的幸福。在上海短短的幾天裡，我們也仔細研究了在哪裡辦結婚喜酒、都請些甚麼人來參加，等等一系列事情，忙得是不亦樂乎，每天都在極度興奮當中度過。

我所了解的上海人是非常講究排場的，尤其是悠悠這麼一個美女，願意屈尊嫁給我這個外地的、而且又離過婚的男人，我不能讓她因為這個受半點委屈。於是在她家，我一直扮演著一副在日本獲得成功、凱旋歸來的騎士模樣。在這種時候可不能小氣，否則一輩子都會在她的家人和親戚朋友面前抬不起頭來。

在上海待了三天后，我又去了四川成都，向我的家人報告了結婚的好消息。當時我的母親已經過世了，父親也已再婚，和後來的妻子一起住在成都，過著隱居生活。但沒想到，悠悠無論如何都不願意跟我一起去成都，我隱約察覺到悠悠的異常，但說不出哪裡不對，沒辦法，我只好獨自前往成都。

出國四年，這是我第一次和父親相見，我非常掛念他。但讓我意外的是，他這時已經剃光了頭髮，皈依佛門，成了居士。父親見到我後，得知我在日本生活得不錯，馬上又要再結婚了，心裡非常高興，生平第一次在我面前流下了眼淚。直到今天，我都非常慶幸去見了父親這一面，世事無常，就在兩個月後，他就因為突發心臟病去世了，享年六十三歲。

看過父親回到東京後的第三個月，有一天，我接到在中國駐日使館工作的朋友打來的電話，他開口就問我：你說過要和悠悠結婚對吧？

我回答他：沒錯啊，等我從學校一畢業，我們就打算去領證。

朋友趕緊又問：你說的是真的？沒開玩笑吧？

我回答他：當然是真的，這還能說著玩？我們才去了上海，見了她父母，她父母也已經同意了……

話還沒說完，朋友打斷了我的話，對我說：你先冷靜一下，聽了先別急。其實，昨天悠悠到大使館辦結婚手續了。

我剛開始還沒反應過來，還傻傻地問朋友：啊？她為甚麼要瞞著我自己去？沒有我，她自己怎麼領證？

朋友在電話那邊嘆了一口氣，接著說：我要告訴你的是，她登記結婚的對像不是你，而是日本人。我也是今天才知道的，所以馬上打電話給你了。

我頓時腦袋嗡的一下，好像五雷轟頂一般，我不敢相信這是真的，立刻開車去了悠悠工作的地方。她工作的地方是一家中國餐廳，我第一次見到她就是在這個餐廳裡，當時她是一個畢恭畢敬的服務員，而我則是一個出手闊綽的顧客，第一次就塞給了她一萬日圓的小費。我倆同居後，我曾經勸她辭職，但她卻不同意，說如果自己在日本沒有甚麼工作做，會悶死的。

到了餐廳門口，剛好碰到悠悠下班。我親眼看到她上了一輛私家車，司機位置上坐著一個陌生的年輕男人，這個場景讓我簡直氣爆炸了，衝上去就把她拽下來，憤怒地問她為甚麼要騙我。

悠悠愣住了，她沒有料到我會在上班時間來找她，她盯著我的臉，眼睛裡充滿了閃爍不定的神情。那個男的也很好笑，一看到我，二話不說，踩油門就跑了。後來我才知道，那個男人並不是搶走悠悠的人，只是她在語言學校的一個韓國同學，但是和悠悠結婚的那個日本人，確實也是他介紹撮合的。

等悠悠緩過神來，就開始哭著解釋，說：我不是有意要騙你的，我是真心喜歡你，所以我不敢說……

我感覺自己簡直就像是個小丑一樣被她耍了。和悠悠交往的這大半年時間，我幾乎負擔了她的全部經濟開銷，從房租到生活費，還給她買了很多價格昂貴的名牌服裝和首飾，連回國的往返路費和所有開銷，也都是我支付的。

當時我特別憤怒，覺得悠悠從一開始就並沒有和我結婚的打算，我就是她可以利用的一個工具而已，把能榨的都榨乾了，最後一腳蹬開了事。我們一路無語，回到了公寓。我的怒氣始終摁不下去，到了家就對她大喊大叫：我們結束了！現在就給我從這個房子裡出去！

而悠悠似乎早就做好了準備，沒有表示要留下，起身就開始收拾東西。我更氣了，又吼道：把我買給你的那些衣服和首飾都留下，不准帶走！這個話現在聽起來有點小氣，但我當時真的太生氣了，我不知道該怎麼平息怒火。

聽到我這樣說，悠悠也不裝可憐了，她把所有東西都打包起來，擺出一副吵架的態度：「給了我的東西就是我的，我想帶走就帶走。」然後她還指著堆積在牆角的保險套盒子，說，「看看這些，我就算是去賣，賺得也不止你這些東西了！」這下我終於意識到了，她確實是個精明的上海女人。

過了很多年後，我已經能理解悠悠當時的選擇，她或許是被金錢和利益迷了心竅，也可能就是為了留在日本。想在日本過上好日子，自己又不想去工作，對一個女人來說，找日本男人結婚是最適合的。這種故事也很常見，每天都在發生。

當時的我又算甚麼呢？跟我結婚能得到甚麼好處？我再過一年就要從「東京 MODE 學院」畢業了，自己的簽證都前途未卜，那裡還顧得上她？

悠悠的事帶給我巨大的創傷。從那天之後，有相當長的一段時間，我都對自己的同胞產生了極大的不信任感。他們都是騙子！特別是在日本的上海人，我再也不想跟他們打交道了。同時，對於產生這些想法的自己，我也有了一種無法用語言形容的厭惡感。

後來，這些狹隘極端的想法隨著傷口的癒合漸漸消失了。但直到現在，我對這些在日本的同胞，再也無法燃起過去那種熱情的「老鄉意識」了。在日本，大部分中國人都有比較強烈的「老鄉」意識，遇到同鄉就會感到親切，關係也都比較緊密，扭成一條繩。

經歷了這一系列事情以後，我漸漸領悟了，不論甚麼樣的人，日本人、韓國人、台灣人、香港人、還是中國人，或者是中國人裡的上海人、福建人、北京人，說到底都是一樣的，大家都一樣辛苦地活著，為了生存而努力奔波，每個人都可能會因為金錢利益的誘惑而犯錯，甚至走上犯罪的道路。每個人都是凡夫俗子，有愛也有恨，有優點也有缺點。每個人都是上天造出來的普通人罷了。

九十年代中期，我在日本註冊了自己的公司，招了很多員工和我一起招攬客人。值得一提的是，雖然有些員工和我是湖南老鄉，但我完全不會因為他們和我是老鄉，就對他們另眼相看或提高待遇，而是對所有的人一視同仁。所以，我的夥伴中有來自五湖四海的人。這對我來說，算是比較好的成長吧。

不過話說回來，在和悠悠交往的這段時間裡，其實我也遇到了後來改變我人生軌跡的一個女人，只是那時還我沒有意識到。當時在我們住的公寓下面，有一家理髮店，出於方便，我常去那裡理髮，久而久之就成了常客。那家理髮店的店長叫久美子，是個比我小三歲的日本女人，她很成熟，雖然年齡比我小，卻總是像個大姐那樣關照我，聽我傾訴各種煩惱，還幫我想辦法、出主意。我也漸漸知道了：久美子以前在澳洲留過學，還跟一個中國男孩談過戀愛，所以非常能理解我在異國他鄉的處境。

還記得有一次我去剪頭髮，看到一個身穿和服、頭上還扎著一個髮髻的大胖子坐在中間，一堆女孩子圍著他聊得很開心，那些日本女孩平時都很矜持的，這時卻像對待崇拜的明星一樣，熱情地包圍著他，嘰嘰喳喳的。見我露出了好奇的神情，久美子走過來告訴我：那個人是「若乃花」喔。

原來如此，我說難怪覺得這張臉這麼熟悉，他就是那段時間常在電視上出現的日本相撲明星，當時他正與這家美容店的一個女孩談戀愛。那天我走過去請他簽名，他還跟我握了手。後來他在一九九八年時晉升為相撲的最高級別——橫綱，二〇〇〇年退休後又轉而投入娛樂圈，他的簽名我至今還好好保存著。

015

一段婚姻與兩個女人

我被悠悠欺騙以後，受到了非常大的打擊。而幫我度過那段最消沉的日子的，是我家樓下理髮店的女店長「久美子」。久美子雖然年紀比我還小三歲，卻總是像個大姐姐一樣關照我，聽我傾訴各種煩惱，還幫我想辦法。

和久美子在一起的時候，我感到心情非常輕鬆和愉快，她的店裡漸漸成了我的一個休息場所，有時不剪頭髮也會去坐一坐，久美子休息時，我們還會一起去咖啡館聊天。在她的幫助下，我漸漸從打擊裡走了出來，重新投入歌舞伎町案內人的事業中，就在這時候，發生了這樣一件事情。

在歌舞伎町區役所大街上，有一家日本人開的「卡巴庫拉」陪飯店，裡面的陪酒小姐全都是日本人。聽到這裡，可能會有朋友好奇了，「卡巴庫拉」是甚麼意思？跟我之前介紹的「斯納庫」又有甚麼差別呢？這裡簡單跟大家科普一下。

首先「斯納庫」的規模會小一點，類似小酒吧，店裡有個老闆娘，我們叫做媽媽桑。然後一般還會有一、兩個女孩子，主要就是陪客人喝點小酒，吃點小吃，談談人生理想，一邊喝酒一邊說些平時不敢說出口的話。但你不要想歪了，店裡是不提供情色服務的，女孩子也都是隔著吧台接待客人的。

而我們一般在影視劇裡看到的那種，在豪華的沙發上，好幾個女孩子圍著一個大佬喝酒的，就是「卡巴庫拉」陪飯店，也可以叫做夜總會。「卡巴庫拉」是日本人自己造的詞兒，取自法文中類似紅磨坊那種的「キャバレー」，和英語中的「クラブ」的結合。

「卡巴庫拉」在法律上是和「斯納庫」完全不同的業種，「斯納庫」拿的是日本厚生勞動省頒發的「餐飲執照」，而「卡巴庫拉」則拿的是日本公安委員會頒發的「風俗執照」，是日本《風俗營業法》所認可的。

一經取得這種營業執照，那些在「斯納庫」中不被允許的「接待行為」就成為可能，簡明地說，就是可以坐在客人身邊提供接待服務。費用基本上是按小時計費，酒水既可選擇暢飲套餐，也可以自存高檔酒。

「卡巴庫拉」另一特色就是店面都很大，裝潢奢華，陪酒女郎們也都是穿著性感，秀色可餐，情商還特別高，既會找話題，又懂得撒嬌，惹得無數大叔競折腰，心甘情願地掏腰包。甚至有的很好的店，陪酒的女孩還是一線大片女優喔！

我們繼續說回那家日本人開的「卡巴庫拉」陪飯店。一般情況下，我常帶客人去的是中國人開的店，久而久之，難免就和這家日本店有了些隔閡。他們覺得我搶了他們的客人，對我很生氣。

一開始，是「卡巴庫拉」專門僱用拉客的小弟來對我表示抗議，但我沒有理會，後來，店長就親自出來找我的麻煩。這時候我才意識到，如果我繼續無視下去，就該輪到他們的「後台」出面了。儘管我當時和極某會的頭兒認識，但這件事牽涉到身分問題，我猜我的後台未必會為了我這個中國人去得罪日本人。

我該怎麼辦呢？想來想去，我決定安撫「卡巴庫拉」店長的情緒，自己到這家店去當客人，去消費，去花一大筆錢。這麼決定之後，我找到了店長，跟他說：「店長，你別生氣。我並沒有搶你的客人的意思，也從來沒有想過要把去你店裡的客人硬拉到別處去。我也不願意把事情弄大，這樣吧，今天我就當客人到你的店裡去玩玩，咱們好說好商量。」

其實這個店長人還不錯，儘管看我不爽，還是答應了我的提議。那一天，我在他們店開了一瓶二萬五千日元的威士忌，不僅自己一杯又一杯，還大方地請店裡的小姐們喝飲料，一次性花了五萬多日元。離開的時候，店長已經轉變了態度，很客氣地送我出門，我就知道，如同我計劃好的那樣，這個事情已經用錢擺平了。

然而，不在我計劃之中的是，只去了那麼一次，我居然迷戀上了這家店，從那之後，幾乎每天都去光顧。為甚麼會這樣呢？很簡單：以前我也因為工作的關係，時不時地跑去台灣人和大陸人開的陪酒店喝酒，比如為了和警察或者「雅酷扎」拉關係的時候，就會請他們去這種地方。

但是，這是我第一次作為客人進入日本人的「卡巴庫拉」陪酒店，我突然發現：裡面的感覺和我以前去的那些店完全不一樣，他們的服務實在是太地道了。我在這家店認識了一個名叫香澄（かすみ）的日本女孩，她只有二十二歲，留著當時日本流行的半披肩髮，妝化得濃淡相宜，儘管容貌一般，但在陪酒店裡卻很受歡迎，就是那種傳說中很有味道的女孩。

當時我處在被悠悠甩掉之後的寂寞和苦悶之中，非常需要有一個人來聽我的傾訴，香澄就扮演了這麼一個角色。無論我抱怨甚麼，她總是無條件地附和我、贊同我。她還非常的細心和善解人意，只要我酒杯上凝結了水滴，她馬上就會用小毛巾給我擦乾。我想抽煙的時候，不等我開口，她已經將打火機打著伸過來……就是她這種周到的服務態度，讓我覺得，我簡直像被當成甚麼大人物來看待，產生了從未有過的飄飄然的感覺。

還是日本女人溫柔可愛！我開始得出這樣的結論。從那以後，我開始每天去這家「卡巴庫拉」，而且每次都指名要求香澄陪我。照規矩來說，日本的陪酒小姐，是不陪客人去飯店開房的。但規則是死的，人是活的，有幾個人會把持得住有錢不賺呢？我剛到日本的時候，就有人指點過我，說要想泡日本的小姐，只要連著去她的店裡面喝上半個月的酒，天天指她的名，就沒有泡不上的。

確實，日本小姐基本上不會與第一次來的客人上床，我覺得這倒不是說她們不喜歡錢，而更多的是從安全的角度考慮的。實話實說，日本的男人們平時工作確實壓力都蠻大的，這也就造就了很多「變態狂」，這些心理不健康的人，也許是建築工人，也許是電車司機，甚至也許是著名企業的部長，表面上斯斯文文，一旦跟他去了旅館開房間，很可能瞬間就變了一個人，輕則會被捆綁和辱罵，重則會大打出手，甚至鬧出人命。

因此，日本小姐雖然也充滿了對金錢的嚮往，但她們會出於自我保護的目的，行為相對謹慎，對於不了解的人絕不會輕易開房。順帶一提，這也是很多風俗店不接待外國人的原因，並不是說歧視外國人，只是單純地擔心語言不通，怕女孩受傷害罷了。

話說回來，我為了得到香澄，我大方地打開了自己的錢包。我帶她去中國餐廳吃飯，專點燕窩、魚翅一類的高級菜餚。LV的包包、香奈兒的衣服、Tiffany的首飾……只要是她說想要的，我就掏錢。我還帶她一起去塞班島旅遊。和她在一起的我，儼然就是一個泡沫經濟時代的有錢紳士。

說實話，在為香澄花錢的過程中，尤其是掏出現金或刷卡的瞬間，我都能體會到一種難以言喻的快感，這種花錢的快感甚至超越了在肉慾上的亢奮。而且，每當這個日本女人在床上努力討好我的時候，我都有一種發洩和復仇的感覺。

只是，每次完事後，從飯店走出來，我都會產生一種強烈的失落感，我知道，我還沒有從悠悠帶給我的陰影中走出來。說實話，香澄確實是個年輕可愛的女孩，但她不是我愛的女人。說到底，這個日本女人只是我擺脫情感痛苦的替代品，我並沒有真正快活起來。

所以，和香澄的交往僅僅持續了三個月，我們還是分道揚鑣了。在這三個月的時間裡，我在她身上總共花了四百多萬日元，折合近三十萬人民幣。因為我倆都沒有對這段感情太認真，所以分手的時候也很爽快，我最後給了她十萬日元，她也客客氣氣地對我表示了感謝，邀請我以後有時間繼續來店裡玩。日本女人這種好聚好散的感情觀，我是非常受用的。

不過，後來我也沒有再去那家店玩。因為只剩下半年時間，我就要從「東京MODE學院」畢業了，簽證的問題我都還沒搞定。那段時間，我站在歌舞伎町的大街上，情緒焦躁，對待客人也沒有耐心，結果客人都跑了，這樣的狀態持續了很長一段時間。

一直持續到一九九二年十二月的某一天，我又來到樓下久美子的店裡理髮，久美子看到我垂頭喪氣的樣子，主動關切地詢問我怎麼了。或許是出於對她的信任，我對久美子坦白了我遇到的問題：工作不如意，女朋友跟別人跑了，錢揮霍一空，簽證也快要到期……一夜之間，我變成了一個一無所有的人，怎麼可能高興得起來？

聽完我的話，久美子沉默了一會兒，一點也沒繞彎子，直接就問我：「李桑，說真心話，從「東京MODE學院」畢業後，你是想繼續留在日本呢？還是已經厭倦了，想回中國去？」

我當然是想留在日本，一丁點兒都不想回中國。我太愛歌舞伎町這條街了，雖然我很快就會拿到「東京MODE學院」的畢業證，但是我很清楚現實，作為一個來到日本不到五年的日本人，想就此躋身日本的時裝界，簡直是天方夜譚。所以對我來說，最可靠的路還是繼續在歌舞伎町做案內人。可是，一切的前提是得有簽證。我不願意像許多中國人那樣用違法的方式「黑」在日本，我必須找到一種合法的方式留下來，可是我現在實在是一籌莫展。

聽完我的話，久美子爽快地說：「那就結婚吧！」

我有點懵：「結婚？誰結婚？跟誰結婚？」

久美子眨了眨眼睛，繼續說：「如果你還想繼續留在日本的話，我可以和你結婚。」

這樣的走向是我完全沒有想到的，一時間我不知道該怎麼接茬。

接著久美子又開口了，笑著說：「我說的不是假結婚，而是真結婚。我不希望作假，如果你願意娶我一起生活的話，我們可以結婚。」

我緩過神來，當然覺得這是一件求之不得的大好事，但我和久美子已經是朋友了，我不願意犧牲她的幸福，於是我跟她確認：「這樣做雖然能幫我……不過久美子，你找一個真心愛的人結婚豈不是更好？」

久美子比我想像中還要開明和豁達，她說：「我們可以先結婚再談戀愛啊？你不覺得這樣很浪漫嗎？我不是那種只求安定的女人，我們結婚過著試試看，如果兩個人真的不合適的話，再離婚也可以啊。」

她三言兩語，就完全打消了我的顧慮。只是，她的話的後半段讓我有點著急，我趕忙說：「離婚不行！離了婚，簽證就麻煩了。」聽我這麼說，久美子不但沒有生氣，反而哈哈大笑。她就是這樣性格的人。

這是我來日本後碰到的另一個幸運事件。我在之前的影片裡就說過，我來日本後極度窘迫之時，總是有神人相助。而這一次，久美子就是我的幸運女神。一個月之後，我和久美子順利結婚了。這是我的第三次婚姻，這次雖然不是因為愛情而結婚，但我卻被久美子的真誠和寬容深深打動了。我充滿自信，一定能跟久美子生活美滿。

結婚後，幸運的事情一件接著一件，不僅我的簽證順利解決了，這一年的年底，我在「東京MODE學院」上學期間創作的服裝設計圖，還獲得了《讀賣新聞》評比的設計獎。經歷了種種磨難，我的一九九二年就這樣平安度過了，從不幸到幸運，真應了那句話：福兮禍所依，禍兮福所伏。

之後我和久美子的婚姻一帆風順，一九九四年七月，我們的兒子滉一出生，面對自己的第一個孩子，我感到無比的幸福，感覺這些年在日本的打拼都是值得的。滉一和我很像，也同樣熱愛舞蹈，曾經在日本全國的街舞比賽中獲得了中學生部的第一名。後來他還當過一段時間童星，參加過不少的電視節目，擔任過兩年NHK兒童節目《天才電視君》的長駐小演員。

如今滉一已經是個身高一米八三的男子漢了，還曾為日本國家公務員考試拍宣傳海報。我第一次競選時，他也主動來當志願者，站在街頭幫我發放政治傳單。滉一就是這樣一個懂事孝順，讓我引以為傲的兒子。

016

歌舞伎町的前世今生

歌舞伎町的誕生背景，應該要追溯至一九四五年的東京大空襲。當時整個東京都被戰火摧毀，變成一片廢墟。隨著戰爭的結束，日本政府啟動了「新宿復興計畫」。最初的方案是在新宿建立歌舞伎的劇場，並以此為中心聚集各種藝術設施，從而打造出一個全新的娛樂中心。

於是，這個新的街區，在一九四八年被命名為「歌舞伎町」。然而，由於資金困難，原先計劃興建的歌舞伎劇場，並沒有得以實現，不過「歌舞伎町」這個名字卻保留了下來，一直沿用至今。

看到這裡，我們知道了，歌舞伎町的誕生，是源自於日本政府啟動的「新宿復興計畫」。那為甚麼我會說，真正創造歌舞伎町的卻是台灣人呢？這就要說到日本戰後的黑市交易。

二戰之後，為了執行美國政府佔領日本的政策，麥克阿瑟將軍在東京建立了「盟軍最高司令官總司令部」，簡稱「總司令部」或「GHQ」。在被「盟軍總司令部」統治的期間，日本人受到許多的限制，例如對日常生活用品的管制。於是呢，這就催生了繁榮的黑市交易，同時也對台灣人在日本的生存之道產生了直接影響。

在當時，台灣人在日本的身分地位問題非常微妙。那時候的在日台灣人，大多都是戰前就到日本留學的，但由於台灣是日本的殖民地，所以這些台灣人在日本被視為「二等國民」。然而這種身分隨著日本的戰敗，忽然發生了轉變，此刻的國民政府是戰勝國了，跟美國的關係也很好，所以台灣人可以不受限制地從美軍那裡購買緊俏物資，這些物資很快成為了黑市上的熱門商品。

新宿車站作為東京重要的交通樞紐，早在戰前就出現了商店街。戰後初期，這些地方順理成章地轉變為了黑市的據點。這些黑市由一些「組」來管理，而在這其中，新宿站西口的「安田組」成為台灣人的首選，原因很簡單：只有這個組不問國籍和身分，只要有錢就能加入。

當時許多台灣人也認為，戰後的日本百廢待興，或許是自己賺錢的好機會。於是在新宿車站附近的黑市中，台灣人成為了主角，甚至一度被稱為「中華街」。後來由於日本政府對新宿車站的整頓，這些店家又把黑市搬到了尚未開發的歌舞伎町，也就是這個時候，在黑市中賺得第一桶金的台灣人，也開始了對歌舞伎町的建設。

常來新宿的朋友應該都知道，我們歌舞伎町裡面有個叫「黃金街」的地方，日文叫做「ゴールデン街」，那裡晚上有很多居酒屋，非常熱鬧。在一九五〇年代，隨著黑市的出現，人群聚集起來，非法妓院也逐漸出現。男人們在一樓做黑市生意，而女人們就在二樓和三樓接客。一九五八年日本政府頒布了《賣春防止法》，這個地方搖身一變成了酒吧街，但許多建築仍保持了從前的樣子。只要你在這條街上轉一轉，就能感受到它過去是為了做妓院生意而建造的。

我把當時在「ゴールデン街」的這些妓院視為「歌舞伎町風俗文化」的開端，是這個亞洲最大紅燈區的起點。而台灣人在其中也扮演了不可磨滅的作用，他們在這裡建造了大量的房屋，最早的一批餐廳、咖啡館、卡拉 OK 廳和情人旅館也都是由台灣人經營的。

在歌舞伎町的發展過程中，有三位台灣華僑扮演著重要的角色，他們被譽為「歌舞伎町的華僑禦三家」，可以毫不誇張的說，沒有他們就沒有現在的歌舞伎町。以下就跟大家分別介紹一下這三位優秀的台灣老華僑。

對了，這裡我要補充一下，當我們提到在日華僑的時候，常常會說老華僑和新華僑，那麼他們要怎麼區分呢？簡單來說，老華僑代表的是二戰前後來到日本的台灣系華僑；而新華僑呢，泛指的是改革開放以後才來到日本的大陸系華僑。

首先我們要介紹的，就是林以文，他被人們稱為「創造歌舞伎町的男人」。林以文於一九一三年出生於台中霧峰一個富裕商人家庭。他中學畢業後，為了避免被日本殖民政府徵兵，逃到東京中央大學留學，此後便一直定居在東京。戰後，他以與姐夫在日本經營的藥廠起家，生產止痛片等稀缺藥品，迅速累積了巨額財富。隨後，他將這筆資金投資到不動產開發與買賣中，在新宿、中野、杉並等地區購買了大量土地。最後，他將目光投向了咱歌舞伎町。

在二戰爆發之前，新宿車站附近有一個著名的「紅磨坊劇院」。這是仿巴黎蒙馬特的諷刺劇場，屋頂上裝飾著一個紅色風車，可容納四百名觀眾，每天上演各種舞台劇演出，開幕以來深受知識分子歡迎，菊池寬、川端康成等作家都曾前往光顧。然而，隨著二戰的升級，「紅磨坊劇場」也未能倖免，它在一九四五年的東京大空襲中被燒毀，這讓喜歡看戲劇的林以文非常難過。因此他決定購買土地，並重建劇場。一九四七年春天，全新的「紅磨坊新宿座」在歌舞伎町重新開幕。

「紅磨坊」只是個開始，同年的十二月，林以文建造了歌舞伎町的第一家電影院「新宿地球座」，迅速成為當時東京最潮流的地標之一，這裡放映了日本國內第一部彩色電影，讓許多日本人第一次接觸歐洲和蘇聯的電影。

一九五三年，為了迎合娛樂潮流的發展，林以文在新宿建立了一個更大型的劇場：新宿オデヲン座。這個劇場擁有一千五百個座位，並引進了新穎的寬螢幕電影技術，成為當時日本最大的獨立劇院，再次更新了娛樂產業的面貌。

戰後的東京以驚人的速度復興，歌舞伎町周圍湧現出各種劇場，成為一個繁華的街區。考慮到人們對休閒娛樂的多元需求，林以文拆除了原有「新宿地球座」，建造了更大規模的「新宿地球會館」。這是一座大型的綜合娛樂設施，不僅可以購物吃飯，還設有電影院和音樂廳，歌舞伎町如今流行的各種表演秀最初就起源於這裡。

一九五八年，林以文也成立了惠通不動產株式會社，開始擴大營運範圍。隨後，他於一九六五年成立了電影公司ジョイパックフィルム株式會社，即現在的ヒューマックス集團。這些企業至今仍資金雄厚，被視為台灣企業家在日本的傑出成就。

商業雜誌《實業界》曾對林以文進行了大篇幅報道，文章稱他將戰後一片廢墟的歌舞伎町打造成了繁榮興盛、充滿魅力的「不夜城」，可見日本人對這位「台灣華僑」的讚賞。如今你走在歌舞伎町的街頭，仍然可以看到許多由ヒューマックス集團創建的電影院、卡拉OK、保齡球館等等。

「歌舞伎町的華僑御三家」的第二位，名字叫李合珠。他的事業雖不如林以文做得那麼大，但非常專業且劍走偏鋒，歌舞伎町賭博業的興盛，可以說李合珠絕對是功不可沒。

一九四〇年，二十歲的李合珠也以留學生身分來到日本。他在早稻田大學上學期間，對機械製造表現出濃厚的興趣，並且堅信娛樂產業將會有巨大的發展。於是在一九四六年，當柏青哥店還未在日本興起之時，李合珠就辭去了三菱電機的工作，開始研發、製造和銷售小鋼珠機，從此踏上了創業之路。

到了一九五〇年代，柏青哥風潮席捲東京，歌舞伎町的台灣人們紛紛開設了柏青哥店，而李合珠製造的「中台式」小彈珠機早已準備就緒，立刻為他帶來了豐厚的利潤。值得一提的是，根據「盟軍總司令部」的規定，日本人不得經營賭博業，台灣人又再次因身分之故獲利。

在小彈珠機取得巨大成功之後，李合珠又開始進軍娛樂產業。一九五二年，他先後在東京新橋和有樂町開設了歌舞表演劇場。一九五七年，他創立了「中台工業株式會社」，並在歌舞伎町建成了「新宿中台大樓」。在這棟大樓內，他開設了音樂茶座和歌舞表演廳，每晚許多政商界和娛樂界的名人都聚集於此。美輪明宏和菅原洋一等眾多大明星也是從這裡嶄露頭角的。因此，有人稱這個舞台為「一流藝術家的龍門」。

賺得盆滿缽滿的李合珠並不滿足，他開始探索飲食服務業的可能性。他一直有一個願望，希望讓日本人品嚐到正宗的高級中華料理。直到幾年前的歌舞伎町，還能看到一棟掛著「東京大飯店」牌子的大樓，這就是李合珠實現這理念的地方。

一九六〇年，東京最大的中華料理店「東京大飯店」開業，盛況空前。在這裡，北京、上海、廣東和四川等地的中華料理齊聚一堂，還有「日本的四川料理之祖」陳建民親自擔任監製。

接下來的近半個世紀，「東京大飯店」成為新宿的一大地標，也成為正宗中華料理的代表。隨後，「東京大飯店」在澀谷、池袋等地開設了分店，並不斷擴大規模。最終，在一九八三年，它進軍東京最高檔的消費區銀座，開設了頂級廣東料理店「龍皇」。可以說，李合珠成功打造了東京最大規模的中華料理品牌。

這個「東京大飯店」我個人是特別喜歡的，在它二〇一六年閉店之前，我常去光顧。特別是每當我交了日本女朋友，我都會帶她們去「東京大飯店」吃廣式茶點。我想讓她們知道，我們的中華料理有那麼威武的、那麼氣派的、那麼高級的餐廳，裡面有那麼多好吃的，當然價格也是很貴的。我的第三任妻子久美子也特別喜歡這裡，第一次去就感動了。後來我們的新婚旅行，久美子就表示一定要去香港，不用說，也受到了「東京大飯店」的影響。

林再旺的功績，就是在歌舞伎町裡修建了「風林會館」，裡面有無數風月場所，再加上發生過「呇里人事件」，一度成為歌舞伎町裡最有名的地方。如果你現在在 Google 上搜尋「風林會館」，還會出現「風林會館 危險」的相關詞條。

然而，如今的「風林會館」，實際上與以往大不相同。雖然偶爾會有人在門口招攬客人，或是看起來很不好惹的客人出入，但其實治安並沒有那麼糟。現在這棟建築的一樓是咖啡館和藥妝店，四樓設有撞球室，屋頂上還有高爾夫練習場。但怪只怪「呇里人事件」的影響力實在太大，為「歌舞伎町」貼上了「很危險」的標籤。

如今的「風林會館」雖然風景不如當年，但仍有一定的江湖地位，它現在的所有者，也就是林再旺的後代，目前擔任著「歌舞伎町二丁目町會」的副會長，同時也是「歌舞伎町商店街振興組合」的理事，延續著台灣人對這條街的影響力。

看到這裡，相信大家已經明白了，為甚麼我會說，歌舞伎町是「台灣人」創造的。無論是早期的黑市，還是後來的房地產和娛樂業，台灣人在歌舞伎町的整個發展過程中，都有著舉足輕重的地位。當然，伴隨著歌舞伎町的逐漸繁榮，台灣幫派也開始登上了歷史的舞台。

017

台灣幫輝煌往事

千禧年前後，日本以「雅酷扎」為主題的影視作品中，開始頻頻出現華人幫的身影。例如之前我講過的一九九八年上映、由金城武主演的電影《不夜城》，這部電影就是當時歌舞伎町的一個縮影，講述了華人幫間各種明爭暗鬥，而小混混「劉建一」在夾縫中求生的故事。

那時候，在日本人心中形成了一種印象，歌舞伎町就等同於華人「雅酷扎」。而這種印象最早的起源，就來自於歌舞伎町的台灣幫，也就是日本人口中的「台灣マフィア」。所以這一章就跟大家來聊一聊，台灣幫派在歌舞伎町的光輝歲月。

在一九九〇年代，台灣幫在歌舞伎町達到了勢力的巔峰。而這一切的契機，源自一九八四年，台灣進行名為「一清專案」的大規模打擊「雅酷扎」的行動。那場行動導致台灣「雅酷扎」的勢力受到重創，許多幫派成員為了逃避法律的製裁，紛紛逃往海外。

在那個台灣和中國之間互不通往來的年代，離台灣最近的日本，就成為了台灣幫派逃亡的首選之地。當時以「竹聯幫」、「四海幫」和「天道盟」為主的台灣幫派，紛紛湧向這個新的地盤，他們之間也引發了不少爭鬥事件。

我是在一九八八年來到歌舞伎町的，就在我來到日本的前一年，發生了一起轟動社會的台灣幫火拼事件。雖然我沒有親眼目睹，但在我剛來到歌舞伎町的那段時間，還常常會聽到周遭的人們對這起案件的議論。

這起案件發生在一九八七年的十二月，在靠近歌舞伎町的「SUN HAIM 大久保公寓」，兩個台灣幫派發生了激烈的槍戰，導致兩名台灣幫派幹部被殺害，而殺人的主兇就是在台灣殺人無數、累計有十六次前科、被台灣警方通緝的「十大槍擊要犯」之一的幫派大佬楊雙伍，江湖人稱「南霸天」。後來的電影《不夜城》裡，出現了一個台日混血的台灣幫派大哥，他的原型就是楊雙伍。

而當時被楊雙伍殺死的兩個幫派幹部之中，也有一個大佬，他就是在台灣同樣大名鼎鼎的「四海幫」幫主劉偉民。大佬殺死大佬，這事件在日本和台灣都引起了轟動，並且形成了一種印象：台灣幫派將「火拼」的陣地轉移到了日本，歌舞伎町就是他們的據點。

那麼這兩個幫派是怎麼起衝突的呢？這就要從楊雙伍的來日本後的經歷說起。楊雙伍是在一九八三年六月偷渡到日本的，據說他是從高雄港出發，潛入了一艘名叫「快樂天使號」的德國商船，在貨艙裡躲藏了三天三夜，最終才抵達了日本神戶港。

楊雙伍的身世也很特別：父親是中華民國的警察局長，母親則是高雄一個酒家的日本藝妓，原名叫加藤艷子。由於他有日台混血的特殊身分，來到日本後，母親很快就幫他申請了日本護照，楊雙伍歸化成了日本人，並且有了一個日本名字：加藤祥康。

剛歸化的第一年，楊雙伍還比較老實地待在東北的宮城縣仙台市，然而，作為一個有著十六次前科的幫派大佬，他怎麼可能甘心過著平靜的生活呢？沒多久，楊雙伍就開始在日本四處遊走，輾轉多地之後，終於來到了歌舞伎町。

由於楊雙伍在台灣的「威名」早就傳到了日本，歌舞伎町的日本「雅酷扎」知道他在台灣所擁有的勢力，紛紛積極拉攏他，很快雙方就建立了關係，楊雙伍也開始經營賭場和色情業，風光地活躍在歌舞伎町。

我們再來來說說被槍殺的劉偉民，劉偉民作為「四海幫」的幫主，是在一九八四年年底為了躲避「一清專案」大掃黑逃到日本的。當時，新宿就像一塊大蛋糕，每個幫派都想從中分得一塊，劉偉民也不例外，他也想替四海幫在此插旗，於是他同樣與日本幫派建立了合作關係，在歌舞伎町開設賭場生意。

至此，以楊雙伍和劉偉民為兩大山頭，台灣幫算是歌舞伎町站穩了腳步。此後，又有許多台灣幫派成員陸續來到這裡，尋求發大財的機會。據說，在他們最輝煌的時期，歌舞伎町加起來有超過三百間台灣人開的飲食店和俱樂部，更有實力的人則經營著賭場和情色場所，當時從事風俗行業的台灣女性，最高峰時期超過了二千人。而這些台灣人的事業背後，當然全部都離不開台灣幫的支持。

關於這倆台灣雙雄槍戰的原因，有的說是跟搶地盤有關，有的說是因為合夥開賭場的條件談崩了，反正日本和台灣的坊間是眾說紛紜。那麼事情的真相究竟是怎麼樣呢？今天就跟大家說說我所知道的內幕。

我在歌舞伎町有一個關係很好的朋友，名字叫「駱駝」。駱駝是在楊雙伍和劉偉民等人離開之後，活躍在歌舞伎町小有名氣的台灣人。他是個很聰明的人，中文和日文都很好，在歌舞伎町混得很開。但他從來不幹壞事，他也不能幹壞事。至於當時他在歌舞伎町以甚麼為生，我直到今天也不知道。

駱駝只比我小一歲，知道我在歌舞伎町的故事，知道我黑白兩道都搞得通，所以很尊敬我，有時候他會專門來「湖南菜館」吃飯，有時候在別的店裡遇到，他也總是會主動替我買單。也可能是因為當時我跟那些台灣店都很熟，他覺得我能帶去財運，所以我們關係一直都很好。

說起來我跟駱駝之間，還有個有趣的緣分。那段時間我認識了一個哈爾濱的女孩，長得非常漂亮，被一個韓國系大手遊戲公司的老闆包養著。這個女孩是我的粉絲，二〇〇二年拿著我的書來找我，正好我剛離了婚，我們當天晚上就發生關係了。有一天，我和哈爾濱女孩聊起她的情史，她說，有一個叫「駱駝」的人是她的前男友。我後來常開玩笑說，我就是這樣跟駱駝成了親兄弟。

在做這期節目之前，我專程給駱駝打了個電話，聊了一個多小時當年的事情，他也甚麼都願意跟我說，我說要在節目裡用他的照片，他也不猶豫就答應了。

現在駱駝已經回到了台灣，但對於當年的事情，他還記得很清楚。他和楊雙伍是很好的朋友，直到今天，楊雙伍在台灣的許多行程還是由他陪著。據駱駝告訴我，楊雙伍和劉偉民其實不是敵人，兩個人平時關係也不差。劉偉民比楊雙伍來得晚，他來的時候，楊雙伍已經是歌舞伎町的地頭蛇之一了。劉偉民為了在歌舞伎町開設賭場，甚至還向楊雙伍拜了「碼頭」。

引發這場槍戰的導火線，其實是楊雙伍的小弟「李正男」和劉偉民的小弟「華仔」之間的矛盾。兩個小弟因為賭博產生了糾紛，其實雙方之前已經談過了一次，第二次約好了大家一起出去喝酒，但是碰到一起之後，李正男講話可能有點嘴巴不乾淨，就鬧起來了。

的確是劉偉民先開的槍，不過其實他剛開始並沒有想傷人，槍也是對著牆壁開的，但是很不巧，這一槍的子彈彈了回來，打到了李正男的脊椎上，楊雙伍為了保護自己的小弟，才朝劉偉民開了槍。可以說楊雙伍是在混亂中，一時衝動殺死了劉偉民，而不是故意要把他置於死地。劉偉民被楊雙伍殺死之後，李正男倒是活了下來，但是因為那一顆彈回來打中脊椎的子彈，他到現在還是半身不遂的狀態，後半輩子都坐在輪椅上。

楊雙伍槍殺「四海幫」幫主劉偉民的案件震驚了日本，警視廳迅速採取行動，楊雙伍同時遭到台灣和日本警方的聯手追捕，於是他又一次選擇乘船潛逃，這一次他先逃到了新加坡，後來又陸續輾轉到菲律賓、中國大陸和泰國等地，這一逃就是十三年，據說一路上非常辛苦。

最後楊雙伍於一九九〇年在曼谷，被泰國警方逮捕，引渡回台灣受審，被判了無期徒刑，但他在二〇〇三年就獲得假釋出獄，翌年還舉辦了婚禮，重獲自由後他一直定居在高雄市。後來楊雙伍時不時還會在台灣新聞中露面，二〇〇九年，他在屏東為母親舉辦葬禮，政商演藝界的各路人士都前來悼念，據說現場停放了一〇八輛黑頭轎車和三十部重型機車，當然各派的黑道大哥也都來了，搞得台灣警察十分緊張。

很多人可能會奇怪：楊雙伍槍殺了四海幫老大，怎麼還敢回台灣？四海幫的小弟們會放過他嗎？不會找他麻煩嗎？這個我估計是早就談好了，用錢或是一些別的手段。總之楊雙伍還活著，年過七十依然勢力很大，但他現在住在高雄的山里，平時基本上不下山，有時候下山，也是由駱駝陪著他。據駱駝說，楊雙伍在經歷了這麼多之後，已經看淡了一切，變得很佛系，每天都在修身養性。

還有一個要特別一提的是，很多人傳言說，楊雙伍背後是日本最大的幫派組織「山口組」在撐腰，也有人說他與「山口組」旗下的「島田組」組長「島田俊正」有密切往來，兩人聯手在歌舞伎町打天下，以兄弟相稱。還有人說楊雙伍為「山口組」打理了一些進入台灣的管道。

楊雙伍和島田關係很好，這也是事實。最早是楊雙伍親自找到島田的，憑藉著台灣背景，和島田有了許多利益合作，之後也一直保持聯繫。所以說，當時的楊雙伍的確是有山口組的撐腰，所以很有勢力的。身為楊雙伍的好友，駱駝跟島田也很熟悉，島田二〇〇九年去世時，駱駝還去參加了他的葬禮。

在楊雙伍和劉偉民消失之後，歌舞伎町悄悄地發生了變化。日本警察以槍擊案為契機，開始清剿歌舞伎町的台灣幫。到了一九九二年，發生了一起標誌性事件，徹底導致日本的台灣幫派走向衰退。一九九二年九月十五日，台灣幫派「芳明館」的幹部、同樣是被台灣警方通緝的「十大槍擊要犯」之一的王邦駒，在歌舞伎町向對他進行問話的兩名警察連開三槍，導致這兩名警察分別臉部和肺部重傷。

即使在日本的「雅酷扎」中，槍殺警察也被認為是非常嚴重的事情，比幫派之間的互相殘殺要嚴重得多，所以正是這一事件，讓日本警察開始徹底取締台灣幫派，從此台灣幫逐漸從歌舞伎町消失。

為甚麼王邦駒要鋌而走險朝警察開槍呢？今天幾乎已經沒有人知道真實的細節了，這個我倒是可以透露一下。那一天王邦駒帶了很多現金在身上，他約好了要去跟伊朗人買毒品。其實幾個警察也是例行巡查，不是專門來抓他，但是他身上帶著槍，又有大筆現金，非常緊張，所以選擇了逃跑。然後警察就一路追他，最後把他包圍在職安通上的一個公寓大樓裡。王邦駒為了逃出來，沒有辦法，只好朝眼前的兩個警察開了槍。

這裡還要提一句，一九九〇年代在歌舞伎町締造了「輝煌時代」的台灣幫，並不是隨便一個台灣人都能做到的。背後的原因是，當時偷渡到歌舞伎町的這些幫派成員，個個都是台灣「雅酷扎」史上留有大名的知名人物。楊雙伍是，劉偉民是，甚至終結了歌舞伎町台灣人勢力的王邦駒也是。

王邦駒這個人，說起來和我還是老鄉，他的父親是湖南人，他算是台灣的外省第二代。在逃亡到日本之前，他夥同人槍殺了自家幫派老大，所以被台灣警方列為「十大槍擊要犯」。在潛逃日本之前，他曾在香港和泰國之間從事毒品販賣。槍擊事件發生後，王邦駒當場被日本警方逮捕，被關押了七年後於二〇〇〇年被遣返台灣，然後又在台灣被判了八年。中間他被放出來過一陣，但因為吸毒又被抓了進去。

不知道大家有沒有看過一部名叫《艋舺》的台灣電影，裡面由阮經天飾演「雅酷扎」成員何天佑，人物原型就是王邦駒。據我所知，王邦駒年輕時與阮經天是有幾分神似的。

就是這樣，一九九二年之後，台灣幫在歌舞伎町的勢力大幅衰退。隨後崛起的是伊朗人，但沒多久，他們也被驅逐了。接下來就是中國幫的時代，以不同的出生地劃分為「上海幫」、「北京幫」、「東北幫」、「福建幫」這四個主要勢力，成為歌舞伎町的新角色。

這幾個幫派的故事和特徵，我之前在節目中也有提及過，就不再一一贅述了，這裡就說一個普遍認同的觀點：「上海幫」、「北京幫」和「東北幫」是公認存在過的，但對於「福建幫」，更多的傾向認為他們只是零散存在的犯罪團伙，並未形成組織規模在歌舞伎町紮根。

自從台灣幫消失後，日本政府在一九九三年又實施了《暴力團對策法》，迫使日本「雅酷扎」也收斂了許多，歌舞伎町的幫派色彩逐漸減弱。然後在二〇〇四年，東京都知事石原慎太郎發起了所謂的「歌舞伎町淨化行動」，則完全清除了外國幫派在歌舞伎町生存的溫床。

如今的歌舞伎町，與其說是文學和影視作品中所描繪的「邪惡與犯罪的街區」，不如說更像東京的一個文化地標。正是因為這裡湧現許多傳奇故事，才賦予它如此的傳奇色彩和文化底蘊。

台灣的幫派組織，也隨著時代的變遷，不斷改變路線和方針。在歌舞伎町之外，我也在各種各樣的場合和他們打過交道。例如四海幫前代理幫主楊光南，年紀比我稍大幾歲，是個很開朗的人。他在大陸有許多產業，因為一次偶然的機會，我在北京由中國某部門的介紹，與他相識。他覺得我很好玩，喝酒很坦然，所以很喜歡我。我後來在日本的活動中，他也用他的方式支持我。

楊光南告訴我說，這是四海幫和歌舞伎町的緣分，他以前的幫主就是在歌舞伎町被槍擊致死的，台灣幫在歌舞伎町輝煌過又消失了，而我一個沒有任何來頭的中國大陸人，竟然能在歌舞伎町混出頭來，而且現在都還在奮鬥，還在努力實現理想，所以他想要支持我。說起來，還是有一種他鄉遇故知的感覺。

018 現今歌舞伎町的台灣蹤跡

在日本泡沫經濟時期，東京這座城市發生了巨大的變化，戰後積極向上、勤勞致富的氛圍，也隨著資本的膨脹逐漸消失。在那個看起來輕易就能發大財的時代，歌舞伎町的地價一路飆升，最終達到了令人難以置信的程度。在這種趨勢下，一些台灣人開始離開歌舞伎町，而另一些人則為了投機和炒房，紛紛以土地作抵押貸款，結果在泡沫破滅時背負巨額債務。種種原因的綜合作用下，如今歌舞伎町的台灣人已經變得非常罕見。

雖然現在歌舞伎町已經鮮有台灣人的身影，但他們創造的財富還留在了這裡，如今歌舞伎町裡的建築，仍然有三分之一是屬於台灣人的，另外三分之一是屬於韓國人和北韓人的，剩下的三分之一才是屬於日本人的。如果你偶然進入一棟大樓，聽說業主是台灣人，不必感到奇怪，因為這就是歌舞伎町的歷史。

當你站在歌舞伎町的シネシティ広場上，你會發現周圍這一片的樓，最早全都是台灣人的，前文介紹過林以文的「國際電影院」就在那裡面，現在依然非常熱鬧。我在「國際電影院」裡面有很多回憶，以前常去那裡看小電影，也就是三級片。當然有時候也不是為了看片去的，只是因為我錯過了末班車，所以跑到那裡去睡覺罷了。

前兩個月（編按：二〇二三年四月）剛開業的新宿最新地標「東急歌舞伎町塔樓」，是在原來的「米蘭座」的地皮上建起來的超高層大樓，裡面全部是高級酒店、電影院和劇場，我把它稱為「歌舞伎町大學」的教學大樓。這個地皮原來也是台灣人的，後來被東急高價買下來了，現在這棟大樓是東京山手線內最高的大樓。

講到這裡，還有一件事可以提一下，二〇〇六年五月，我演過一個音樂劇叫《夢——歌歌舞伎町物語》，演出的地方就是歌舞伎町シネシティ広場。音樂劇講述的是歌舞伎町六三年的歷史，當然也有歌舞伎町的台灣人的故事。

我在其中飾演的是我李小牧本人，雖然只出場四次，但因為我從來不看劇本，全憑即興，講的都是真實的歌舞伎町的事情，還經常和台下的歌舞伎町的店主們互動，所以每次出場觀眾都笑成一片。還有一點值得一提，在這個音樂劇裡，演牛郎的是歌舞伎町真正的牛郎，演鋼管舞女郎的也都是歌舞伎町真正的鋼管舞女郎。

我還記得當時我們的新宿區的區長，是叫中山弘子的女性，出生在台灣，兩歲才回到日本。她免費向我們提供了排練場地，風林會館就是其中之一，還有一個地方是現在的吉本興業本部，讓我們免費排了四十天，各方面都給了我們很大支持。同時我自己也投入了二百五十萬日元，相當於我把一個八百座位場地的票全部買下來，票幾乎全部免費送給了跟我熟的朋友，以及歌舞伎町的牛郎織女們。

為甚麼新宿區政府會支持我呢？因為我這個音樂劇的主題叫做「夢」。在二〇〇五年、二〇〇六年的時候，歌舞伎町剛成立了「歌舞伎町文藝復興會」，政府想改變歌舞伎町的形象，想學紐約的百老匯，把色情區改變成文藝復興區，而我的音樂劇就非常迎合這個主題。這部音樂劇當時在日本媒體上引起了很大的關注，NHK 還特別拍了兩個特集，我後來在日本出名，這件事起了很大作用。關於我演音樂劇的事情，我之後會再單獨拍一期節目跟大家詳聊。

話說回來，最近有人問我，是不是近年來又有許多台灣人來到歌舞伎町？說是受到東京舉辦奧運和日圓貶值兩大事件的影響，新宿地區的房地產價值再次飆升，吸引了一批新的投資者將目光再度瞄準歌舞伎町的房產。而這些「爆買」的海外購屋團中，台灣人就佔了不小的比例。他們不再局限於商店和大樓，最受歡迎的是歌舞伎町地區的一房公寓，只要有新的房產項目，很快就會被搶購一空。

我身邊也有在日本不動產生意很成功的朋友，據他所說，他以前接待的海外投資客主要還是以中國人和香港人為主，但近兩年來由於各種原因影響，台灣客戶的比例明顯大幅上升，來日本投資房產似乎成了新的風潮。

我個人也認為，現在來日本投資房產，確實是一個很好的時機，前年我自己就買了一個公寓，十個月以後賣出去，就淨賺了九百萬日元。當然，如果有人要問我，買日本哪裡的房產最合適，我的答案肯定還是新宿。

說一個簡單的理由，這裡有被吉尼斯世界紀錄認證過的「全世界客流量最大的車站」，十二條電車路線、三十六個月台、二百個出入口，每天的客流量高達三百七十萬人次，一年下來十三億人次，非常誇張，可想而知新宿這個地方多麼的有人氣。順帶一提，在全世界客流量的榜單裡，前十一名的車站都在日本，台北站排到了第十五名，也非常厲害。

再來跟大家說一個有趣的事情，在很多日本人看來，東京的咖啡店文化最早就是由台灣人在歌舞伎町創造的。這事兒要追溯到上世紀五〇年代，當時第一批來到歌舞伎町的台灣人，陸續在這裡開設了劇院、咖啡館和夜總會等場所。由於他們大多是來自富裕家庭的留學生，並接受過良好的教育，因此在戲劇和音樂方面有相當高的素養。這些人是古典音樂的愛好者，他們的優雅興趣在戰後創業階段得到了發展，為東京帶來了一種同時享受咖啡和古典音樂的文化：名曲喫茶。

也因為他們是台灣人，所以在戰後不受「盟軍總司令部」的管制，可以不受限制地從美軍那裡購買緊俏物資，其中就包括當時非常珍貴的進口黑膠唱片。他們同時利用在黑市賺來的大筆資金，為咖啡館配備了昂貴的音響設備。可以說，正是這些台灣人，在歌舞伎町為日本人打造了一個通往西方古典音樂的入口。

今天的新宿站東口，還有一家名為「らんぶる」（琥珀）的名曲喫茶店，它是在一九五〇年開業的新宿最有歷史的咖啡館之一，內部裝飾非常復古，至今仍然受到東京男女老少的喜愛。而在歌舞伎町，我曾多次提到的「上高地」和風林會館的「峇里人」等喫茶店，也是由台灣人創立的。

歌舞伎町還有一個叫「百果園」的水果店，也是台灣人開的，很有名很有名，是歌舞伎町的路標，以前的黑市就在那一片。「百果園」對面還有一家叫「高野」的水果店，是日本最高級的水果店，也是台灣人開的。台灣盛產水果，很多台灣人來到日本也做著水果的生意，我還去參觀過他們在千葉、長野、山梨的果園，一大片一大片的，非常壯觀。

如今，當你們來到歌舞伎町，如果仔細尋找，仍然可以發現一些台灣人留下的痕跡。林再旺的「風林會館」已成為歌舞伎町最著名的地標之一，門前總是人來人往，非常熱鬧，常常有人前來打卡拍照。

還有許多人都聽過名字的「大猩猩大樓」（ゴリラのところ），這裡現在是「台灣同鄉協同組合大樓」，和台灣人的關係不言而喻。另外，大名鼎鼎的牛郎俱樂部遍佈的「LEE 大廈」，它的擁有者也是台灣人。

這個「LEE大廈」的主人，聽名字大家可能以為跟我一樣姓「李」，其實不是的，它的主人姓「利」，利益的利，是一對兄弟。他們在歌舞伎町總共擁有三棟大樓。前文我聊到創造歌舞伎町的人是三位台灣華僑，其實應該是四位，利氏兄弟也應該在其中。利氏兄弟之中一個叫「利騰柱」，說起來我跟他還有點緣分。

怎麼說呢？在我來到歌舞伎町兩、三年後，我的表妹也從中國來到了日本，就跟這個利騰柱在談戀愛。當時利騰柱已經快七十歲了，一個很儒雅的台灣人，胖胖的，在日本長大的，所以日語很好，老跟我講日語，我當時剛來，也聽不懂他在講甚麼。我還有個印象深刻的事情，有一次利騰柱請我吃飯，帶我去了歌舞伎町最高級的一家料亭吃生魚片，其實剛來日本的時候，因為不習慣吃生食，我是不愛吃生魚片的，但是去過那間料亭之後，我就愛上吃生魚片了，同時我也明白了一個道理：料理還是要吃高級的。

後來我帶過很多人去那間料亭，招待重要的貴客也總是去那裡，也帶我的兒子晃一去過，當時晃一還是個小學生，第一次吃這麼貴的生魚片還有點罪惡感，我就對他說：從小就知道甚麼是好的東西，將來你才會努力。這算是利騰柱給我的一個啟發吧。

說起來，當時我還打過利騰柱的算盤，覺得他擁有那麼多房產，要是跟我表妹結婚了，沒準我們也能分到一些。後來才知道，這些產業已經全部公司化了，他自己其實手頭也沒有甚麼現金，不久，泡沫經濟也開始了，房地產業也變得很困難。我的表妹不久後就和利騰柱分手了，再後來聽說利騰柱因為高血壓癱瘓了，現在也早就不在人世了。

歌舞伎町這些大樓和他們背後的台灣人，只是一個小小的縮影，他們濃縮了在日本的戰後重建中，台灣人扮演的不可或缺的重要角色。而我來到歌舞伎町的時候，中國和台灣的兩岸關係非常不好，正是互相妖魔化的時期。但歌舞伎町是一個靠實力說話的地方，我在這裡遇到的台灣人們，沒有一個排斥我，他們幫了我很多，不管是幫派的，還是一般開店的，他們都很喜歡我。

我記得當時有個叫江楓的台灣明星，很早就在台灣出名了，台北大街上常常能看到她的海報，後來她也來歌舞伎町裡，差不多是跟鄧麗君同一個時期吧。江楓來到日本之後，跟日本人結了婚，也開始在歌舞伎町裡開店。那時候歌舞伎町裡還沒有大陸人開的店，都是日本人和台灣人開的店，但日本人的店不給回扣，台灣人給回扣，我就帶了很多人去她的店裡，也從她那裡賺了不少錢。

還有一個叫陳媽媽的，在歌舞伎町生活了很久，開過舞廳，開夜總會，現在經營著好幾家按摩店，招了很多中國男孩在裡面做按摩。當然，裡面的生意是合法的，不提供色情服務。我和陳媽媽認識很久了，這幾年她年紀大了，回台灣去養老了，把店裡的生意交給一個福建帥哥在管理。但是，每次我參加競選，陳媽媽都非常支持我，自己的三棟樓都讓我貼上競選海報，每棟樓能貼上四張到六張。在日本，貼競選海報非常麻煩，要同時經過好幾方人同意：房東要同意、店鋪要同意、管理公司要同意……但是就像陳媽媽這樣，很多台灣人業主都是很支持我的。

以前歌舞伎町裡有非常多的台灣料理店，現在只剩下一家老店了，叫「青葉」，是一個很高級的台灣料理，夫婦兩人開的，丈夫做廚師，妻子做店員。這家店有多高級呢？它是最早提供佛跳牆的店，一份三萬日元，一般人是吃不起的。這道菜非常合我口味，我常帶人去「青葉」吃飯，以前還在做案內人的時候，每個週末招待一次小弟們，就會來這裡，因為店裡很大，還有兩個大圓桌，非常適合一邊吃一邊開會。我還沒開「湖南菜館」的時候，很多次接受媒體採訪也是在這裡。後來我決定自己開店，一定要做最高級的裝修，店裡的深紅色金絲絨沙發座椅，就是跟「青葉」學的。現在店主的兩夫妻已經七十多歲了，疫情時期沒有生意，我還常常去照顧一下。

我最早在歌舞伎町喜歡光顧的店，幾乎都是台灣人開的，包括我在前幾期節目裡常提到的，我常去吃甲魚湯的那家「中國菜館」，其實也是台灣人開的。後來我為自己的店取名為「湖南菜館」就是跟它學的，我也把甲魚湯這道菜放進了我的菜單。歌舞伎町是個能夠滿足人的三大慾望的地方，食慾、物慾、性慾，既能滿足上面的嘴，還能滿足下面的嘴（笑），這些最早都是台灣人教我的。

那時候我才二十幾歲，很多台灣人來到日本很容易，也只有台灣人敢在歌舞伎町開出場店，當時來歌舞伎町賣身的台灣女孩也很多。不過，隨著九十年代泡沫經濟的破滅，無論是開店的還是來打工的，舞伎町的大多數台灣人都回去了，只有一些還擁有房產的台灣人，偶爾會回來看看。

| Part 3 |

時勢催熟的童年

019

我父母親的故事

從我開的「湖南菜館」，大家應該就知道我是一個湖南人。一九六〇年八月二十七日深夜，我出生於中國湖南省長沙市第一人民醫院。我出生的時候，正是全中國糧食極度短缺之時。從一九五八年開始的「大躍進」，就是造成糧食短缺的直接原因。

當時全中國有超過九千萬人參加了由毛澤東親自發動的這場大躍進運動，農村裡的人都在爭先恐後地謊報他們的農作物產量。同時，全民大煉鋼鐵，連各地的學校都在利用土法製造煉鋼爐，為了虛報產量，連各家各戶的鐵鍋、鐵壺都被紛紛收集去「煉鋼」。

全民煉鋼可笑到甚麼地步？就連台海兩岸都很熟悉的宋慶玲也留下了一張照片，是她在自己家的花園裡煉了鋼。一九五八年，宋慶玲已經六十五歲了，是中國國家副主席，照片的她戴著一副黑墨鏡，正用夾子夾著一塊鋼鐵在爐子上，旁邊還有幾個工人掄著錘子在敲。

當時的報紙寫的是，宋慶齡帶著身邊的工作人員沒日沒夜地幹，一個月後，終於把鋼鐵煉成了。這張照片可以說是那個時代的中國的真實寫照：人人瘋魔。我就出生在這樣一個瘋魔的時代。長大後聽我母親說，我生下來時連奶都沒吃幾口。

那段時間，我們家還進過一個小偷，沒翻到錢，就把我的奶粉偷走了。我們全家非常心痛，因為就連那個奶粉，也是當中學語文老師的父親，沒日沒夜地在外面兼職代課才買得起的。剛生下我不久，母親要留在家裡帶孩子，那時候女人休產假是沒有薪水的，更不可能想甚麼生育補助。六十年代初期，我們家七口全靠父親一個人的收入在養。

到了一九六二年一月，毛澤東在中共中央政治局擴大會議上做了自我檢討，「大躍進」運動終於宣布失敗結束了。但是，好日子並沒有持續太久，到了一九六六年，中國又開始了一場從上至下的政治鬥爭風暴，「無產階級文化大革命」開始了，此後整整十年，中國再次陷入了混亂無序的時代。

我的父親，李正平，就在一九六六年，也就是我六歲那年，成為了「政治家」。不過我得給這個「政治家」加個引號，因為我父親這個「政治家」，跟我們現在理解的那種政治家有點不一樣。

我父親這個「政治家」，非常積極地響應了那個時代的號召，成為了「造反派」的一員，日夜奔走在鬥爭的最前線。當時在長沙城裡，活躍著形形色色的「造反派」，我父親當上了湖南著名的造反派「湘江風雷」的第三把手——政治部副主任。那時他才四十歲，我母親常帶我去看他，他在東風廣場上的萬人群眾大會上演講，現場人山人海，我隔得很遠，根本看不清楚台上的人，只能從大喇叭裡傳出的熟悉的聲音來判斷：喔，這個是我父親！當時我覺得他好神氣好威風。

那時候，老百姓還過著清灰冷灶的生活，連汽車都極為少見，但當時我父親已經在「警衛員」的隨同下，乘坐專用吉普車，英姿颯爽地穿梭於長沙的大街小巷，吉普車有時候會開進我們家住的小學校園。所以我常常看見一個場景：我父親坐在車裡，警衛員站在車的兩邊，非常威武。

這樣的場景，讓父親當年「政治家」的形象在年僅六歲的我心裡，留下了深深的印象。不過，幸好他沒有參加過打砸搶，所以後來在「文革」結束後的政治審查中才得以倖免。

我父親還曾經作為造反派的頭目被請到北京去開會。我一直保留著一張照片，是我和哥哥姐姐站在我當時就讀的樂古道巷小學操場上，背後是湖南省國民政府主席何健的公館，我腰上還別著一把手槍。那把槍就是我父親去北京出差帶給我的禮物，是可以上子彈的。二〇一七年，我在日本第一次參加競選之後，還專門回到湖南，又回到曾經的位置，拍了一張照片，不過小學早就沒有了，但是公館還在。

話說回來，我從小就特別崇拜父親。在我眼裡，他是個很了不起的人。我知道他年輕的時候參加過解放軍，還立過軍功，後來從部隊復員，進入湖南師範學院中文系讀了兩年書，畢業後就在中學當語文老師，一直幹到退休。

文革的時候，做反派一般都是工人，我父親是他們當中少有的文化人。我父親愛好文學，能講會寫，出過詩集冊，還在報紙雜誌上發表過不少文章，所以「湘江風雷」裡面好多人的發言稿其實都是我父親寫的。在我印象裡，他成天很忙，沒日沒夜地寫著這些東西。又因為他寫得一手好毛筆字，所以好多橫幅、大字報小字報也都是他寫的，在文革時期，字寫得好是最吃香的，所以我父親很是受到大頭目的重用。

「文革」那些年，我父親作為「革命委員會」裡的造反派小頭目，整天將心血都投注在「打倒反革命分子」的運動當中，所以基本上沒時間照顧我們幾個兄弟。雖然我很崇拜他，但他也離我很遠，他基本上不怎麼回家，家裡就好像沒有他這個人，我甚至記不起他和我小時候說過話的場景。

我對文革的記憶，除了父親在家庭裡的缺席，還有就是那句「造反有理」的口號到處都是，十年裡幾乎每天都能聽到。剛開始，我剛上小學，還不明白這句口號到底是甚麼意思，但外面街上的打鬥情形卻至今記憶猶新。

在六十年代的後期，當全世界的年輕人都在為披頭四和滾石樂隊瘋狂的時候，中國的紅衛兵小將們卻在高舉毛澤東語錄振臂高呼著口號。「破四舊」的呼聲讓紅衛兵小將們在街上破壞了所有的傳統。大街小巷裡，每天喇叭裡都在播送「最高指示」，人們的怒吼聲和悲哭聲充斥著耳朵。

我小時候膽子很小，所以每天都在心驚膽戰中度過。在文革開始的兩、三年裡，我幾乎都沒有離開過學校，因為外面太亂、太可怕了。我清楚記得，當時我的家裡放著一把手槍。雖然是退伍軍人，但這對我的父親來說，原本應該是無用的東西。我猜，他也曾經感到生命的危險。

我想再說說我的母親，她也是一個有著傳奇經驗的女人。我的母親名字叫肖敏容，我的外公是解放前長沙最大的紗廠的老闆，所以我的母親就是當時人們口中的「資本家」的女兒。但其實她不是正室夫人的孩子，而是我的外公和家中女傭偷情所生的孩子。

說起我的外公，還有段故事。我以前一直聽說，我的外公在我兩歲的時候就去世了，我的外婆是靠著在長沙一個大資本家的家中做女傭，才把我母親拉扯大。我在以前出的那些書裡也是這麼寫的。但我後來才知道，我的外公根本沒死，他直到文化大革命快要結束才過世。在我小時候，我父親常常會帶著我們幾個孩子去探望一個舅公，舅公住在一個公館裡，每次去，他都會做甜酒雞蛋給我們幾個小孩吃，臨走還會給每個人幾毛錢零用錢，所以我小時候特別喜歡我的這個舅公。我是最近才知道為甚麼舅公對我們這麼好。幾年前因為要入日本國籍，我回到長沙去找我母親曾經的單位檔案，那時候我才知道：原來我舅公就是我親外公，他一直活得好好的。

解放前的中國，女孩是很少有機會接受教育的，但幸好我外公沒死，由他出錢，送我母親到重慶師範學校讀了兩年書，所以我母親成了一個讀過書、有文化的女人。我還記得，小時候我家有很多高級家具、首飾和古董，都是隨母親出嫁從娘家帶來的。上個月我去台灣，在台北故宮博物院看到一個玉花瓶，跟我們家原來那個長得特別像。

在和父親結婚之前，我母親其實有過一次婚姻。正值適婚年齡的時候，她嫁給了一個小學校長，這個人出生在衡陽，是南京的原國立中央政治大學的畢業生，在國民黨內部很受到重用。當時長沙還被國民黨控制著，富人家的女兒和國民黨文化精英的結合，也許後面有我外公的安排，怎麼看都是天造地設的一對。但沒有人料到，這門婚事會影響我母親的一生，同時也成為我們全家永遠擺脫不了的枷鎖。

一九四九年，在國共內戰勝利之後，共產黨在中國全國範圍內確立了統治地位。新中國的主人——共產黨也來到了長沙，我的父親也是其中之一。共產黨的出現給我的母親帶來了不幸。儘管她的前夫並未犯下任何罪行，但他被共產黨的地下黨員、一位副校長告發，最後被送進了貴州的一個監獄。母親等了他四年，最後迫不得已，只好和他離婚，搬到了長沙以南一百五十公里外的衡陽市的親戚家生活。

父親是從湖南師範學院畢業工作後，經人介紹認識我母親的。儘管我母親比我父親大了五歲，還帶著兩個孩子，也就是我的大哥和大姐，但我父親還是跟她結了婚，後來又生了三個孩子，我是最小的一個。我小時候一直不知道，我大哥和大姊不是我父親親生的，每次我和父親一起出去，別人問他有幾個孩子時，他總是回答：三個。我還每次都很興奮地糾正他：五個！還奇怪為甚麼他要說謊。

我父親為甚麼跟我母親結婚，很大一個原因，我是後來才想明白的。我父親原本在貴州的部隊工作，後來到長沙的師範學院繼續學習，是由部隊保送來的。在完成兩年的學業後，他本該回到貴州的原部隊的地方上，但是因為和我母親結了婚，他就拿到了長沙的「簽證」，能留在這個大城市裡。

是不是很意思？我母親的前夫和我父親，一個國民黨員，一個共產黨員，都是因為和我母親結婚，才拿到了「長沙」的簽證，不用再回到偏僻的衡陽和貴州去。我自己成年後來到日本，也是因為和久美子結婚，才拿到了「日本」簽證。我們家可能從來就有靠結婚拿簽證的基因，無論國內國外，多少年過去了，都沒有改變過。

我現在偶然翻老照片，我會覺得我母親是個大美女。但我母親的好，不只是外表，擔任語文老師的她一直不遺餘力地奮鬥，在解放後至文革前的掃盲第一線。現在想想，父親的文學氣質和作家才能，以及母親貢獻社會的品格，為我日後的寫作生涯埋下了堅實的伏筆，從而把我帶到了更廣闊更多元的世界裡，也指引著我走向從政之路。

就這樣，在那段民不聊生的動盪時期，我們一家七口還算過得幸福美滿。然而難以預料的是，一場暴風雨正在悄悄逼近，也完全改變了我的家庭。

020

「幸福」的童年

文化大革命剛開始的幾年，我的父親作為造反派的骨幹，熱情高漲，而且戰績輝煌。當時迫於政治鬥爭，身邊的大多數成年人要麼被抓進了監獄，要麼去五七幹校勞動改造，大街小巷已經失去了城鎮的基本功能。

我不知道大家有沒有看過有姜文拍攝的電影《陽光燦爛的日子》，那裡面的場景對我來說真是太熟悉了，年輕人開始「當家做主」、「管理」自己的家。當時，學校已經停課，但我每天都和小夥伴們在一起玩，三五成群，一直玩到天黑。記得有天晚上，一群來學校偷自來水的人，因為排隊加塞（編按：插隊）起了爭執。我的父親實在看不下去，掏出手槍朝天就是「砰砰」兩槍。當時只有六歲的我，看到父親挺身而出維持秩序，單純地覺得他「好厲害」，就像我之前說過的，我對威風凜凜的父親充滿了自豪感，他是我的偶像。

我對童年家庭的記憶中，最深刻的印象就是：我們家住在小學舊教室裡。上文提到，我的父親母親都是老師，其實嚴格來說，我父親是中學語文老師，而我母親只是兼職老師。她白天在交通局做行政幹部，晚上在一個小學為廣大員工群體進行掃盲教育。我母親是那裡最厲害的老師，加上她為人幽默，長得又很漂亮，大家都很喜歡上她的課。

掃盲課很晚才結束，為了把我母親留下來，單位就在學校裡給她分配了一間舊教室作為住處，嚴格來說，其實是一個倉庫。倉庫還算寬敞，能放下我們家兩張木製雙人床，但是非常潮濕，而且地面就是泥土，廚房在校園裡，廁所在校園盡頭。

我們一家七口就住在這裡。湖南的夏天熱得像火爐，我們住的倉庫裡更是像蒸籠一樣，還有各種蟲子在房間裡到處亂竄；冬天又冷得像冰窖，睡覺時，我們得穿著厚厚的毛衣，再蓋上幾床棉被才能抵擋寒冷。我們一家七口擠在兩張雙人床上，兩個哥哥和大姐姐睡一張床，我和小姐姐還有父親母親睡一張床。

發生在床上的故事，有一件讓我印象深刻。通常都是我和母親睡一頭，父親睡另外一頭。我從出生就習慣了和母親睡在一個被筒裡，要母親一邊摸著我的背，一邊給我唱歌，我才能睡得著。但是有好幾次，我半夜醒來，發現母親的頭不在旁邊，在父親那邊，被子有時候還在動。因為這個，我有時很討厭我父親，我年紀還很小，並不知道母親和父親在做愛，只是隱隱感覺母親和父親在親熱。我當時覺得父親搶走了母親，常常發一些莫名的脾氣。結果後來我成為了父親，我的小兒子也和我小時候一樣，年紀很大了還跟他的母親一起睡——我們家可能有這個遺傳，有點戀母癖。

我很難忘的還有那個家裡的廁所，其實就是學校裡的公共廁所。廁所在學校的角落裡，太遠了，晚上還沒有燈，所以各家都準備了一個痰盂在家裡用。那時的廁所真是不堪回首。文革時期，各單位的日常工作都處於停滯狀態，通常一個星期才來一輛車淘一次糞，有時甚至幾個星期才來一次。特別是夏天，廁所周圍臭氣熏天，簡直令人無法忍受。

每次去廁所都像是在上戰場，要跨在長長的糞坑上面，一不小心就會把別人的排泄物弄到自己身上。我常犯這種錯誤，所以常常被我母親懲罰，讓我早早起床把滿了的痰盂拿去廁所倒掉，這是我最不喜歡幹的事情，平時都是哥哥姐姐幹的，只有懲罰我的時候，才會讓我去幹。

因為我在家裡是排行最小的孩子，一直就備受母親的寵愛。那時候家裡的糧食一直不夠，飯菜都很簡單，肉只能偶爾打打牙祭。但只要偶爾有點雞肉，母親總是先夾到我的碗裡。當時的豬油常被老百姓當肉來吃。現在人們可能會覺得不健康，但將豬油蒸熟後，灑上醬油拌在飯上，真的是我至今難忘的美味。我家還會把剩下的豬油底放到第二天，用來下面條吃，母親做的豬油拉麵是我最喜歡吃的。吃一口拉麵，彷彿就可以感覺到母親那濃濃的愛意，以至於後來我來到日本後，吃拉麵時還會時常想起我的母親。

我的童年時代，起初有過一些不太愉快的回憶。因為我小時候長得像女孩子，個性也像個女孩子，所以我不敢參加男孩們玩的「打仗」遊戲，還常常被他們欺負。再加上，從小我就討周圍女孩們的喜歡，這也讓我受到了男孩們的嫉妒，經常被他們追著打罵，還說我是「假女孩」，長沙話叫塑料妹子。由於這個原因，在童年時代，我的日子並不好過。

還好，我在八歲那年，加入了長沙市「紅領巾歌舞團」，有時會隨著歌舞團去參加一些慶祝活動，甚至還有迎接外賓的活動。

一九七〇年，「中國人民的老朋友」西哈努克訪華，周恩來陪同他到了長沙，因為當時毛澤東就住在長沙。當周恩來和西哈努克到達長沙機場時，我就被安排去接機了。當晚也舉辦了文藝晚會，我也是舞蹈表演者中的一員。我在台上看到，第二排就坐著周恩來和西哈努克——因為我跳舞跳得好，所以在一天之內兩次近距離見到了周恩來，這讓小學生的我在同齡人之中很是風光。

當時我的舞技已經在紅領巾歌舞團中首屈一指了，後來在表演學習雷鋒的節目時，我還成為了飾演雷鋒的頭號演員。這樣一來，我這個一直被當成「塑膠女孩」而受到欺負的人，一下子逆轉了自己的地位，再也沒有人會小瞧我，我在學校、社區甚至整個市裡都變成了小有名氣的人，我終於能揚眉吐氣了。

有一天，一個不知道從哪裡來的歌舞劇團在我上學的小學排練。在文化大革命時期，毛澤東的妻子江青熱心地推廣「八個樣板戲」，全國各地的歌舞劇團興起了一股熱烈的忠字舞風潮，熱心練習著讚美毛澤東和共產黨的舞蹈，各個地方領導們就要求團員們勤加練習。我常常躺在教室的窗戶上偷看他們排練，就在那個時候，不由自主地愛上了那些音樂和舞蹈。他們既排練各種板戲，也排練舞劇，我最早看到《紅燈記》，不是在電視上，就是在窗戶偷看的。

我後來開始模仿他們唱歌和跳舞，因為沒有正式的服裝和道具，就自己在頭上包個毛巾，裝得跟個「戰士」一樣。我還找來個煤油燈，沒事就舉著跳兩下，模仿《紅燈記》中的選段。後來我成為了湖南一個市級歌舞劇團的一員，和我那段時間的「偷窺」有很大的關係。

在我看似「幸福」的童年裡，我家偶爾會來一些名人，和父親商議「革命工作」。其中一個最愛來我們家吃飯的，就是後來成為著名經濟學家、曾經兩度獲得諾貝爾經濟學獎提名的楊小凱。楊小凱那時還不叫楊小凱，他原名楊曦光，是個造反派的「小頭目」，是我父親的晚輩，常來向我父親請教問題，我父親一直親切地叫他「小曦」。

身為一個小孩子，我很喜歡家裡來客人的，每次楊小凱來，我就能吃些好吃的。我從那時開始有好奇心，常常聽到他們談論一些有名人的名字，除了毛澤東和江青，還有一群在湖南的大人物：第四十七軍軍長黎原、副軍長鄭波、還有當時的湖南省委會第一書記張平化。楊小凱和我父親常常熱火朝天地聊著這群人的故事。我就坐在旁邊聽，聽著聽還插嘴，聽不懂的還要問。我父親總是不耐煩地讓我滾到一邊去，但過了一會兒我又會跑回來偷聽。

我從小就特別喜歡聽故事，文革的那些事情，對我來說就是最精彩的故事。不用跟我講「三國」和「水滸」，我聽不懂，楊小凱和我父親講的這些故事，這些名字是經常出現在大字報上的，我每天在外面都能看到，有時還能在大會現場看到他們本人，於是我聽起他們的故事來，實在是津津有味。

楊小凱來我家，不只是講故事，也是向我父親討教。他寫過很多造反派的文章，都是我父親幫他改的。這也為我們家帶來了一次飛來橫禍。

當時，楊小凱是長沙市一中的高中生，他寫了一篇轟動的文章，名字叫做《中國向何處去？》。這篇文章後來被送到了中央文革，被毛澤東和江青等人點名為「反革命」，認為文章的理論水平大大超出一個高中生的能力，必定有幕後黑手。因為這件事，楊小凱被抓進監獄，在岳陽建新勞改農場關了整整十年。受到楊小凱的牽扯，我父親也被抓了。有一天，我父親突然開始不回家了，一個月一次，我母親會帶我到中南礦冶學院的一個小房間裡去看他，只跟我說他工作忙，暫時住在這裡。

過了很久我才知道，他是被湖南的另一個大造反派組織軟禁起來了，這個組織叫「湖南高等學校造反有理司令部」，簡稱「高司」。我父親的這次被抓，不是造反派和當權派之間的鬥爭，完全就是造反派內部的內鬥犧牲品。

楊小凱出事之後，「高司」認為是我父親寫了那篇文章，並以此為理由，把「湘江風雷」的幾個頭目都給抓到中南礦冶學院裡關起來了，一關就是半年多。這件事很早就給我一個啟示：中國人就喜歡鬥，就算是一派的，也會內鬥。在國內也內鬥，在國外也內鬥，在任何地方都內鬥。這是一種傳統的民族性格，隨時隨地鬥得一團亂。

後來我來到日本，發現情況也大同小異，例如一個湖南同鄉會，可以存在各種各樣的會，在東京就有六、七個有「湖南省名頭」的組織。每個組織都邀請我去當副會長，還要我交會費。我從來不參加這種活動，因為我知道，這些人的本質就是拿著「會長」的名義，然後回國去招搖撞騙，我早就看穿這種東西了。

話說回來，我父親被「高司」抓走的那半年，我母親感覺到了生活的危機，五個孩子，全都要靠她一個女人來撫養。為了讓我能吃得上飯，母親決定讓我去有錢人家當乾兒子。那家人的女方和我母親是一個單位的，在交通局做幹部，男方是有一些海外關係的，兩人生活過得不錯，就是沒有孩子。

他們兩人很願意收我這個乾兒子，我之前也見過女方，我叫她金母親，經常在交通局的食堂吃飯看見她，打扮很洋氣，戴一副眼鏡，個頭有點矮，身材微胖，說一口江浙普通話，給人一種很溫和、很有修養的感覺。所以我也很願意到她們家去。七歲的我根本搞不清楚，說是乾兒子，其實就是送人了。只是天真地覺得去他們家可以吃得好，也玩得好。

我還記得，去他們家那天，是一個禮拜六的中午，交通局的食堂還開著，金母親先是帶我去食堂吃了午飯，回家還給我吃了西瓜，說讓我先睡個午覺，醒來帶我上街買新衣服。我記不清楚為甚麼了，在睡午覺的時候，我就跑掉了，一個人走路走了兩、三公里，憑藉著記憶走回了家。我的「乾兒子」生涯，只持續了短短幾個小時。

後來我父親被放出來，我母親跟他說起這件事，他很高興，說：「到底是自家的兒子好，給別人當甚麼乾兒！」我母親後來一直很痛我，和這件事有很大關係，她覺得我和這個家親。

在文化大革命中的人，每個人都是犧牲品，文化大革命中的童年，其實不可能是「幸福」的。之所以在這章的標題裡，勉強加上一個引號的幸福，是因為接下來，我們家的災難就要來了。

021 「英雄」父親成了反革命

在「文化大革命」最開始的五年，我們家的日子過得都還算太平，直到一九七一年，情況突然急轉直下。為甚麼是一九七一年呢？這裡面有個背景。這一年，抗日戰爭時期的共產黨知名將軍林彪，毛澤東的繼任者，策劃了一次未遂的政變並逃亡，他乘坐的飛機最後在蒙古墜毀。

就是因為這事件，我的父親突然被逮捕了。在萬人參加的大批判集會上被迫下跪。我並沒有親眼目睹父親被捕的場景，是鄰居家小孩告訴我的，他們幸災樂禍地向我描述，說我父親在長沙市教育系統召開的一個大會上，被五花大綁地跪在主席台上。

當然，鄰居家的小孩也不可能看到這一幕，是他們的父母回到家裡講給他們聽的，他們再添油加醋地說來傷害我。雖然我沒能看到現場，也能從他們說的話中，感覺到對於那個時候身為長沙赫赫有名的「造反派三號頭目」的父親來說，在曾經風光演講的台上當眾下跪，簡直就是奇恥大辱。

就這樣，父親先是被關進了「左家塘」看守所，不久後就以「再教育」的名義送進了長沙郊外的「撈刀河」監獄。在看守所的時候，我和母親還能去給父親送點東西，但後來轉去監獄後，雖然我們每個月都搭火車想去探望他，但一次也沒被允許。整整一年半的時間，我都沒有見過父親。這段期間，母親也被抓走了，但不是關進監獄，而是被軟禁在一個公司大樓裡。那時候的中國就是這樣，是可以用「反革命」的名義亂抓人的。

我至今仍清楚記得，我家門上貼著「打倒現行反革命份子李正平」的大字報。李正平，我父親的名字，上面還被人用紅色的大筆畫上了一個刺眼的大叉。這張大字報很快就被我們家人撕掉了，但是，周圍的孩子們每當路過我家門口，還會對著一口用來存水的大水缸吐幾口口水。在學校裡，我的文具也總是會不翼而飛。

「文革」時期，中國和蘇聯的關係陷入冷戰，就連中國的老百姓都體會到了隨時會爆發戰爭的危機感。為了備戰蘇聯，父親的單位會派發乾糧給員工。但是，像我們這樣的「反革命分子家庭」是甚麼都分不到的。漸漸地，我開始討厭外出，不想被人指指點點，過上了潛蹤隱跡的日子。

比起這些，最痛苦的是，父母同時被逮捕，剩下的我們幾個孩子，只能自己過日子。當時，家裡最大的哥哥已經二十歲了，已經找到工作，但是他工作的地方在外地。大姐姐又被下放到農村，家裡只剩下大我四歲的哥哥、大我一歲的姐姐，還有正在上學的九歲的我。大哥下班後會長途跋涉地趕回家，但白天只有我們三個年幼的孩子，自己照顧自己。

母親被關了四個月，終於重獲自由，但是沒人會給「罪犯」一家薪水。失去了收入來源，家裡幾乎又沒有積蓄，別說肉了，常常連米都吃不到。沒米的時候，一家人只能蒸紅薯當飯吃。我現在還記得，有一次好不容易有了米，剛煮好一鍋飯，結果我手一滑，全倒在了地上。我一邊哭一邊洗著摻雜著土渣的黑乎乎的米飯，再一口一口吃下去，那種傷心永遠不會忘記。

沒錢的日子，連吃飯都成問題，更別說買衣服了，我很久沒有穿過新衣服，穿的都是哥哥姐姐們穿過的舊衣服。因為養不活幾個孩子，母親也不再能領到工資，她只好四處借錢，但經常藉不到。

我父親有個親弟弟，在常德汽車公司旗下的一家醫院當院長，他是個逍遙派的共產黨員，沒怎麼受到文革的影響，家裡條件也比較好，我母親去找他借了幾次錢，他最後說：我沒有錢借你，我幫你帶個孩子吧。

母親最後決定讓我去。有一個暑假，我獨自坐著長途汽車來到了距離長沙一百六十多公里之外的常德市。有過上次做「乾兒子」的經驗，我這次知道我被寄養了，第一天哭，第二天哭，第三天哭，每天都在哭，每天醒來就假裝肚子疼，因為實在太想家了。在叔叔家住了一個月，我發了一場高燒，久久不退，因為這場重病，我才又被送回家了。

那是我童年生活中最艱苦的一段日子，母親在父親被帶走後也一直鬱鬱寡歡。但有時候我會苦中作樂練習芭蕾，我發現，母親看我跳舞的時候，會露出難得的一見的笑容。我跳舞能帶給母親安慰，這也是我參加歌舞劇團的原因之一。

不幸中也有萬幸，一年半後，父親得到平反，終於從監獄回家了。他回家沒幾天，單位的領導和同事就專門來到我家放了鞭炮，慶祝他平反。當年貼著「反革命」大字報的位置，換了紅色的紙，上面寫著：「為李正平同志徹底平反！」

這張紙，我們家貼了很久都沒有撕下來。兩週後，父親在坐牢期間停發了一年半的工資，也得到了一次性的現金補足。當時父親每個月的薪水是三、四十塊，就這樣突然領到了一千多塊，對我們來說簡直就是天文數字。於是馬上就有親戚聞訊前來，厚著臉皮上門討錢花。那個在常德當院長的叔叔，也來找我父親要錢，要我在他家住了一個月的生活費。我母親有些不高興，覺得我在他家生了一場大病，差點沒了命，他自己又那麼有錢，還上門要錢。但我父親還是笑呵呵地把錢給他了。

我在寧鄉有個遠親的叔公，也跑來要錢，其實我在他家就住過幾天而已。叔公帶著四個人，在我家一住就是一個星期，不給錢就不走，我們幾個孩子只好睡地板，最後父親也給了他錢。

我至今慶幸的一點是，我在文革中見到的，也不全然是如此醜陋的人性。我同樣也見到了許多善良的、閃耀著人性光輝的人，是他們向我們一家人伸出了援助之手，讓我們得以捱過困境，也讓我變成了一個依然相信真善美、懂得感恩的人。

湖南醫學院有一位史教授，我叫他史伯伯，是在這個時期的困難生活中，真正幫助過我們的最重要的一個人。史伯伯一開始和我父親關在同一個監獄裡，比我父親提前半年放了出來，出來之後，他立刻慷慨地借了錢給我母親。

史伯伯不只借錢，還常讓他們家小孩來送電影票。當時湖南醫學院有個露天廣場，每到週六只要不下雨就會放映露天電影。我記得電影票五分錢一張，那時候五分錢可以買一個包子，一毛錢可以吃一碗麵，不算特別貴，但我們家連這個都買不起。我們家有三個孩子，史伯伯就每次送來三張電影票，《地道戰》、《地雷戰》、《閃閃的紅星》這些電影，我都是在那裡看到的。

史伯伯家和我家就隔著一條馬路，知道我們家吃得不好，每到週六，他們家的孩子就跑來問：「我母親做了飯，要不要來一起吃飯？」其實就是為了照顧我們，在周末故意多做了餐點。我母親不好意思白吃白喝，但是我們幾個孩子總是去，吃完了飯就搬上他們家凳子，和他們家幾個孩子一起去看電影。父親不在家的日子，看露天電影的時光，就是我們家幾個孩子最快樂的時候。

半年後，父親回到家裡，也是我跑去通知史伯伯的。史伯伯立刻激動地跑到我家來，我記得，那天我母親和父親都沒有擁抱，而史伯伯，和我父親久久地擁抱著。過了兩週，父親補發薪水的時候，也是我跑到史伯伯家通風報信的，那天母親特意做了一大桌子菜，請他們一家人來我們家吃飯，我們也終於還上了欠他們家的錢。

我一直很感謝史伯伯，因為有了他，才讓我們家幾個孩子在這半年中活下來了，才有了後來漂洋過海，今天的歌舞伎町案內人李小牧。在這裡，我也想喊句話：我不知道史伯伯您是否還在世，如果您或者您的兒子史桐看到這文章，請一定跟我聯繫。我試過找你們一家人，但一直都沒有線索，希望還有機會能當面表達我的感謝。

話說回來，一九七五年，我父親又被抓了一次，關在他的工作單位：「長沙福湘女子中學」。福湘女中是一間教會中學，典型的美國蓋的西式的紅磚建築，毛澤東的第二任妻子楊開慧就在這個學校讀過書，這間學校就是後來的「長沙市第十中學的前身。一九五七年，毛澤東寫過一首紀念楊開慧的詩，《蝶戀花．答李淑一》，裡面的「李淑一」是楊開慧的好友，她也是福湘女中的校友，並且後來一直留在學校任教，到五十八歲退休，才從學校離開。

父親就被關在福湘女中二樓的一個單人房。為了防止他逃跑，窗戶全都用木條封死了。那時候，即便你平反了，也可以隨時再被抓走，理由也很簡單，就說你需要被審查。被關在學校期間，父親白天可以放出來打掃操場，中午也自己去食堂買飯，但一到規定時間，就要回到房間寫反省材料。關了幾個月之後，他開始策劃怎麼逃走。我父親有個學生叫小餘，特別喜歡聽他的課，也是很有正義感的一個人。小餘的父親在學校守傳達室，我還跟他學過太極拳，在他的協助下，父親順利逃走了。

那天父親先用一張木頭凳子把窗戶的木條給砸開了，然後又把被單撕成一條一條的，編織在一起，吊著爬下樓來。小余已經跟他的父親事先商量好了，讓我父親透過傳達室跑出了學校。

這一跑，就是四個月音信全無。我們全家都不知道父親去哪了，只聽說他曾在橘子洲頭跟一個老師見過面。後來才在我那個寧鄉的叔公家的老糧倉裡，把他抓到了。非常滑稽，剛抓回來過了一個星期，情況就變了，父親又被放出來了。就是這麼一個荒唐的年代，沒有任何罪行，就可以隨便抓人，又隨便放人。

透過經歷了文化大革命中整個家族的起伏生活，我在孩提時期就理解了政治的本質。這在後來我所見到的日本的政治中，也是幾乎沒有改變的。依我的看法，無論是中國的文化大革命或日本當前的政治環境，其本質都只是派系之間的鬥爭，或者說是相互拖後腿的行為。當然從表面上看，各派系確實存在著政治主張的差異。但是，它根本還是在於政治家之間的個人喜好和嫉妒。一旦立場佔了上位，以前冷淡的人馬上會熱情地圍上來，反過來，一旦形勢變得不利，這些人馬上就會翻臉不認人。很遺憾，這樣的人性，這在中國和日本都是一樣的，只是日本稍微強一點。

或許有人會覺得，一個志向從政的人這樣說，似乎沒有任何理想和希望。但是在日本也好，中國也好，政治家往往只會喊一喊口號，至於他們真正的想法，只會在非常私人的場合才會表露。我知道，選民當然都希望政治人物是「對政策非常了解，有才幹，善於辯論，清廉正派的聖人」。當然，在所謂「聖人」的濾鏡下，他們也不過只是有著七情六欲的普通人罷了。

但是，儘管如此，我對政治事業依然充滿嚮往，政治還是值得我們去夢想和期望的，我只是認為，我們應該先了解政治中人性的一面，也就是它模棱兩可的部分，然後有效地融入感情，培養感情，進而實現我們對政治夢想和期望。

總之，父親在一九七三年平反了，而那之後不久，我也迎來了一個「天賜良機」。

022 歌舞團

當時少年的我對舞蹈有著痴迷的熱愛，有一天我突然聽到一個消息：中央五七藝術大學下屬的北京舞蹈學院要在湖南公開招收舞蹈學員。這所全中國最好的專業舞蹈學院，為了選拔最好的芭蕾舞學員，正在全國各地舉行海選。光是在湖南，就有超過一萬名年輕的舞蹈愛好者，報名了長沙的海選。

那時候的中國，戶口問題嚴重限制著人們的行動自由，對於當時不能自由遷徙和選擇職業的中國年輕人來說，上大學，無疑是一個能去首都發展的千載難逢的好機會。我當時在想，如果我能夠在舞蹈學院完成學業，成為專業的舞蹈演員，那麼我出國留學的夢想也指日可待。

於是，十三歲那年，我在醫院做了全面的身體檢查。身體的平衡能力和未來預期的身高，是舞蹈團選拔時非常重要的兩個審查標準。當然，對樂感、運動細胞和柔軟度的評估也都很嚴格。

這次海選，我和另外兩個年輕人一起從一萬多名參賽者中脫穎而出，順利通過了最後的審查。萬事俱備，只欠東風，接下來就只剩靜待北京發來的錄取通知了。順帶一提，我今年六十三歲了，大家也看得出來，我依然保持著舞蹈演員的身材，這足以證明他們當年嚴格篩選的結果是正確的。

但遺憾的是，那不是一個追求「正確」的年代，事情的發展讓我始料不及。在那個年代，一般人家裡都沒有電話，所以寫信成了唯一的溝通方式。為了讓郵差能把錄取通知書準確地送到我手上，我還特意用白粉筆在我家大門上寫下了大大的幾個字：「李小牧的家」。我確實對審核結果是非常胸有成竹的，之所以有這麼大信心，是因為當時我已經是長沙市紅領巾歌舞劇團的領舞了，前文說過，每逢演出，「英雄人物」雷鋒都是由我來飾演的。

然而，雖然我滿懷信心，卻遲遲沒有收到錄取通知。選拔結束一個月後，新學期開學了，通知書還是沒來。過了一段時間，小學校長和長沙市教育局的一位幹部一起來我家，告訴我，我的審查不合格。我當時還是個小孩，無法理解為甚麼，但其實我父母早就意料到了這個結果——我的「政審」出問題了。

當時我的父親雖然「平反」了，但畢竟因為政治原因蹲過監獄，這在那個凡事強調出身的年代是十分致命的。再加上，我的母親還曾經有過一個國民黨的前夫，這在文革時期的中國，簡直是「大大地有問題」。

當時全國上下的藝術類的學校，全都歸江青任名譽校長的中央五七藝術大學管理，江青特別喜歡芭蕾，進入北京舞蹈學院的這群人，要先在北京先學習三年，然後送去國外進修三年。招收的全部五十名學生，廿五個男的，廿五個女的，一到北京全就要先去見江青的，所以這次政審特別嚴格。

當時來招生的人，來我家考察情況，用一口京腔說，「你們這些小演員，到了北京以後，是要進中央領導同志的小辦公室的。」他們早就講過這樣的話，我沒有聽進去，還天真地在家門口寫下「李小牧的家」幾個字，但是我的父母當時就知道我沒戲了。

我後來又先後報考了海政文工團、廣州軍區戰士歌舞劇團、湖南省歌舞劇團……一次又一次地考，一次又一次地落榜。歸根究底，都是「政審」惹的禍。但我從來沒放棄過我的舞蹈夢，並且，在經歷了許許多多波折之後，十五歲那年，我終於進入了離長沙不遠的湘潭市歌舞劇團，當時他們直接就告訴我：「我們這裡不需要政審。」

這麼看來，十三歲的我，其實也可以說是「文革」中的一位「直接受害者」。不知道大家有沒有看過澳洲導演「布魯斯．貝雷斯福德」（Bruce Beresford）導演的一部電影，名字叫《毛澤東最後的舞者》（Mao's Last Dancer）？電影講的是中國山東偏遠山村的小男孩被選中去北京的舞蹈學校學習，然後作為交換學生加入了美國的芭蕾舞團，後來演變成政治避難、被剝奪了中國國籍的故事。這部電影中小男孩的原型，是中國舞者李存信先生，他後來成了澳洲芭蕾舞團的首席藝術家。而他參加的北京舞蹈學院的選拔，就是我當年在湖南參加的那一次。

所以我常常會想，如果當年我也通過了最終審核，那我和他一定就是同學了。如果我的父母沒有所謂的「政治硬傷」，那麼，遠赴美國、站上世界舞台的那個舞蹈演員有沒有可能是我？

同時，我也覺得很諷刺：當時那個政審過關的，反而在政治避難。當時那個政審沒有過關的，反而憑藉著自己的力量來到了日本。當然，也幸好沒能去成北京，否則我就不會來到東京，也就沒有「歌舞伎町案內人李小牧」，更不會有加入日本國籍、立志成為一名政治家的李小牧了。

話說回來，當年我想進入歌舞團，除了確實熱愛跳舞，還有另一個原因：我想避開中學畢業後可能會遭遇的「下放」。前面說了，我們家五個孩子，我排行最小，按照當時中國的規定：大兒子或大女兒可以留一人在城裡照顧老人，其他的孩子都必須「下放」。當時我的大姊和二哥都已經被「下放」了，所以對我來說，那種臉朝黃土背朝天的日子也是遲早的事。

所以，儘管進入國中以後，我因為學業成績優異受到了無數好評，可我還是在初二那年退學了，那是我人生第一次離開長沙，前往五十公里之外的湘潭市歌舞劇團報到。

我一直記得離開那天的景象，直到幾十年後的今天都還歷歷在目。當時正是湖南的冬天，非常冷，一大早父母就帶我趕了一個小時的路，到了長沙湘江邊的糞碼頭輪船站。當時長沙和湘潭間主要的交通工具是輪船，從長沙出發，順著湘江往上游走六小時左右，就可以達到湘潭。在這六個小時裡，母親一直緊緊握住我的手不放，對於一個十五歲的少年來說，其實有點害羞和尷尬。直到我也到了他們的年齡，成為了人父之後，才終於能體會她當時那種不捨和忐忑的心情。

一九七五年，「文革」結束的前一年，我是最後一批進入湘潭市歌舞劇團的。雖說只是一個市級單位，我卻覺得自己已經活在另一個世界了。當時我們這樣的工作，被稱為「文藝戰士」，免費發放灰色制服，並且開始每個月按時拿薪水。也就是說，我才十五歲，就成了有收入的專業舞者，每個月可以分到四十三公斤的糧票！我一個人吃不完，靈機一動，把剩下的糧票拿到黑市上賣了，竟然就這麼存出了回長沙的路費。

當時「文革」還沒結束，我們舞團練舞的地方是在一個廟裡，還是一座「關帝廟」。這也是有背景的，當時全中國上下正在轟轟烈烈地「破舊」，包括寺廟等在內的傳統文化思想都是被批的對象。

在湘潭市歌舞團裡，我開始有系統地學習芭蕾，並隨團到各地去演出，跟著那些從事演藝的叔叔阿姨們跑江湖。也因為如此，我早早就知道成年世界的各種故事：例如，在舞團裡，有兩個女演員為了一個好看的男演員爭風吃醋，一個女演員為了能夠跳主角位置被劇團導演睡了⋯⋯

還有一件小事：因為我長得很清秀，所以也很受團裡兄弟們的喜歡，有一天停電了，黑乎乎一片，突然有個同團的大男孩子撲上來抱著我的臉狠親，隔天早上去排練廳練早功照鏡子的時候，我看見我的臉都被親紫了。之所以說是一件小事，是因為在那個時代，沒有人會去細想這個行為背後可能是甚麼，頂多就是當成團裡的笑料傳一傳罷了，幸好後來也沒再發生別的事情。我很快就開始進入發育期，身高漸漸超過了周圍的人。

一九七七年，對許多中國人來說都是改變命運的一年。這是文化大革命結束的第一年，全國上下恢復了高考。同時，我所在的歌舞劇團發現無法一直培養這麼多團員，於是把團員分散送到了各種工廠。願意考大學的團員，可以在工作之餘準備考試。因此，雖然說我在舞團前後待了六年，但其實專注於學芭蕾和跳芭蕾的時間只有三年，後來三年都是在工廠工作。我也趕著高考的風潮，一邊工作，一邊重新開始文化課的學習。

就在這段時期，我和之後度過了大半輩子的日本結下了不解之緣。我們團裡的指揮李樺老師，曾經是廣州戰士歌舞團的首席指揮，還曾在全軍手風琴比賽中得過第一名，後來是因為男女作風問題才下放到我們團。他一直對我很關照，因為出生在瀋陽，受過綠化教育，所以他多少也會一些日文。那時候，我和其他準備的團員跟他學了些日語，準備用以應付外語科目的考試。不過，當時學習日語，還不是因為想來日本，只是因為日文是冷門，覺得會比較容易考。

一九七七年，「文革」剛結束的中國社會，還蔓延著一種批判「外國的月亮比中國的月亮圓」的氛圍中，日語教材也很難買，更別說我所在的小地方湘潭了。我專程跑到了長沙新華書店，才買了一本很小的日文字典。後來，我得到了一台可以收聽國外電台的收音機，每天用它聽美國之音和NHK的節目。當時的NHK電台有一個教日文的節目，說給他們寫信，可以免費領取教材。我抱著試試看的心態，寫了一封信過去，沒想到一個月之後，真的收到了一套從日本寄來的印刷精美的教科書，紙張還是拋光的。

在那個年代，我第一次見到紙張那麼好的教科書。我心想：「外國的月亮我沒見過，但是外國的教科書我見過了，真的很漂亮。」我如獲珍寶，拿著這套書到處跟人顯擺，並且一直把它帶到了日本，結果卻在日本的語言學校被偷了。

這套教科書給我最大的啟發，是讓我第一次見識了日本人的服務態度，竟然千里迢迢給一個中國聽眾寄書。這件小事也為我後來來到日本埋下了一顆種子。

一九七七、七八年，我連續參加了兩次高考，但因為文化課功底太薄弱而落榜。第二次高考，因為心理壓力太大，在考官宣布還有五分鐘結束考試的時候，我還沒答完題，一緊張，就在課桌下射精了。那是十八歲的我第一次知道：男人在緊張時候原來也是會射精的。

高考失敗後，廿一歲的我也正式從歌舞團退團了。退團有很多現實原因，最關鍵的一點是，我想明白了：專業舞蹈演員在舞台上的生涯是很短暫的，隨著我不再年輕，會越來越艱難。為此我還曾經學過彈鋼琴和拉小提琴，但無論哪一件都不是在短期內可以練成的。所以，我決定結束我的歌舞團生涯。

離開了歌舞團，我先成為了湘潭市調壓電器廠的組裝工人。一邊進行著按部就班的工作，一邊在想辦法回長沙。當時的中國，人們的住所和工作都不是能任由自己選擇的。要回長沙，我需要找到另一個想從長沙調到湘潭工作的人，和他進行工作的「對調」。功夫不負有心人，我終於找到了一位長沙紅藝塑膠廠的女職工，她正好想回湘潭，我也因此和她「對調」回了長沙。但是，塑膠廠的工作是用機器加工模型，隨時都有缺胳膊斷手指的危險。不久後，我又和長沙市第六服裝廠的員工調換了工作，當了幾個月的縫紉工。

在這段期間，我還出演了一部電影。當時有一部電影剛好在招募群眾演員，主角是那個時代中國最紅的男主角趙爾康。因為編劇是我父親的好朋友，開後門讓我去演的電影，我立刻覺得，這可能是個能讓我成為電影演員的好機會。

這部電影的名字叫做《特殊身分的警官》，講的是一個戰爭年代共產黨和國民黨之間殊死鬥爭的故事。我在裡面演了好幾個甲乙丙丁的國民黨士兵，沒有正臉，死了一次又一次。唯一露臉的是飾演一個茶樓老闆，把我畫得很老，貼上了鬍子，還有一句台詞：「長官，樓上請～」。我非常開心，畢竟是我的大銀幕處女秀。

這部電影在當時還挺受歡迎的，為了多看幾次片尾的演員表裡面我的名字，我去了好多次電影院，有時還專程帶著在追求的女孩一起去。只可惜，看完後，女孩問我：「你在哪裡？怎麼沒看見你？」

所以，我也沒能繼續在電影界混下去。我原本以為我當演員的機會就這麼一次，但我做夢都沒想到，十幾年後，我居然又出演了一部日本拍的電影，那是在一九九八年，在由日本著名演員中井貴一和中國女演員耿忠主演、反映不法滯留的中國人與日本「雅酷扎」成員的戀愛故事的影片《情書》裡，我扮演了一個歌舞伎町的案內人角色，也算是本色出演了吧！

不過，這些都是小打小鬧，在一九八一年出演了《特殊身分的警官》後，我對自己當電影演員這條路就徹底斷了念頭。

023 性事即政治：我為何支持性小眾

我在初二那年從學校退了學，進入了我夢寐以求的歌舞團。關於我在歌舞劇團的經歷，我還想再分享幾個小故事。這個地方對我的人生有著很重要的意義，可以說，它不僅實現了我的舞台夢，同時也給了我性的初體驗。

先說我的舞台夢吧。剛進團的時候，就跳了《草原兒女》和《沂蒙頌》這兩個小舞台劇，它們雖然不屬於「八大樣板戲」之列，但因為具有革命性，也是當時所有的專業劇團都要求排練的。《草原兒女》講的是少先隊員保護羊群的故事，要求演員年齡比較小，團裡那些經驗豐富的叔叔阿姨們不合適，所以就選中我來演裡面的小男主角。

這段時間，我的舞蹈導師是一位姓徐的老師。徐老師是從廣州某空軍文工團回到老家湘潭的歌舞團的，無論在形象還是身體技巧，都是我們團裡的尖子。我們團裡演「八大樣板戲」之一《紅色娘子軍》的時候，女主角吳清華就是她跳的。可見她在我們團裡的地位。

我還記得和徐老師之間有一個小插曲。當時中國十五、六歲的男孩子，對於性是很無知的，我的第一次射精，就是在自己完全不知情的情況下發生的。那天早上我和往常一樣，匆匆忙忙爬起來去排練場練功，身上就穿著睡覺時候的一條藍色短褲，我發現周圍哥哥姐姐們全都看著我就在笑，也不知道他們在笑甚麼。後來是徐老師把我叫到一邊，小聲跟我說：「你快下樓去把褲子換了。」

我還沒明白是甚麼事，一臉茫然，徐老師才又跟我說：「你應該是昨晚射精了。」然後我才發現，我的褲子上確實沾著白白的一團。而這個故事，也就被當成了劇團裡的一個段子，經典永流傳。

話說回來，我在歌舞團裡有很多像徐老師這樣，關係很好的大姊姊。還有一個姓劉的大姐姐，也是從廣州回到我們團體的。我的第一次性體驗，也就是跟她發生的。

那是在一九七七年，我們團到瀏陽文家市的小劇場搞慰問演出，當時已經打倒四人幫了，團裡開始自負盈虧，四處走穴。當時團裡的經濟狀況已經很不好了，我們也沒有招待所住，都是自己帶著被子去的。我記得，在劇場旁邊有兩、三間房當宿舍，裡面全是高低床，但我們團裡人太多了，也住不下，有些人就選擇睡到劇場裡面去。夏天非常熱，也沒有空調，擠在宿舍，確實不如睡到劇場裡面涼快。

這個劉姐姐，在二樓打燈光的小閣樓找到了一個地方，說環境很好，很安靜，也沒有人去打擾。有一天她問我，要不要跟她一起上去睡午覺？我的第一次性交就這樣發生了。所有的具體步驟，都是她手把手教我的。

這件事現在說起來，有人可能會覺得很微妙，因為我當時畢竟還是未成年。可能會有人問：這算不算性侵？或者是誘姦？但是我從來沒有這麼想過。在我心裡，是劉姊姊給我上了第一堂性教育課。在我們那個年代，不懂性，沒有人給你這樣的教育。父母不會教，老師也不會教，更不好意思去問。我連第一次射精都沒有意識，出了那種洋相，可見對性這個問題是多麼的無知。

我對第一次發生性關係的劉姐姐，當時只覺得這是個秘密，千萬不能告訴別人。然後心裡還偷著樂，覺得有種偷情的感覺，她有偷情的感覺，我也有偷情的感覺。這段關係持續了一段時間，後來她有了男朋友，我也有了女朋友，我們的關係就結束了。但從那之後，我就懂得性是怎麼一回事了，開始去找女孩子談戀愛，開始享受性生活。

十幾歲的時候，我對這件事守口如瓶，但幾十年後的今天我可以在節目中講這個事情，因為劉姐姐已經過世了。我到現在也特別感謝她。是這些姊姊們教育我，給了我上了一堂又一堂的性教育實習課，讓我從那時就開始懂得，做愛是一件很快樂的事。

在那之後，又發生了另一件事。我在歌舞劇團當舞蹈演員，雖然手邊有很多糧票，每個月標配四十三斤，相當於當時的鍛造和運動員的標準，但是卻沒有甚麼現金。當時從湘潭到長沙的火車票要一塊二毛錢，很貴，根本沒有幾個人坐得起火車。於是我就開始想辦法逃票。

我知道，火車站的兩頭是沒人把關的，進站口也只有一個人在檢票，買一張幾分錢的月台票就可以溜上車，或者乾脆一分錢都不花，悄悄從火車站的最前面溜進去。到了出站的時候，再利用換火車頭的機會，抓著車頭兩邊的把手，就可以在途中順著月台出站了。

逃票的事情我只做了兩次，第三次就被一個火車司機發現了。他是從部隊下來的一個人，講一口普通話，個子不太高，長得還挺白淨。他對我說：你不要站在外面了，太危險了，你上來我的車廂裡面吧。然後我就上了他的車廂頭，這樣我就可以堂堂正正的一直坐到機務段再下車了。在車廂裡，這個火車司機跟我聊天，他問我：「小伙子，你是做甚麼的？」我那時候覺得身為一個舞蹈演員是很驕傲的一件事，趕緊跟他顯擺起來。我對他說：「我是歌舞團跳舞的！」他說：「怪不得，你的眼睛長得水汪汪的。」

到了機務段以後，火車司機收拾了一下，專門帶我去機務段的公共浴場洗了個澡。那時候在外面洗澡是很難的，家裡也沒有洗澡的條件，所以洗澡就成了很奢侈的一件事。然後他又帶我去吃了個飯，吃完飯後我才回了家。回家前，他特意幫我抄寫了一份他的工作時間表，告訴我以後都可以免費搭他的車。

我就這麼順理成章地搭起免費火車來。熟了以後，他常帶我去吃飯。當時我還想過把我的親姊姊介紹給他當女朋友，也想過把我們歌舞團的沒結婚的姊姊介紹給他，因為我覺得別人很好，條件也很好。在鐵路上工作，屬於國家單位，薪水又高，長得又不錯，還是黨員。而且我也很想還他點兒人情，為他做點甚麼。

但我還來不及介紹，就發生了一件事。有一天，他帶我吃過午飯，我照例在他那裡睡午覺。我覺得自己好像是做了一個夢，然後就射精了。等我醒來，看到他光著身子趴在我邊上，然後才反應過來了。他用他的手和嘴，把我弄得射了精。他趕緊去拿濕毛巾來幫我擦掉。我當時感覺很突然、很吃驚，而且這是一種跟姐姐睡覺時候不一樣的感覺，沒有一種幸福感，所以那天我甚麼話也沒多說就回家了。

後來他還是常常邀請我，為了還他的人情，我又去見過他一次。我知道他還會做這種事，但還是去了。只能說我這個人很重感情，雖然不太願意做，但還是跟他做了第二次。我覺得他對我那麼好，我應該去付出一次，那也是我們的最後一次。

在這之後，我們還保持著朋友關係，我還能想起來，後來我手上的糧票因為兌不出去錢，我就換了很多大米，是他專門來歌舞劇團接的我，幫我把米背到了火車站，背上了他的車帶回來。

後來，他寫過一封信給我，在信裡跟我解釋了一通，大概意思是說。那種事讓你感到突然了，實在是不好意思，現在你可能還不懂，等以後長大了你會懂的。我也很客氣的回了一封信，說沒關係的，我也沒體驗過，我覺得蠻好玩的。

七、八十年代的中國是一個非常性保守的社會。我在中國活到了二十七歲，我都不知道甚麼叫同性戀。是來到日本以後我才知道，他對我做的那些事情，原來是一種同性戀行為。現在回頭來看，這個事情你也可以把它上升為性侵，但是直到現在我都不覺得那是性侵，因為我沒有因此受到傷害，既沒有傷害我的肉體，也更沒有傷害我的精神，我完全可以理解他。可能我是一個想得開的人，也有可能是在一個中國對性還很保守的時期，我就已經是一個性開放的人了。因為我的性開放，所以我的思想才會開放，遇到了任何事情我也會想得開，這也影響了我的終生。

很多人可能會好奇，在那個時代的中國，身為一個同性戀，最後他的結果會是甚麼呢？幾年前我試著去找他，找到的時候人已經不在了，我從他的同事那裡聽說，他終身未婚，退休以後也獨自生活，死在家裡三個月後才被發現。他隱藏了一輩子他是同性戀這個事情，隱藏得很好，也沒有暴露，我就覺得他特別的可憐。

其實在日本，儘管是一個性開放的國家，社會對同性戀的接受也是很低的，也是這兩、三年才開始逐漸改變法律，慢慢被日本人所接受。我其實以前也不太理解同性戀，那麼後來我又是怎麼轉變觀念的呢？

我們歌舞伎町現任街道振興組合理事長的小女兒，現在就是一個切除了乳房，每週都要打激素，長著鬍子的男人。他叫杉山文野，曾經是代表日本國家隊參加國際比賽的女子擊劍運動員。後來變成男人後，他又一直在為追求日本的男女平等和多元在努力。

他在日本非常有名，後來還擔任日本的奧運委員，NHK也拍過好幾次他的紀錄片。二〇〇六年，我搞音樂劇的時候，在演出場地支了一個攤子賣我自己的書，他也跟我借了一個位置，賣他的第一本自傳，內容講的就是他怎麼從女人變成男人的故事。可以說，我是透過跟他的接觸，跟他聊天，才改變了我的觀點，開始理解並關注LGBT族群，所以在我的競選政策裡面，專門就有支持LGBT這條。我覺得，我身為一個政治家，應該對這些少數派群體有一定的社會責任感。

因為我剛來日本的時候，也是受到歧視的人種少數派，我也遭遇過「禁止中國人入內」的事情，我太能理解被歧視的少數族群的感受了。在我的身邊，牛郎織女是少數派，外國人是少數派，LGBT也是少數派，所以我要站出來，儘管我本人不是同性戀，我也願意去理解他們，我也願意去支持他們。

這也是我從政的目的，我要為少數派講話。我作為一個少數派，透過歌舞伎町得到了在日本的一席之地，因此我也希望更多的少數派能在日本社會得到他們的立足之地，得到全社會的承認。所以看到日本的法律在改變，我感到很高興。

最後我還想說一件事，日本的《朝日新聞》，一個有著超過百年歷史的天下大報，他們報道我的時候，標題上寫我是「セイジカ」。你們知道這是甚麼意思嗎？

我在復旦大學演講時，也問了同學們同樣的問題，我說你們知道「セイジカ」的漢字怎麼寫嗎？一個懂日文的學生舉手上來，寫了「政治家」三個字。我告訴他，沒錯，但除了「政治家」以外，「セイジカ」這個發音還可以寫成另外三個漢字。然後我轉身在黑板上又寫下了三個字：「性事家」。底下哄堂大笑。

很多人以為這只是個玩笑，其實我是很嚴肅的，我很真誠的覺得：這就是我身為政治家要做的事情。我做政治家，也有一些要為性事來正名的意思，所以有了支持女郎織女、支持 LGBT 群體的政治主張。

024 大起大落的辦校經歷

在一九八一年參演了電影《特殊身分的警官》之後，我對當電影演員這條路徹底斷了念頭。透過這次經歷，我對自己有了新的認識：自己雖然有舞蹈天賦，但沒有表演天才。雖然放棄了演員夢，但我也不想一直只當個縫紉工人。剛巧在一九八二年，我的父親在長沙創立了一所刊授教育學校：湖南芙蓉文藝學院。我於是搖身一變，成了這所學校的辦公室主任。

這所學校可以說是改革開放以後的「新生兒」。當年，父親還在長沙十中當語文老師，他是受到一本叫《山西青年》雜誌辦刊授學校的啟發，才決定創辦這所以文學創作專業為主的湖南芙蓉文藝學院。最開始只是辦了個面授班，後來才發展成了刊授。

我還記得，我們一家人專門去了趟山西考察，拜訪《山西青年》，雜誌的主編楊宗先生接待了我們。其實楊宗先生在中國辦刊授班，也是受到了日本的啟發。因為他曾到訪過日本，在新幹線上看到有人在讀函授教材，日語叫做「通信教育」，覺得這個方法在中國也行得通，回國就創辦了中國第一家刊授學校。它是一所「沒有圍牆的大學」，吸引了十一萬名學員。

值得一提的是，我去拜訪《山西青年》的時候，還在電梯裡意外遇到了幾位日本人。那也是我第一次見到日本人，對他們的印象，就是小小的，女同志的妝化得雪白雪白的。因為在那個年代，中國女性都不化妝，我覺得這些日本女人就像演戲的一樣。另外讓我印象深刻的是，這些日本人都很有禮貌，還主動為我們按了電梯。

那次拜訪是在一九八一年的夏天，也是我和我的父母唯一一次搭火車到外面旅遊。我自己隨身帶了一部傻瓜相機，拍下了許多合照，至今仍保留著。中途，我們在北京轉車，也專門跑去天安門前合影留戀。

這裡要特別一提的是，在那個年代，其實民間私人辦學是違法的。但因為我父親曾經奔走在革命第一線，所以手邊還是很有一些人脈的。他到處找關係，最後是請到了湖南省文聯屬下的作家協會協、美術協會，以及民間文學協會，出面牽頭來合辦，湖南芙蓉文藝學院才得以問世，並且面向全國招生。在這次合作辦學中，我們尤其得到了省文聯康主席的支持。

學校開起來後，接下來的工作就是招生，當時最普遍的方法就是在報紙上刊登招生廣告。考慮到如果只是在一個湖南省內的報紙上宣傳，是招不到甚麼學生的，所以我們選擇了全國發行的報紙《參考消息》。在這樣國家級媒體上刊登廣告，是需要省一級單位蓋章的。我父親才找了三個單位合作，都蓋了公章，才終於辦成了這件事。後來，這份報紙的整條中縫都是我們湖南芙蓉文藝學院的廣告，錢全部都由我父親自掏腰包。

文化大革命結束後，中國人可以說是求知若渴，積極求學的人不計其數，人人都希望得到一個深造的學習機會，從而改變命運。再加上當時高考難度很大，絕對是「千軍萬馬過獨木橋」的盛況，所以招生廣告發布後，報名的學員絡繹不絕。

當時我們的辦學方式是：定期將教材寄到學員手中，學員拿到教材自學後，再完成附帶的考卷，然後再將考卷寄回學校。最後學校用紅筆改過後，再寄回給學員。這種方法放到現在來說，未免有些天方夜譚，但在當時的中國卻極受歡迎，區區一個教小說創作方法的刊授學校，才僅僅開設三個月，居然吸引了全國五萬多人趨之若鶩前來報名。

當時，每位學生需要繳交報名費和第一年的教材費、學雜費共十一元五角，五萬多名學員的費用加起來，我們最後進帳了五十七萬元。這個數字即使對現在的中國人來說也不可小覷，更何況對於改革開放初期的、月薪僅有三十元的中國人來講，簡直就是天文數字。在別人眼中，我們一家一夕之間成了「萬元戶」，我也擁有了當時罕見的日本鈴木 50cc 的摩托車。身為學校的辦公室負責人，我還常公費到北京、上海等大城市出差。

學校當時使用的教材是湖南師範學院中文系的教材，為了教學需要，我們要派老師到學員比較集中的城市進行巡迴面授。身為學校的負責人之一，我在全國東奔西走，忙著為學校邀請顧問，拜訪一些有名的作家，請他們編教材、出試題、批改學生的作業。同時，我們也辦了一份報紙，叫《芙蓉文藝》，定期發給學員。我負責了這份報紙的寫稿、採訪和編輯工作，日程排得滿滿的，沒有一點空閒時間，但內心卻非常充實。

出於採訪工作的需要，我還曾經見過劉少奇之妻王光美，也曾採訪過彭德懷的夫人浦安修，她們還是我們學校的顧問。但沒想到的是，這件事後來卻成了我們一家和學校的大問題。

在說這個大問題之前，先說一點我十七歲那年的事情。那一年，我遇到了我的初戀。

雖然我當時已經有了性事初體驗，但是對於這段初戀，我是很純潔的，那是一段柏拉圖式的戀愛。你能想像嗎？我們所謂的「約會」，就是兩個人一同躲到被子裡，用當年的高級奢侈品——日本的三洋牌收錄機聽鄧麗君的歌！

不過，我的初戀很快就被我父親扼殺在搖籃裡，他極度反對這段戀情。因為我初戀對象的父母只是湘潭市傳統戲曲「花鼓戲」劇團裡的演員，而父親希望我能找到一個出身位高權重家庭的女孩，這樣利於學校今後的發展。我父親野心勃勃，他相中了一個駐湖南邊的某空軍師長的女兒。

我是怎麼認識這個師長女兒的呢？在長沙有一個鐘錶廠，是當時比較高檔的國營企業，能進去的人都是靠走關係的。我有個特別要好的小學同學，他父親正好是鐘錶廠的廠長，他母親是鐘錶廠的書記，透過他父母的關係，我們家把我的小姐姐安排進去當了工人。

這個空軍師長的女兒，就是我小姐的同事，她常常跑到我們家來玩。我父親知道了這件事後，覺得我應該要跟這個女孩在一起。所以只要她一來我家，我父親就會把我母親拖出去，把空家留給我們。我母親很體貼，每次都從門框上丟一塊錢進來，意思是讓我們結束以後出去吃點兒甚麼。不過，因為這個女孩是個健壯的北方人，實在不是我喜歡的類型，儘管我也很努力地和她交往過一兩個月，但最終還是不了了之了。

分手後我繼續忙於工作，以「湖南芙蓉文藝學院」辦公室主任兼《芙蓉文藝》記者的身分穿梭於全國各地。如今想來，那幾年彌補了我在「文革」期間被奪走的一些東西，同時也是我們全家最幸福的時候。可是，幸福來得越快，走得越快。正當我對前途充滿信心的時候，一件意想不到的事情發生了。

那時我們學校的招生非常火爆，排山倒海的報名申請表擠破了學校的信箱。這時候問題來了，由於其中一些報名表上填寫的地址字跡潦草，教務部門無法正確辨認地址並準確寄出教材，這就導致有二百多名學生未能收到教材。結果，其中的幾十名學生把這件事情告到了當地報社。就這樣，我們被扣上了莫須有的「詐欺學校」的帽子。

最後，湖南芙蓉文藝學院開辦僅一年多，就被有關部門以學校教育存在嚴重的政治問題和經濟問題為由取締了，檢察院還對學校的有關人員立案調查。據說當時查出的政治問題，是所用的教材中有「英明領袖華國鋒」的字樣，但其實當時湖南師範學院中文系用的也是這份教材。

至於經濟問題，這就要說到前面提到的劉少奇的夫人王光美，彭德懷的夫人浦安修，以及當時的全國政協副主席何長工和王首道，他們當時都是我們學校的顧問，他們也都是我們湖南老鄉。而檢察院就指控我們在聘請他們當顧問時，有行賄的行為。但可笑的是，他們查到的「賄賂物品」，竟然只是產自湖南的蓮子罐頭和香片茶葉！

學校停辦，對我們全家來說是一個很大的打擊，對我來說，更是人生道路上的重大轉折。一九八三年，就在檢察院立案調查的第十個月，我的母親因突發腦溢血過世，享年五十八歲。我的小哥哥也因為完全精神失常，住進了精神病院。

「學校以收報名費為名詐騙，這是一起性質嚴重、情節惡劣的詐騙行為！」這是當時的媒體用得最多的說法。作為「詐騙了十八萬元」的主犯，這事件被《人民日報》、《光明日報》等國家級的報紙報道，甚至還上了中央電視台的節目。我家開辦的湖南芙蓉文藝學院成了詐騙老百姓錢財的「李氏學院」。

詐騙金額十八萬元，在當時是很嚴重的罪行，然而，審查了整整一年，結果法院以「沒有明確的詐欺證據」為由結了案。最後，由省政府拿出二十萬元，加上辦學一年後剩餘下的三十萬，全部返還給學員。學校停辦，調查以不了了之而告結束。我是後來才知道，這整件事情的背後，其實一個企圖篡權的「陰謀」。透過這件事，我也深刻地體會了政治醜惡和險峻的一面。

具體是怎麼一回事呢？當時在湖南省文聯有一位副主席，比較年輕、野心勃勃，他想上位，所以就得把當時的主席，也就是那位支持我們辦校的康主席趕下台。康主席雖然年紀很大了，但一直還在台上，副主席想找他的事，但是一直也沒找出來甚麼把柄，於是就拿我們學校做文章，想透過這件事搞垮康主席。但諷刺的事，我們學校雖沒了，但康主席依舊巋然不倒，那個副主席的陰謀最終也沒能得逞。

因為一樁無中生有的事情，我們全家都被毀了。這就是那個時代的中國。我只能到了今天才在我的頻道上為自己平反。我認為，國家應該對那二十萬元進行追責，等於國庫白白拿了二十萬元來賠償。那一年正好在洞庭湖發生特大水災，如果這筆資金用於水災救援，那是多好的一件事。

當時那位文聯副主席的爸爸在北京非常有地位，是在毛主席面前也說得上話的一個人，因此就連湖南省的省長劉正聽了他的說辭，也批准拿出了這筆資金。他原本以為能從我們學校查出問題來，然後拿回這二十萬，但最後甚麼也沒查到，等於國家白白出了這筆錢。這就是當時中國的實際情況，經常因為所謂的「鬥爭」，勞命傷財。

還有一個後話。一九八三年，我們學校剛倒掉不久，胡耀邦上台了，他對法律進行了修改，開始認可並倡導民辦學校。這意味著我們學校其實是預感了時代的發展脈搏，如果我們當時沒有被打壓，將會成為國內的領跑者。可惜的是，世上沒有如果，現實是學校沒了，我們一家人也因此變得四分五裂，而我也終於離開了湖南。

025

母親過世、父親出軌

一九八三年初，我父親創辦的「湖南芙蓉文藝學院」開辦僅一年，相關部門就以學校教育存在嚴重政治和經濟問題為由，予以取締並立案偵查，一夜從「萬元戶」打落成「詐騙犯」。一九八三年末，檢察院立案調查的第十個月，母親去單位領退休工資時，在向同事解釋創立學校並非詐騙這一事實的過程中，由於異常激動而誘發腦出血，當場昏倒，被單位的板車一路顛簸著拖到了長沙市第一人民醫院。但遺憾的是沒挨過兩小時，我母親便與世長辭，享年五十八歲。諷刺的是，我母親過世的這家醫院，正是我出生的地方。

我想再跟大家聊聊我的母親。我母親名字叫肖敏容，她是個私生女，這個秘密是我在成年後才知道的。

在我印像中，我的母親是個典型的湘妹子，脾氣火爆但心地善良。對我們幾個小孩耐心有限，唯獨面對我父親尚能克制，但離「溫柔」兩個字還是有段距離，最多稱得上體貼吧。在我們家，有一件事經常引發我母親和我父親的吵架，那就是父親區別對待孩子。很明顯，他只偏愛自己親生的三個小孩。因為父親的偏心，我大哥很早就參加工作，搬到工廠住了。大姊也在十五歲時，就選擇了去湖南省非常貧困的江永縣上山下鄉。

我母親雖然心痛，但也無可奈何。我記得，每次她只要做了肉菜，就會事先叫我跑去大哥的廠裡通風報信，叫他回家吃飯。母親怕他在工廠吃不好，因為營養不足而耽誤了長身體。當然這一切都是偷偷進行的，我父親對此很是納悶，有時候還會不滿地嘀咕：「怎麼家裡一燒肉，老大就回來吃飯了，鼻子這麼靈光……」

我之後在日本歌舞伎町浸淫了三十多年，形形色色的女人我都見識過。有美的、醜的、豐滿的、乾瘦的、溫婉的、潑辣的、刁蠻的、勢利的……我始終覺得，雖然我自認為對女人有些了解，但唯獨對於我母親，我總是拿不准我對她的情感。

當然，我愛她，沒有人不愛自己的母親。但有些時候，我也莫名的反感她，因為小時候她在家裡的強勢，她生起氣時六親不認的蠻橫，罵我的時候所用語言的狠毒。我想，導致我父親後來出軌的原因，也和我母親這種「甚麼都要自己說了算」的性格有關。

母親在彌留之際，將家裡的鑰匙交給了我，包括她從不易手的紅木櫃鑰匙，裡面存放著家裡所有的財產、首飾和一對玉花瓶。我母親終究還是最疼愛我這個小兒子，儘管她一發脾氣就會用極其刻薄的話來罵我，拿我撒氣。但在眾多子女中，顯然她還是最寵我。

我母親到死都不知道，正當她盡心竭力協助我父親創辦「芙蓉文藝學院」時，我父親卻悄悄地背叛了她。在我母親過世後，父親的這個出軌對象，辦學時期的一個女老師，成為了我的繼母。

其實我母親還健在時，我發現了這件事，但當時我選擇了沉默。我母親的離世，使我的憤怒達到了極點，母親的遺體搬回家那天，大家在客廳裡圍成一圈，紛紛落淚，我第一次對我父親發了大火，指著他對他咆哮：「母親的死都是你一手造成的！」

我是怎麼發現父親有外遇的呢？當時我父親有一件軍大衣，由於我的個子已經長得比他還高，就常常把這件軍大衣拿來穿。在那個時代，穿軍大衣出門是很了不起的一件事，是一種身分的象徵。有一天，我穿上那件軍大衣時，從衣兜裡拿出一個紙包。紙包裡有一條白色的碎花手絹，紙上還寫著一封信，大概的意思是：「親愛的平，不要太勞累，要注意休息」。信的落款是「某凡」。

我一看這個名字就知道她是誰。我曾經見過這個人。她是學校面授部的一個老師，其實我在六、七歲的時候就見過她了，她跟我父親認識很久，過去是我父親工作的學校裡的一位年輕的代課老師。因為她不是長沙人，一口標準的普通話非常有特色，所以我對她印象深刻。我父親在部隊待過，普通話也說得很好，他在外面基本上都說普通話，只有在家裡跟我們幾個人交流才說長沙話，他的長沙話說得遠不如普通話。

從「政治家」到創辦學校，我父親始終都是一個我行我素、自我為中心的人。而我母親為了支持他，一直含辛茹苦，一想到這件事，我的內心就無法原諒我父親。而且我後來還知道，這個女老師也是已婚狀態，用現在的話來講叫雙雙出軌吧。再後來，就算女老師離婚和我父親再婚，我也很長一段時間都沒有原諒他們。

在我母親過世前，我們家還發生了另外一件不幸的事：精神失常的二哥下落不明。當時，二哥正遭受失戀和自行車被盜的雙重打擊，那時自行車是貴重的財產，再加上碰上我父親的學校倒閉，巨大的心理壓力導致二哥精神失常了。

我二哥失蹤後的一段時間，有人在海南島的農田裡發現了二哥。但令人不解地是，海南島距離長沙足足有一千多公里，而且在八十年代初期，這兩地之間並沒有直飛航班。身為一個精神失常的病人，我二哥究竟是如何去了那麼遠的地方，至今仍是個謎。二哥被接回家之後，我們把他送進了長沙的精神病院。沒多久，我母親過世，他也來參加了葬禮。但由於一直在接受藥物治療，所以整個人都無精打采的，可能他也理解不了我母親去世這件事吧。

我母親一輩子沒享過福，這是我最心痛的地方。但有時候我會想，早逝讓她避免了見證父親出軌，以及二哥精神失常的殘酷現實，也算是少吃了一些苦吧。我母親走後的一年，我一直把她的遺骨放在自己的房間裡。一是因為我捨不得離開我母親，她吃了那麼多苦，還來不及享福就走了。二是因為我父親的外遇對像一直催著要下葬，我和父親賭氣，死活不同意。

這段時間，我注意到父親經常精心打扮出門，於是我尾隨他，發現他總是去一個地下室單間，那裡正是他的外遇對象住的地方，那個女人當時正在和丈夫鬧離婚，一個人住在那裡。更令我震驚的是，那個房間裡的家電和家具，竟然全是從我們家搬來的。

我非常憤怒，轉身就去借了一台三輪車，把房間裡的十四寸彩色電視機、八個喇叭的錄音機、還有洗衣機等等，全都裝上了車，搬到我當時的女朋友家裡去了。過了一個月，我父親來找我談判，給了我三百塊錢，然後我把所有家電又都搬回了家，自己拿著錢就去深圳了。

又過了幾年，我從深圳回到長沙，重新跟我父親見面，才漸漸開始跟他和解。我開始理解了：他年紀也大了，是應該有伴在一起。後來他們倆結了婚，又都成為了寺院的居士，經常在國內到處跑。

我人生中最大的遺憾事，莫過於沒有帶父親來過日本，儘管我有過這個念頭，但由於後媽的反對，願望始終未能實現。後來在我來到日本後的第三年，一九九二年的五月九號，我父親也過世了，享年六十三歲。我和父親最後一次見面，也是在同一年，我去成都探望他。他送我去機場，離開前，我們擁抱了，那是我們第一次擁抱，也是我們最後一次擁抱。我們都知道他活不久了，當時他患有糖尿病和攝護腺疾病，卻從來不去醫院看病，總是靠求神拜佛。

最諷刺的是，他過世的那一天，正好是他信奉的皇母娘娘的生日。當天，他從成都趕到瀏陽的石霜寺參加慶生活動，突發腦溢血當場過世。我在他過世後的第三天才趕到了現場，因為還要跟日本的學校請假，又要在上海轉機，到了已經是傍晚了。

我到的時候，只看到火堆上仍在冒著火星，他的遺體已經在燒了。我很生氣地問：「為甚麼不等我？」寺院裡的人只說，等不了了。我把父親的骨灰安葬在了石霜寺內的塔下，兩年後，我又把我母親的骨灰也移到了這個塔裡，最終父親和母親得以永遠在一起。

當我安葬好父親的骨灰後，我回到了長沙。他生前就職的最後一所學校，長沙市周南中學，給他發了退休工資以及撫卹金。關於這筆錢該給誰，引起了一些爭議。照理說，應該給後媽。但當時，我的幾個哥哥姐姐都在等這筆錢。我記得總共大概是六千多人民幣。不知道為甚麼，學校也沒有給他們，而是等到我回去之後，才把用報紙包著的厚厚一疊錢給了我。回到家後，大家覺得應該開個家庭會議，決定如何分配這筆錢。我後媽表現得很聰明，她說她就不參與了。我把她一把抓住，說：這筆錢你全部拿走。

我的幾個哥哥姐姐對此非常不高興，但我早有準備。我為他們每人準備了一個信封，每個信封裡都是十萬日元。這筆錢對他們來說，足以購買一套職工宿舍了。家庭財產的糾紛讓我感到厭煩，我自己掏錢平息了風波，最後我還補了一句：父親現在住的這個房子，就給凡阿姨了，你們誰也別爭。

我一分錢遺產也沒要，還倒貼了錢。回到家以後，我打開櫃子，把父親母親的照片全部拿走了，再加上父親的一本日記本，就是我拿到的全部遺物。這些東西現在我也還帶在身邊。

日記本裡記著父親人生裡的各種大事件，包括我哥哥姊姊和我的生日。不過，裡面關於我的出生日期是錯的，父親記下的也許是我去登記戶口的那一天，而我真正的生日可能還要早十幾天，也就是說，其實我可能不是處女座，而是獅子座。話扯遠了，總之，儘管我搬過無數次家，離過無數次婚，但這些老照片一直都在我的身邊，所以今天你們才能在影片裡看到它們。

再說點兒後話。我大哥在二〇〇七年也過世了，很不可思議，和我父親過世的時候，是同樣的年齡，也是六十三歲。今年的八月二十七號，我也滿六十三歲了，但我自以為我的身體狀態還是保持得很好的，應該能打破這個家族魔咒吧。

在大哥過世時，正好趕上了《新宿事件》的拍攝，我作為電影的顧問，工作特別忙，沒能立刻回國，不過，後來我回去為他掃了墓。然後是我的二哥，他一度患有精神疾病，但在他第二次結婚的時候已經基本康復了，並且有了孩子。這個姪子後來到日本讀日語學校，也曾在湖南菜館打過工，現在已經在日本工作。

我的大姊也退休了，正在每天學習畫畫。我偶爾會回去探望這些家人，一直在盡量照顧他們。至於後媽，她如今和前夫的女兒一起住在廣州，每當我去廣州，也都會請她吃飯。過去的一切都化解了。

李小牧原生家庭的故事，就講到這裡了，不管這個家庭存在過怎樣的問題，遭遇過怎樣的風波，是它造就了今天的我。而從今以後，是脫離家庭的李小牧，自己打拼出一片天地了。

026 金牌銷售

我父親創辦的「湖南芙蓉文藝學院」關閉後，我只好又回到了縫紉廠，感覺一下子從天堂掉到了地獄。之前作為辦公室主任，我去過全國各地，還見過好多大人物，也享受過有錢人的生活。現在讓我天天聽那吱吱啞啞的機器聲，領那麼點兒死工資，真是受不了。所以八個月之後，正值二十三歲的我就跳槽了，跑到長沙的一家新企業去了。

這是家服裝合資公司，名字叫「深圳銀城服飾有限公司」，由長沙的國際經濟開發公司、香港的服裝公司、中國航太工業部的直屬企業「長城工業公司」三方出資成立。外國資本和中國的勞動力，再加上中國政府的督管，這種模式的合資公司是改革開放新浪潮的先鋒隊，也算是後來合資企業的前身了。

這家服裝公司的老闆是位女性，名叫李莉，年輕有為，生於長沙，後來拿到了香港的永住權。當時我們所有的人都叫她「李小姐」，雖然她比我大了二十幾歲，但我也叫她「李小姐」。在香港，大家似乎習慣稱呼「大姊們」為「小姐」，特別是當老闆的女性，直到現在也一樣。

李小姐的父親和我的父親曾經是共同經歷過苦難的好友。我之所以能進入這個新企業，也少不了這層關係，但我也相信，我的能力確實也是他們看中我的原因之一。

首先，我有在函授學校擔任辦公室主任的經歷，這讓我在銷售和宣傳方面都累積了不少經驗。其次，我能說一口流利的普通話，這得感謝我早年在歌舞劇團的經歷，以及受到了我父親的影響和教育。要知道當時在長沙，大部分人都只會講長沙話，通常只有部隊的和國營企業的人才講普通話，所以能講普通話是屬於很牛、很有面子的一件事。

因此光憑上述兩點，我被派到了總公司和工廠所在地，廣東省的深圳市。當時去深圳很難，沒有暫住證進不去的。到了深圳總公司後我才發現，這家服裝公司只有三個男孩子，其他幾十個全部都是女的。

在做了八個月的裁剪、燙衣服這些雜活後，老闆李莉看我能說會道，臉也長得不錯，就把我調到了辦公大樓。她幫我配了一個公文式小皮箱，又把香港公司做的西服拿了一堆給我試。我西裝一穿、拎著箱子，就做起了銷售，開始到深圳所有的旅館去跑業務。

我很快就交出了優秀的業績單：接連拿到了各家旅館、旅行社和加油站員工製服的製服訂單。當然，給我這些訂單的，也都是乘著改革開放浪潮而迅速起飛的企業。他們意識到要讓客戶滿意，員工的製服得既時髦又統一，這樣一眼看過去就覺得專業、放心。這正是我的服務宗旨，最終良好的表現也證明了我的初衷是正確的。

另外，我在幫公司的服飾產品出口方面，也做出了一些貢獻。古往今來，在中國想要透過海關出口貨物，都需要煩瑣的程序和文件。為了讓手續辦理得更加順利，我竟然靠著我曾經身為芭蕾舞者的優勢，和海關的職員們打成了一片。

有些朋友可能在想，我跳芭蕾跟海關有啥關係？別急，我來跟大家講講。那時候，每到像勞動節、國慶日這樣的節日，各單位都愛搞五花八門的慶祝晚會，海關也不例外。但在海關的工作人員裡面，基本上沒人會跳舞。於是我毛遂自薦挑起了舞台導演的重任，不僅免費教授舞蹈課，連演出服裝也一併傾囊相贈，其實這些免費提供的演出服裝，也都是我們用交貨後餘下的布料做的。如此一來，海關的工作人員對我充滿了感激之情，我們公司的出口產品也都得以及時準確地發往海外。

跟海關搞好關係還有另外一個福利，海關的女孩子都漂亮，我當時還談了一個女朋友，就是在海關工作的。深圳有個伴溪酒家，很多香港人在那裡喝早茶、談生意。我常常就讓這個女朋友在上班前跟著我去吃早茶，還要穿著海關的製服。結果香港人一看：「哎呀！這公司跟海關關係搞得好。」所以我們跟他們簽生意也格外順利。

「這小夥兒真能幹！」李小姐常這麼誇我。由於她對我的賞識和提拔，我負責的區域範圍也從深圳市擴大到了整個廣東省。收入也比在縫紉機廠翻了好幾倍，一個月三百塊的底薪，加上百分之五的提成，我也逐漸有了點兒底氣。

服裝公司的上班時間是早上九點，但因為我的業績好，李小姐特別允許我的上班時間自由。於是，我這個「金牌銷售」的上班時間總是在午餐前後。但這並不能使我滿足，我又開始努力尋找一份零工，這份工作便是在夜總會伴舞。

對於曾經是專業舞者的我來說，夜店的伴舞可謂是小菜一碟。跳一晚能賺二十塊，一個月下來六百塊。不只我一個人跳，我還把我的第一任妻子從長沙辦到了深圳，然後教她跳舞，沒多久，她也可以每天晚上賺到二十塊。加上我白天還有工資，我們兩個人，每個月收入將近二千塊。要知道，當時中國大陸的平均月收入只有三十塊。所以，我沒住公司的宿舍，直接在深圳買了一間公寓。在那個年代，能住上自己的公寓的人可謂是鳳毛麟角，不是明星就是老闆的小蜜，但是我靠自己的努力做到了。

其實我跑去夜總會打工當伴舞，不只是為了多賺點錢，更重要的是想認識更多的人，拓寬自己的人脈和交際圈。畢竟當時的深圳是中國的第一個經濟特區，受到全國甚至全球的矚目。高級夜總會也只有高級會員和鼎鼎大名的人物才能進出。

特別是我在「僑社」跳交誼舞的時候，認識了很多漂亮的女孩。很多年輕的讀者可能沒聽過「僑社」這個詞兒，僑社的全名是「華僑服務社」，也就是服務華僑的機構，內地漂亮的女孩們都聚集在那裡，她們都是各個公司大老闆的秘書，你直接去找大老闆，不如找這些秘書。因為我是專業跳舞的，我這個摟一下，那個摟一下，就夠搞清楚很多事了。

除此之外，當時深南中路上有一棟大樓，我叫它科技大樓，是一個集電子、電器、通訊為一體的大樓。誰在裡面呢？任正非。當時他的公司還不叫華為，他的秘書也是我常常陪著跳舞的。有過那麼幾次，跳完舞，外面會有一台上海牌的小轎車停著，車上就坐著一個神似任正非的人，還沒有這麼胖，不過很精神。總之，當時的深圳，就是這麼一個講究交際場和人際關係的地方。而我到了深圳，簡直如魚得水。

一大八四年，我還在深圳創辦了一家模特兒經紀公司。它應該算是中國第一支服裝模特兒表演隊。是由我們深圳銀城服飾公司、聯合深圳外貿集團和一本叫做《體育大觀》的雜誌，三家共同組成的。我們公司負責出人，也就是我，還會定期邀請香港的老師，來介紹香港模特兒業是怎麼操作的，國際的流行趨勢是甚麼樣的。外貿公司有錢，負責出錢，拿了二十萬日元，這也是因為它的董事長是湖南人，兒子跟我關係很好，我找到他們，很快就達成了合作。而《體育大觀》是由深圳市委直屬的，他們有人脈，負責打理政府關係。

我們這個模特公司的運作模式是：模仿香港的營運管理體系，在全國公開招募女模特，審查合格者可以穿上我們公司的最新服裝。因為穿上這些衣服的都是大美女，所以我們的銷售額也是節節攀高。

模特兒隊有兩個老師，一個是戰友歌舞團的舞蹈老師，他做主要的導演，進行訓練和編排。另一個是我，我主要的工作是輔助他，同時也要負責一些聯絡場子、宣傳和打廣告等其他工作。

之前說到的我的第一任妻子，我就是利用這個公司把她從長沙調到了深圳，她其實身高只有一米六八，按照規定，一米七以上才能進來，我幫她走了一個後門。可是這件事，也最終成為了我們婚姻走向終點的導火線。她走上T台以後，開始有很多香港大老闆來追她，於是她漸漸就變了。

為了工作的便利，我和她在公眾場合不稱自己為夫妻，而是自稱為姐弟，還一起跳雙人舞。跳完舞，她會帶我去宵夜，香港老闆請客，都是些最高級的地方，吃宵夜的時候，香港老闆常常會摸她的手，我只能假裝沒看見。

後來，她開始到有許多香港歌手唱歌的香江酒樓伴舞，期間愛上了酒樓裡的樂隊隊長。知道這件事以後，我開始和她不斷吵架，後來我也交往了別的女朋友，我們之間的矛盾就更激化了。

有一次吵完架之後，她嘗試服藥自殺，幸好我及時發現，叫了救護車，送去醫院洗胃。那時候我就知道：該離婚了。

在醫院的病床上，妻子說想見那個樂團的隊長，我甚至還跑去找他了。當時那個樂團隊長還不知道我們是夫妻關係，我告訴他說：「我表姐很喜歡你，因為喜歡你而覺得無望，就自殺了，你去看看她吧。」他後來真的去醫院探望了妻子。你能想像嗎？當時我們還沒有離婚誒。我就裝作甚麼都不知道，做了這樣的事情。

這段婚姻給我帶來了巨大的傷害，後來我就不相信有愛了。但幸好，我們離婚過程相對簡單，主要原因是我倆沒有小孩。我和第一任妻子結婚四年，在深圳離婚。她後來繼續留在深圳唱歌跳舞，再後來在長沙買了房子，一個人住在長沙。我們偶爾會有聯繫，早年她還問過我，有沒有日本的有錢人老頭可以介紹給她，她想嫁到日本來。我聽了後，哭笑不得。

在深圳最忙的時候，我同時要做五份工作。除了剛剛說的服裝公司的銷售、夜總會的伴舞、模特兒公司的老師，另外我還在深圳金海電子有限公司當辦公室主任，以及還做了一份留學中介的工作。這是一個香港人開的公司，它也是中國第一批做留學中介業務的，主要是把中國人介紹到澳洲、加拿大和日本去讀書。在這個留學中介，每辦一個人，我可以賺三千港幣。我們的辦公大樓就在剛蓋好的國貿大廈裡，當時是深圳最高級的辦公大樓，還帶著一個旋轉餐廳。

在這裡工作的期間，我還把「日本外國語專門學校」的校長請到了深圳圖書館，開了三天的演講會。當時我要跟深圳市委和供電局聯繫，保證場地那三天不能停電，這些都是需要紅頭文件的。

後來的事大家可能也猜到了，我自己和我的第二任妻子，就是透過這家留學中介來到了日本。至於當時為甚麼沒有選擇加拿大和澳洲，是因為我心中一直有一個服裝夢：我要學時裝設計，而日本和中國人的體型差不多，方便我學成了回來給中國人做衣服，我要做中國一流的時裝設計師。

027 深圳我的愛與痛

我和第一任妻子結婚四年後，最後在深圳離了婚。不久後，我遇到了我的第二任妻子，也就是小梅。其實在這兩段婚姻之間，我在深圳還有幾段情史。

話說回來，我跟大家講了很多，我的第一段婚姻是怎麼結束的，突然想起來，我其實從來沒有在媒體上公佈過，我和我第一任妻子的相識。我的第一任妻子，我們就叫她「紅妹子」吧。

在芙蓉文藝學院開辦之前，我曾在長沙的服裝廠工作。不久後，「長沙市第一人民織布廠」生產了一批新的布料，並組織了一場服裝設計比賽，各個服裝廠可以免費利用這些布料參加比賽。那也是打倒四人幫以後，長沙市首次舉辦服裝設計比賽。有趣的是，這家當時長沙市最大的織布廠，前身之一就是我外公的織布廠。不過這一點我也是後來才知道的。

我在服裝廠的傳達室看到了比賽的廣告，思索之後決定參賽。當時我常去街上買布料，為親朋好友做衣服和帽子，這是被歌舞團的道具組培養出來的興趣。為了參加比賽，我去織布廠找布料，接待我的是廠裡的一個女領導。

當我們走進工廠後，發現放眼望去全是女工，她們紛紛回過頭來看我。那天，我穿了一件長風衣，當時有一部很流行的日本電影，叫做《追殺》，男主角高倉健穿的就是這種風衣。我穿著風衣走在車間裡，非常瀟灑也非常扎眼。我心裡暗暗得意，心想：我既在選花布料，也在選花女孩。為甚麼這麼說呢？因為我不只要選布料做衣服，還要選模特兒穿我做的衣服去參加比賽。

一千多個女職工的工廠，我在歌舞團裡也沒見過這麼多美女。我對女領導說：你們這裡漂亮女孩子真多啊！女領導說：我女兒也在這裡當女工。然後她特意帶我去看她女兒，遠遠地我看到一個留著長長的馬尾辮的背影，個子挺高的，走近了一看，長得也挺好看的。嗯，盤正條順，正適合當我的模特兒。那是我和紅妹子的第一次相見。

最後，我選擇了一款英式條紋的布料，做了一件女式風衣，然後再配一頂貝雷帽，紅妹子就穿著這套衣服去參加了比賽。沒想到，我竟然得到了一等獎。而我的模特兒「紅妹」，後來也順理成章地成為了我的第一任妻子。

當時，我還在長沙市工人文工團領舞，我是裡面唯一一個受過專業訓練的，老師不在的時候，就由我指導其他舞友。我把妻子「紅妹子」也帶到了這個文工團，在我手把手的教導下，她漸漸也學會了跳舞。

一九八三年十一月，時任總書記胡耀邦第一次訪問日本，回到中國之後，他就開啟了一個規模宏大的中日青年互訪活動。一九八四年秋天，三千名日本青年受邀訪問中國，其中十名被分配到了長沙。我們文公團在工人文化宮殿舉行了聯歡會，我和妻子表演了雙人舞《橄欖樹》。那是台灣歌曲正流行的時候，所以我們選了這首歌，舞蹈是我親自編的。嚴格說來，這才是我第一次跟日本人打交道，大半天的活動，從中午到傍晚，我全程接待了這十名日本青年，因為參加過高考，我還可以和他們說一點簡單的日語。

我和第一任妻子「紅妹」的結局，我在上文已經講過了，她在學會跳舞後，經常去深圳的香江酒樓伴舞，期間愛上了酒樓裡的樂隊隊長。此後我們每天都爭吵不休，而我也開始交往別的女友，這位女友我們就叫她「敏小姐」吧。

我是在舞廳認識敏小姐的，她其實是當時太原市長兒子的前妻，比我大五歲，長得很洋氣，就像我當年在外國電影畫報上看到的奧黛麗·赫本。她的身材也非常好，以前是某著名部隊文工團的舞蹈演員，身高足足有一米七。

敏小姐離婚之後，一個人跑到了深圳，最早是我的一個發小「田哥」想勾搭她，結果她卻跟我好上了。當時妻子紅妹被調到廣州華麗宮去伴舞了，長期不在深圳，敏小姐就常住在我家。我的發小「田哥」因為這件事很生氣，就把這個事情偷偷寫信告訴了紅妹子，信裡說：你們家進來了別的女人。

我萬萬沒有想到，紅妹在收到這封信之後，連夜趕回了深圳，躲在我們家的陽台上。萬幸的是那天敏小姐不在，剛好去廣州出差了，但是在我家的衣櫃裡還掛著一件她的大衣。晚上十二點，我騎摩托車回到家，突然發現這件大衣被丟在停摩托車的地方了。

我撿起衣服走在樓梯上，心裡還在疑惑，怎麼這件衣服被丟出來了，莫非是敏小姐回來了？突然一把大菜刀就出現在我面前，還好我反應夠快，下意識地用大衣檔了下來。我把刀子搶過來以後，就聽到紅妹子大吼：「這個衣服是誰的？」

我趕緊說是我的一個女性生意夥伴的，太熱了順手就放在我這邊的。因為家裡沒有其他任何敏小姐的東西，她找了半天也沒找到別的，這件事情才算圓了過去。雖然沒有找到更多的證據，但紅妹很肯定我是在亂搞，我們的關係也因此越來越惡化，最後走向了自殺和離婚。

和紅妹鬧離婚的期間，敏小姐把女兒也接到身邊了，所以我在羅湖區租了一個三室一廳的大公寓，租金二百八十塊錢一個月，和她們住在一起。敏小姐很有錢，也的確很忙，她有香港通行證，常去香港出差，也常去廣州出差。後來她的女兒又被接回老家了，只有我一個人住在那個家。

那我後來跟敏小姐在一起了嗎？其實也沒有，看過我以前影片的觀眾應該都知道，我的第二任妻子是小梅。不過在認識小梅之前，我還認識了一個自稱「張妹子」的長沙女子。

在深圳工作的時候，有許多外來的工人集中在上埠工業區，一到週末，每個工廠都會舉辦迪斯可舞會。我和幾個關係好的老鄉常常騎著摩托車去那裡找女伴，現在講來就是找一夜情。在那裡我認識了張妹子，她在羅湖區有名的四星級飯店「芙蓉賓館」當服務員，我倆談了一段時間的男女朋友。

「張妹子」有個壞毛病，特別愛打麻將，而且只要輸了錢，都我得去給她掏錢，給她做金主。當年深圳有一棟叫「友誼大廈」的商業大樓，是全深圳最貴的商業大樓之一，五十多坪的兩房一樓差不多要十五萬元人民幣，一般人根本買不起。張妹子常去 A 座十三樓的一戶人家打麻將，其實那個就是小梅家。四個打麻將的女人，每個人都有一個金主，經常打完麻將一起去宵夜。去了幾次之後，小梅看上了我，趁著張妹子不在的時候，偷偷把她家裡的座機號塞給了我。

就這樣，我跟小梅搞上了。不久後，我騎摩托車載著小梅去小梅沙海邊浴場，回來的路上突然開始下大雨，我們全身都打濕了，她緊緊抱著我的背，我分明感受到有兩坨柔軟的東西在我背後擠壓。騎摩托車絕對是釣妹子最好的方式，透過肢體語言，你就知道今晚有沒有戲。當時我的車燈還壞了，騎了四十多分鐘，好不容易才在天黑前到達了我的公寓。那天晚上我們第一次上床了。

把小梅帶回家以後，我很快就跟敏小姐提出了分手，她爽快地答應了。三十多年以後我才知道，當時她已經有了一個上海的男朋友。所以我兩個才可以在完全沒有發生戰爭的情況下，和平分手了。

和小梅好上之後，我就搬到她家去了，距離我公司也更近，不用每天再騎半小時摩托車去上班。小梅也很有錢，一開始我不知道她的錢從哪裡來的，她沒有正式工作，只是說在跟香港人做交易。後來我才知道：這房子，一半是小梅的，另一半是一個香港男人的。當時的香港人在深圳，不管是大老闆還是小職員，都可以在內地養二奶。小梅就是這個香港人的二奶，他很希望小梅給他生個孩子。不過我認識小梅的時候，她已經跟這個香港人鬧翻了。

和小梅好上之後，轉眼到了一九八七年的冬天，一件事情徹底改變我的命運。那是十一月的一個晚上，當地派出所的七、八個警察突然闖進了我的公寓。對於在深圳早已久經沙場的我來說，這些不速之客的「查房」並不會讓我心驚膽戰，但這次「突襲」似乎「醉翁之意不在酒，在乎男女之間也」。這幾個警察闖進來的時候，我正和小梅在一起，我被扣上了「非法同居」的罪名。

在那個年代，婚前性行為是一個非常敏感話題，就連男女同住飯店都需要出示結婚證書。這幾個警察抓我的理由是：沒有正式結婚的男女住在一起就是非法同居。儘管後來，我出示了單位開出的結婚介紹信，說明我與小梅就快要結婚，但根本沒用。就這樣，我有幸「初進宮」，連同我一起被扣押的還有房產證，也讓我萌生離開中國的想法。

028 避秦

一九八七年冬天，我和小梅好上沒多久，就被扣上了「非法同居」的罪名，並且被當地派出所扣押了房產證。在那個年代，婚前性行為是一個非常敏感話題，就連男女同住飯店都需要出示結婚證書。現在回頭來看，其實法律並沒有嚴禁非法同居的相關規定，派出所也沒有逮捕非法同居的權利。但是，我還是被「羅湖區公安分局車站路派出所」關了起來。

我還記得關我的地方：一個大概一公尺高、兩公尺寬、三公尺長的洞。你沒有聽錯，就是一個洞。洞裡面擺著一張水泥凳，上面雜亂地鋪了張草蓆，牆上寫著「文明用地」四個字。這麼小的房間，同時還關著一個潮汕人，這個人是因「投機倒把」罪被拘留的。

被關了幾個小時後，洞外突然出現了一個身影，蹲在一個水溝前刷牙。我認出來他是這個派出所的李副所長，之前透過小梅的介紹，我曾經和他有過一面之緣。我感覺像是抓到了一根救命稻草，趕緊大喊他的名字，請他幫忙通融，他走過來冷淡地問了我兩句話：「怎麼進來了？」一副不知情的樣子。我講完之後，他只是說聲「知道了」就走了。

我總共被關了廿二個小時，中間給了兩次盒飯，送過幾次水，還喝了菊花茶。最後才有一個政委和一個所長來審我，審了大概一個多小時。當時中國的法律有個規定：在沒有證據的情況下，最長只能關廿四小時。

他們故意掐著點問我話，主要是問我的各種男女交往關係，企圖用流氓罪來抓我。我毫無保留地如實告訴了他們，他們沒有抓到把柄，但仍然對我的「正當男女關係」表示懷疑，不肯善罷甘休。最後，他們請來了我在深圳金海電子有限公司的方副總經理，證實了那封「結婚介紹信」是真的，並簽了保證單，才把我保了出去。放我走的時候，他們還刻意強調說：我們現在就放你走，以後你還得隨時待命。

我出來以後，小梅告訴我：這件事情一定和李副所長有關係。原來，在遇到我之前，小梅跟李副所長有一腿，他不但想要小梅的人，還想把她住的這個房子也搞到手。上文我說過，這房子一半是小梅的，另一半是一個香港男人的。

小梅當然不願意，她想找一個真正喜歡的人來做她的老公。小梅喜歡我這件事，表面上我是李副所長的情敵，其實我也壞了他的財路。這讓我擔驚受怕，為了避免夜長夢多，我和小梅立刻回到長沙，只花了三天，就領了結婚證書。再回到深圳之後，我心想，要趕緊把房產證拿回來。

去派出所要房產證前，得先跟香港人談好條件。這時候小梅已經和香港人失去聯絡了，後來是張妹子出面，我們才找到香港人了。這個細節也很有趣，好多年後，張妹子又回到了湖南的湘江賓館做服務員，我們在她的賓館見面，我才得知，因為我跟小梅搞在了一起，她很生氣，所以她就跟香港人搞在了。而當時，她也在打那個房子的主意。

不過，當時那個香港人已經沒有在深圳養二奶的想法了，那個房子是十五萬元人民幣買的，他表示願意退出來，只要給他七萬五。我和小梅每人出了一半的現金，和香港人約好一個月之後去公證處，更改房產證上的名字。這一個月以內，我要想辦法從派出所把房產證拿出來。

這就是考驗我活動能力的時候了。當時深圳市政府秘書長是個長沙人，平常跟我關係很好，他教我一個方法：打市長辦公室專線。由他事先跟接線人員打好招呼，再由相關工作人員給派出所打電話，說這是民事問題，警方沒有權利干涉，應該退還房產證。在市長電話的命令下，不到一個星期，小梅就接到了派出所主動打來的電話，說可以拿回房產證了。拿到房產證的第二天，上面的名字就改成我和小梅的了。

原本以為這件事情就這樣落下帷幕了，不料兩天之後，李副所長竟然親自登門造訪。那天小梅出門打麻將去了，留下我獨守空房。我不敢放他進門，只打開了裡面的木門，隔著防盜門和他說話，他看見我的第一句話就是：「你怎麼還在啊？」我很客氣地遞煙給他抽，然後拿結婚證書給他看，他看了半天知道沒戲了，才忿忿不平地離開了。

這件事在我心裡敲響了警鐘，我心想，只要我在深圳，總有一天他還會找上門來的。雖然他只是一個區派出所的副所長，但也是有權有勢的。無論我怎麼做守法公民，他都能想到辦法整我，給我扣上一些莫須有的罪名。

於是，李副所長來訪後的第三天，我和小梅又回到長沙，這次是去辦護照。我們已經決定要「潛逃」到東京。一方面，這樣可以擺脫李副所長的非法逮捕，另一方面，我也可以重拾我時裝設計的舊夢。要知道當時的東京，已經是世界五大時裝大都會之一，而且有時裝發表會了。

那時去日本留學，還需要提供香港的經濟擔保，但因為我和小梅都在留學中介工作，對這方面非常有經驗，我們順利拿到語言學校的入學通知書，很快就到廣州總領館遞交了資料。十一月發生的事情，二月二十六號我就離開深圳到了日本，前後加起來不到三個月。

離開前，小梅搞了一個生日party，在深圳歡樂園大酒家，感謝她所有的朋友和照顧過她的金主，還有我的一些朋友，來了一百多人，坐了十個大圓桌。其實我們是以她的生日party的名義，搞了一個告別宴，告訴大家：我們要去日本自費留學了。

那天晚上還有一個小插曲，來的客人中有一個令我印像很深刻的人，騎著一輛本田250cc的摩托車，皮膚黑黑的，個子很矮，是做電器走私生意的，和我坐在一張桌子。他是小梅過去眾多男友的其中之一，後來我才知道，因為喝多了酒，當晚回去的路上他就出車禍被撞死了。

小梅很有生意頭腦，在這個生日 party 上收了很多紅包，幾乎賺回來了我們付的那一半房產錢。一九八八年二月，我們用這筆錢買了機票，又換了五十萬日幣，就此踏上了東京留學之路。李小牧的中國故事，至此也拉下了帷幕。從此往後，便是一個歌舞伎町案內人，在東京摸爬滾打的故事了。在此之前，我想感激中國遇過的故人。

在芙蓉文藝學院的時候，我身為學校的辦公室主任，訪問過劉少奇之妻王光美，也曾採訪過彭德懷的夫人浦安修，她們後來也都成為了我們學校的顧問。除此之外，我還看過八十年代中國最有名的男主角楊在葆。為了邀請楊在葆來長沙演出，我專程去了一趟上海。

那時候，中國還沒有普及坐飛機的概念，人們主要透過火車出行。我當時為了趕時間，還透過在鐵路工作的姪女，花高價買了軟臥票。這是我第一次體驗軟臥，感覺就像是在公費旅遊。見到楊在葆後，我們相談甚歡。然而很可惜，因為當時楊在葆的妻子已經罹患了癌症，他無法離開上海，最後只答應成為我們學校的顧問。

當時，我利用這個特別的機會，也邀請了其他幾位大明星，像是文革時期最著名的女高音歌手、《白毛女》的領唱朱逢博。朱逢博的丈夫施鴻鄂也是出色的男高音歌手。我記得我當時是去了他們位於上海交通大學附近的一個宿舍，他們夫妻倆非常熱情地接待了我。施鴻鄂看我也抽煙，便遞了一支煙給我，還用一個從日本帶回來的座式打火機給我點煙。在那之前我一直都還是在用火柴點煙，所以當我第一次湊到打火機前時，就不小心把右邊的眉毛和部分頭髮燒掉了，空氣中瀰漫了一股焦味。

原本他們夫妻倆並不打算成為我們學校的顧問，但可能因為我燒掉了自己的眉毛和頭髮，為了補償我，他們最後也答應了。後來，我在日本也有過類似的經驗：如果我等的人遲到了，我就知道今天的談判將會對我有利了，因為他遲到了就會有愧疚之心。那時我才二十一歲，我就明白了一個人生道理：壞的事情，有時候恰恰能成就好事。塞翁失馬，焉知非福啊。

在芙蓉學院，我利用這種出差的機會，去到了很多城市。在北京，我見到了前總政文化部部長，著名作家劉白羽，他家在天安門附近，長安街上的一個紅樓裡。還有在抗日戰爭中犧牲的將軍左權，他是我爸爸的遠親，他的女兒左小白在北京接待了我，還帶我去軍事博物館參觀了一個正在為她父親製作的雕像。

後來我又去了廣州，見到了另外兩位著名作家，蕭殷和秦牧。我記得在中山大學的一棟小洋樓裡見到的蕭殷，很健談的一個老頭，跟我聊了許多他的楷模魯迅的事情。不過可惜的是，我見到他後的第二年，他就病逝了。而秦牧呢，他和我的名字裡都有個「牧」字，巧的是竟然都是因為我們的父親想讓我們兩個以後做官，才取的這個名字。在字典裡，「牧」也有管理者、統治者的意思，剛好那時候中國的副總理，名字就是谷牧。

在芙蓉學院工作的經歷，不僅讓我有機會與許多大名鼎鼎的人物交往，也塑造了我一個重要的人生習慣。記得拜訪楊在葆並從上海返回長沙的那次，我選擇了在杭州下車，並藉此機會進行了一次公費旅遊。那是我第一次去杭州，玩了兩天，看了西湖。

此後無論我後來在日本，或是全球各國旅行，都遵循一個原則：用三分之一時間工作，三分之二時間旅遊。我一定要有自己的時間，我這個習慣或說傳統，一直延續到了今天。

| **Part 4** |

日中聯繫人

029 在東京MODE學園的日子

我生命中的第三段婚姻，原本是為了拿簽證、繼續留在日本。但結婚之後，我發現久美子是個特別寬容和善良的日本女人。從她身上，我常常能看到我母親的身影。可以說，久美子治癒了我在前兩次婚姻裡受傷的心靈，讓我又一次感受到了愛。

久美子從來不過問我的事，不管是公事還是私事。所以我第一次體會到「相夫教子」這個中國成語，不是在前兩任中國妻子身上，而是在日本妻子久美子身上。

這裡也想分享我的一個看法：常常會聽到一些在日中國人和日本人結婚後，由於文化背景和教育環境不同，而產生了劇烈的衝突。中日跨國婚姻確實離婚率很高。但是，我和久美子卻異常和諧，幾乎可以說是跨國婚姻的傑出代表。電視劇《上海人在東京》，有請我當過顧問，裡面有來自一個上海、學美術的留學生。他和他的日本妻子相識相愛的故事，就是以我和久美子為原型的。

所以我覺得，不管出身在哪個國家，夫妻一定要互相諒解，互相信任。我和久美子的婚姻，可以說是無話不談、親密無間。無論是生活習慣，或是思考方式，都完全沒有不適應對方的情況發生。我們兩人最終離婚的原因，也完全和這些無關。這段故事留著以後再說。

我一直沒有說過，為甚麼久美子會接受我？很大原因是她在年輕的時候，曾經拿著打工度假簽證在澳洲待了一年半。其實最開始久美子只有一年的簽證，為甚麼又多待了半年？因為她買了半年後的一場演唱會的票。她拿著那張票去當地的移民署，說半年後要看這場演唱會，對方就給了她延長了半年的簽證。在那段期間，她每天在雪梨的紅燈區打工，給人理髮。那是一個類似歌舞伎町的地方，所以久美子很懂得我這樣一個外國人在歌舞伎町的處境。

其實，久美子最開始是跟一個華裔男朋友去澳洲的，後來又談過一個馬來西亞的男朋友，再後來又跟一個澳洲人好上了。這三個人之中，在我們結婚以後，我見過兩個。

大概是一九九三年前後，我請這個華裔前男友和他後來的女朋友一起在歌舞伎町吃飯，吃完飯出來，我在旁邊的報亭順手買了一本《朝日周刊》雜誌送給他，裡面有一篇彩色的文章報道我。我對他說：你看看這個，就能搞清楚我在歌舞伎町是做甚麼的了。那篇文章的題目叫做「超級導遊」，旁邊的一篇文章是關於當時日本皇后的報道，一張醒目的大照片。好多人不懂日語，以為我跟日本皇室有甚麼關係，我把這本雜誌帶回長沙，親戚還說：「你一定要跟天皇搞好關係啊。」

我和久美子生了孩子以後，那個澳洲的前男友來日本的大學當英文老師，還在我們家借住了兩晚。他一個高大的白人老頭，比我還大二十歲，是個基督徒，每天晚上要禱告半小時。所以說，日本人真的不太介意從前的情感關係，大家還可以坐在一起吃飯。如果可以的話，我也希望我以後可以把離了婚的老婆們都請來吃飯，搞一個大圓桌會議，把酒言歡，共憶往事。

我和久美子的孩子，也就是我的大兒子，今年已經廿八歲了，正在計畫結婚，準備從母親家搬出來住。我去幫他搬家的時候，久美子也把我拉到一旁，讓我把留在他們家的照片和西裝大衣都拿走，因為她的男友要住進來了。說句老實話，我聽了這件事非常開心，我們分手快二十年了，她一直不結婚也不找男朋友，我心裡時常感到愧疚。現在她已經六十歲了，需要有個人照顧。日本沒有子女結婚以後還和父母住在一起的道理，更加沒有父母還要幫孩子帶孫子的事情，大學畢業後孩子就獨立了，所以有個人照顧久美子，我覺得是很好的。

言歸正傳，和久美子結婚以後，我不用再發愁簽證的問題了，於是更加努力地投入工作和學習當中。這時候，我已經快要從「東京 MODE 學園」畢業了。

在「東京 MODE 學園」那四年，我過著連軸轉的生活了。每天晚上七點，我都準時站在歌舞伎町的街頭，開始我的案內工作。通常忙完就到下半夜了，我再騎腳踏車回到家。我每天都累得倒頭便睡，但是不管睡得如何像死豬一般，到了早上七點多我就得起床，簡單吃點麵包，喝杯牛奶，然後在九點前趕到服裝學校上課。所以平均下來，我每天頂多只能睡三、四個小時的覺。

在這種筋疲力盡的身體狀態下，上課不睡覺是不可能的。我常被老師發火的聲音叫醒，甚至有一次，老師喊著「李君！醒來！」的時候，我竟然條件反射地喊出了「案內人」的台詞：「哈依！我帶你去家好店！」班上都是些二十歲出頭的日本孩子，常在背後偷樂。

其實，我內心也很想睜開眼睛聽講，但我的身體不受控制，實在太睏了，常常才醒來一分鐘，就又合上了眼皮。所以，我常常被老師罰到教室最後一排去站著。這樣的情況反覆發生，我唯一能保證的，就是不缺課。因為只要我準時到了學校，就不能算我缺勤，這樣，就可以保證我的出勤率。

「東京MODE學園」的教學制度比語言學校嚴格多了，遲到三次就算一次曠課，出勤率達不到百分之八十五，就不能升級，也拿不到簽證。而我在上學的四年當中，出勤率一直保持百分之九十以上，還曾連續兩年得到了「精勤獎」，那個獎狀至今還被我精心收藏著。

「東京MODE學園」的課業對我來說，也是難事一樁。當時我已經三十二、三歲了，比周圍的同學都大一輪，和在日語學校的時候一樣，在「東京MODE學園」我也是年紀最大的。在服裝設計課上，那些二十歲剛出頭的日本學生，只要三十分鐘就能畫完的內容，我卻常常要花一個小時。

特別是對我來說，每個星期一早上的「服裝設計術語測驗」才是最難對付的。平常上課時老師說的日語，我充其量只能聽懂百分之七十，更何況那些專業術語。混跡於歌舞伎町的我，聽慣了街頭粗俗的日語，反而對這種標準日語感到非常茫然。

好在，我靠著我的小聰明，很快就找到了一些「對策」，把課業順利混了過去。比如說，我會請班上的女孩吃飯，有時候還付給她們一點「辛苦費」，然後將作業交給她們，由她們代我完成。一般這些女孩都會對這種「交易」感到很滿意，因為對她們來說，日常花銷主要靠自己打工，這種得來全不費工夫的「美差」，簡直是天下掉餡餅。後來我的出手大方和風流瀟灑，更是成了她們之間議論的話題，甚至不給錢她們也願意幫我。

討一些老師歡喜，也是我的護身符之一。不謙虛地說，大家看過我的照片就知道，我那時候真的是年輕英俊，屬於眉清目秀又風流倜儻的那種類型。在日本的服裝設計界裡，同性戀是很多的，我又恰恰屬於這類男人喜歡的對象。對於那些老師們，我不需要付出太多，只要對他們殷勤一些就好了。不過當然，我的身體是不讓碰的，否則性質就變了。

我的這些小聰明都收到了很好的效果。甚至，喜歡我的一個老師還幫我完成幾十張設計畫稿的暑假作業。作為回報，我每個月會送他兩條煙，甚至還買一件大衣給他。和那些女學生一樣，他對此感到十分開心，如果不是礙於「師道尊嚴」，保不齊他也會撲上來擁抱我一下。

就這樣，我好歹算是維持了案內人事業和服裝學業的平衡，在學校也成了一個不大不小的風雲人物。我常常會聽到有其他學生在背後議論我，在他們眼裡，明明應該只是一個中國窮留學生的我，卻每天身穿名牌、出手闊綽，這讓他們百思不得其解，甚至校園裡一度流傳「李小牧在當男招待」的傳聞。對此，我只是一笑了之，既不做肯定回答，也不否定，由他們去猜測吧，把自己搞得神秘一點也沒甚麼不好。

在「東京 MODE 學園」裡，我最喜歡的課是製作自己設計的服裝。因為這是我學習服裝的真正興趣所在，也是我來日本的最初目的。不管我有多累，我都會興趣盎然。所以只有這門課，我是不需要別人幫忙的。那時，老師評價我的服裝時稱，我的設計充滿了某種特殊的愛。我的服裝設計知識、美學眼光都得到了大幅度的提高，從這一意義上講，這四年的學校生活是非常有意義的，幾百萬日元的學費也沒有白交。

一九九三年三月，我順利從東京 MODE 學園畢業了。之前的影片說過，我親自設計的服裝作為畢業作品，獲得了《讀賣新聞》獎。雖然這為我爭取到了一點自信，但我深知，身為一個中國人，要想在日本時裝界混口飯吃何其不易。

於是，很長一段時間裡，我一邊繼續著我在歌舞伎町的案內人工作，一邊尋找有甚麼機會。過了有大半年時間，一個讓我進入日本時尚界的機會終於來了。

030

九零年代，中日時裝界的搭橋人

一九九三年三月，我從「東京 MODE 學園」畢業了。畢業後，我一直在東京尋找與服裝相關的工作，但對於一個外國人來說，這太難了。於是，很長一段時間裡，我一邊繼續著我在歌舞伎町案內人工作，一邊尋找有甚麼機會。過了有大半年時間，機會就來了。

在尋找了大半年跟時尚相關的工作後，有一天我偶然得到消息，有一個業餘服裝設計比賽在北京舉行，是由日本兄弟工業株式會社贊助的。我聽到這個消息後，非常興奮。雖然我知道要成為專業服裝設計師，對我來說是不太可能的了，但是作為愛好，也為了將在日本這四年的學習成果作一總結，我還是毅然報名參賽了。

當時，正是中國國內開始重視服裝潮流、時裝展和比賽的時期，各個新聞媒體都蜂擁而至，比賽規模盛況空前，許多電影明星和著名文化人也都參與其中。雖然我的設計最終遺憾地落選了，但在比賽結束後舉行的晚會上，我認識了中國國內著名的服裝雜誌《時裝》的編輯，她給了我一個充滿誘惑力的機會。她了解到我是剛從東京 MODE 學園畢業的，便試探性地問我：「你人在日本，能不能幫我們就近採訪一下，日本舉辦的各種服裝展覽?只要將日本服裝界的最新動態寫出來，再配上照片寄給我們就行了。」

我沒有半點猶豫，一口就答應下來。原本我就一直盼望著，能從事服裝設計相關的工作。既然我的設計得不到業界的認同，那麼我想，我也應該透過自己的文字來傳播自己對服裝的認識。

不過坦白講，當時中國和日本之間，存在著巨大的經濟落差，這個欄目給的稿費非常低，一年下來也不過一千塊錢的人民幣，折合日元僅一萬五千左右，還不到我在歌舞伎町工作收入的千分之一。所以純粹是出於自己對服裝的熱愛，我接受了這份《時裝》雜誌東京特派記者的工作。我覺得它將為我的生活增加新的亮點，甚至可以說它比在這次設計比賽上獲獎還重要。就這樣，在「歌舞伎町案內人」的身分之外，我又多了另一個身分：「時裝記者」。

有了這一身分，我就能夠大搖大擺地、自由出入日本的時裝界名流的聚會場所，隨時參加他們的作品發布會和時裝展覽會，近距離地從時裝大師們那裡獲取一手信息。所以有時候我也把自己比喻成一個「商業間諜」，我現在手上就還有當年君島一郎寫給《時裝》雜誌的寄語的原件。

接下這份工作不久，很快就迎來了著名設計大師山本耀司的時尚作品發布會。距離發表會兩個小時前，我才在新宿西口的照相機專賣店，匆匆買了一台專業記者用的佳能相機和一個長焦鏡頭。對於攝影，我可以說是一竅不通。我塞給年輕的店員一些小費，他花了三十分鐘左右的時間，將操作方法快速教會我，我背上攝影包飛奔向會場，就此成為了攝影記者。

那場時裝發表會的會場，是設在東京濱松町的山本耀司自己公司的倉庫內。我在會場入口處領到一個記者證掛在脖子上，進去之後，發現已經有幾十個攝影記者在那裡擺好了長槍短砲，恭候表演的開始。我找不到更好的位置，於是繞到攝影記者的對面，迅速掏出我的傢伙試起鏡頭來。

按照剛才售貨員教我的操作方法，相機開始正常運作，閃光燈也沒問題。我才鬆了一口氣，信心滿滿覺得能搞定今天的採訪和拍攝任務了。就在這時候，一位留著鬍鬚、體格健壯的攝影記者突然衝到我面前，大聲訓斥起我來。

「八格牙路！你跑到這裡來幹甚麼？攝影記者的位置不是在那邊嗎？你的閃光燈在這兒☒嚓、咔嚓地，誰還能拍得了照片？」這就是我的第一次採訪，沒有任何知識，不懂得任何規矩，完全是無知而魯莽，甚麼都不知道。

我在攝影記者們的團體怒視之下，慌忙退到了那群攝影師的最後面。可是，在這個位置哪裡還能拍到照片？我趕緊向對我發火的那個留著鬍子的攝影師鞠了個躬，說明了事情的原委：「我是中國《時裝》雜誌的記者，今天是第一次參加發布會，不懂規矩，剛才冒犯了，請您原諒！拍不到照片上面會怪罪我的，能不能在您的旁邊讓我拍幾張？」

沒想到，對方雖然長相挺兇，實際上卻是個好心人，他給我讓了個位置，豪爽地笑著對我說：「原來你是第一次啊？真佩服你的勇氣！」

真是不打不成交啊！那一次雖然沒有拍到太多有價值的照片，但我和對我發火的攝影師白山交上了朋友，此後經常能從他那裡學到些攝影技巧。經過他的引薦，我還參加了漢城的時裝展。我的時尚攝影水準迅速提高，很快，我拍的照片就出現在了《時裝》雜誌的封面上。後來，我的攝影作品也出現在銀座的日本時尚攝影專業的展覽會上，這又帶了許多自信。

「中國首位時尚雜誌特派員」這個稱號，也引起了日本服裝界大腕們的注意。君島一郎、大內順子等如雷貫耳的大人物們也都和我私交甚密。大內順子是日本著名的服裝評論家，她其實出生在中國上海，十歲以後才回到日本。她對我非常好，喜歡和我聊天。在日本，每年有春夏和秋冬兩季時裝發布會，每一季的發布會不是只有一場喔，會整整持續兩個星期，大約要開七、八十場。

要開這麼多場的記者會，我根本不可能每場都去看。所以我想了個好辦法，我就跟著大內順子，她很會精挑細選，她選出來的肯定都是最值得去的。就這樣，大內順子去哪兒，我就去哪兒，有時候她還會讓我搭她的順風車。

大內順子跟我提出，想要再去一次中國。我聯絡到兄弟杯，讓她順利成為第二屆的主評審。

這是她第一次去北京，工作結束後，她順道去了一趟出生的上海，全程都是我在做翻譯。我還記得大內順子當時在會場上講了一句經典的話，被同行的《朝日新聞》記者刊登了出來。那句話是：時裝一定要服務商業，商業反過來再服務時尚。說完之後，全場熱烈鼓掌。

第二屆兄弟杯的時候，我還見到了尊龍，他很矮，和成龍一樣矮，我見過「二龍」都比我矮。當時還見到了陳逸飛，他擔任副主任評委，這件事也很好笑：當時的中國因為沒有專業的時裝人士，所以找了一個搞美術的人來做評委。

我在做時裝記者工作的同時，也做些翻譯兼協助採訪的工作。一九九五年，我陪同日本《朝日新聞》的記者前往北京，在採訪北京時裝設計比賽時，發現日本兄弟工業株式會社盜用了我的照片，刊登在他們公司的產品廣告上。這家公司雖是這次時裝比賽的贊助商，但他們在採用我的照片時，並沒有徵求我的同意。

最初，我並沒有想難為這個公司，只想讓他們跟我說聲「對不起」。可是，當我把這個想法告訴他們時，他們的態度非常蠻橫，沒有一點道歉的意思，這種態度惹怒了我。自視發達國度的日本，不是非常注重維護「著作權」、「肖像權」之類的智慧財產權嗎？怎麼會如此無視我的意見，還擺出一副無禮又傲慢的態度？難道僅僅因為他們侵犯的對像是一個中國人？

這已經不是金錢的問題，而是人格和尊嚴的問題。回到日本後，我決定不惜一切代價討回公道。久美子聽說了這件事，也支持我的舉動。於是，我花錢雇了律師，正式向日本兄弟工業株式會社發出了抗議，並做好了上法庭的準備。結果，對方覺得事情要搞大了，主動提出和解。和律師商量後，我決定接受和解。他們付我二十萬日圓和解金，並對我道歉。

這件事真讓我有揚眉吐氣的感覺。錢是小事，重要的是我一個人在與日本大公司的鬥爭中，沒有半點屈服，最終取得了勝利。這也讓我更確定了之後的行事準則：為了自己的信念，不管對手是誰，大公司也好、「雅酷扎」也好、警察也好，不管對方是甚麼樣的人，我都希望自己能不畏困難、靠自己的力量維護自己的利益。

後來這份工作也為了帶來了一些別的機會：一九九六年，當時的通商產業省決定以時裝業為主軸，進行東京街區的開發，因此，台場建成了東京時裝城大樓，並且在大樓竣工慶典上舉行了國際時裝秀。我作為亞洲負責人參加了這項紀念活動。

之所以請我擔任負責人，原因在於當時我在大陸，甚至港台的時裝界，都積攢了相當多的人脈，因此在東京找不出比我更合適的人選了。上任之後，我和中國時裝協會取得了聯繫，邀請了當時中國的首席設計師來日本參加活動。

考慮到她是首席設計師，而且需要攜帶很多服裝作品，經濟艙托運行李的重量又不夠用。所以我們請她預定商務艙飛往東京，費用我們會給她報銷。結果發生了一件有趣的事情，當時我專門去北京接她，我們在機場碰頭，我幫她拿了一些行李。結果到了候機的時候，發現她進不了商務艙的休息室，只有我可以進去。

我立刻反應過來，原來她報銷的是商務艙的錢，但購買的卻是經濟艙的機票。我可以理解她的做法，儘管她是一流設計師，在當時中國的情況下，也是能賺一點兒就賺一點兒。她現在作為元老仍然活躍在時尚界，從那時起我們也偶有來往，我想她現在應該再也不會坐經濟艙了吧。

031

帶著日本人，溜進重慶市重地

上文聊到我當上了中國《時裝》雜誌的東京特派記者。這段時間裡，我接觸了許多日本時尚界大佬等級的人物。其實，這份工作帶給我的人脈，不只是在時尚圈，我還交到了許多媒體圈的朋友。

在第二屆北京兄弟盃國際青年設計師大獎賽上，我認識了竹端直樹。我想先介紹一下他的家庭背景。竹端的父親是日本共產黨，在今天南開大學的歷史資料館裡面，還有一張父親跟周恩來的合照。

竹端沒有加入共產黨。他的父親是激進派，而他是個自由派，但就因為這張照片的緣故，後來他為了進入《朝日新聞》當記者，跟父親斷絕了父子關係。竹端的父母離婚後，也改了姓，跟隨母親的姓氏。直到去世，他都沒有再見到他的父親。不過，儘管和父親的政治立場不同，竹端很喜歡中國文化。在《朝日新聞》工作的期間，他也申請過一年的公費留學，專門在北京學習中文。

一九九四年，在第二屆兄弟杯上，竹端找到了我，說是要在中國做一個系列報道，讓我參加完比賽後給他當助手，負責翻譯和聯絡，我毫不猶豫地就答應了他。那次我陪他在中國採訪了十五天，訪談內容最後刊登在《朝日新聞》旗下一本叫《あさひグラフ》（朝日畫報）的雜誌上了。我現在手邊還保存著這本雜誌，報道的名字叫「大中華共榮圈」，總共做了五個大專題，分別是五個不同的領域：第一回是時裝，第二回是音樂，第三回是文學，第四回是建築，第五回是民營企業家。

值得一提的是，我還帶他訪問了當時中國服裝協會的名譽會長。這個人也是第一個號召中國人穿西裝的人，她就是胡耀邦的夫人李昭。可惜的是，在採訪結束的兩三天後，我們接到她的助手打來的電話，說這個採訪不能報道。所以這段訪談至今也未能公開。

第二屆兄弟盃結束以後，我和竹端的交往越來越多，在東京我們常常見面。到了一九九五年的第三屆兄弟杯，他又和我一同到北京採訪。這次採訪，我們遇到了重重困難。最開始是簽證問題，竹端當時只拿到了兩個星期的中國簽證，他對我說，還想去長沙，願望是去看毛澤東的家鄉。於是，我充分發揮了我在中國的人脈優勢，最後找到了北京的外交部的關係，幫他延長了二十天的簽證。最終，我陪著竹端在中國訪問了整整四十天。

在這次的中國之旅中，竹端如願到了長沙，我們採訪到了《毛主席回韶山》那張照片中的小男孩，當時他已經長大，而且當上了毛家菜館的老闆。後來我在歌舞伎町開湖南菜館，就是把他的廚師挖了過來，當然這都是後話了。

除了北京和長沙，我們後來也去了上海、杭州、重慶、廣安、韶山和深圳等地，我全程陪在竹端身旁。他知道我當時在歌舞伎町每天能賺三萬日元，而《朝日新聞》每天只能給我一萬日元報酬。最後，他個人自掏腰包，每天補助我兩萬日圓。這就是日本人的做事方式，直到現在，我的內心也對竹端充滿了感激。

為了對得起竹端的這份付出，我全力以赴，不僅是一個盡職盡責翻譯，還擔任了神通廣大的聯絡員。大多數時候都是由我充當中間人，為竹端聯繫了眾多採訪對象。例如當時中國著名的搖滾先鋒：唐朝樂隊、魔岩三傑之二的竇唯和何勇，還有大名鼎鼎的作家梁曉聲等等，都是我牽線搭橋的。我印象特別深刻的是，就在採訪唐朝樂團之後沒多久，他們的貝斯手張炬，我的湖南老鄉，因為騎摩托車在路上出車禍，人沒了。去世時很年輕，還不到廿五歲。

後來竹端一直說，這次訪談幸虧有我跟著走。很多在中國的做事方式，對日本人而言是相當困難的，如果沒有我的話，他們簡直是束手無策。

到了重慶，竹端想去尋找鄧小平在西南軍區司令部的足跡，我想辦法讓他進了重慶市委大院。當時大院沒有對外開放，我就和持槍站崗的一個武警小戰士聊天套近乎，套著套著，得知他竟然也是我的湖南老鄉！我知道肯定不能提鄧小平，想起來市委大院有蔣公館，於是我問小戰士：「蔣先生是不是在這裡面有個樓？我們想進去拍個照。」

為了避免不必要的麻煩，我也不敢介紹竹端和攝影師是日本人，靈機一動說他們是從香港來的學生。當時大眾對香港人的印象，就是他們只會說粵語，不會說普通話。反正他們只要假裝不會說話就行了。我跟小戰士說，我也在香港留學，趁暑假和香港同學一起來內地考察。

經過一番周旋，小戰士終於同意讓我們三個人進去考察。後來，我們在市議會大院拍了一個多小時照片，室內室外拍了個遍。其中一個房間，後來也成為了薄熙來和王立軍的辦公室。為了表達對小戰士老鄉的感謝，臨走前，我還送給他一支隨身攜帶的 NHK 節目組的紀念原子筆，作為了「小禮物」。

還有一個小插曲。在北京，我帶竹端和攝影師去了天安門廣場，也讓他們假裝成中國人，不過這次不是為了採訪，而是為了省錢。當時的天安門城樓可以買票上去，但搞區別對待：中國人收十塊，外國人收二十塊。就為了這十塊差價，我決定從外形上改造他們，讓他們混在中國人中不那麼顯眼。

有兩個小技巧：第一，日本人穿 polo 衫喜歡豎起領子，我讓他們一定要放下來，當時沒有中國人會這麼穿。第二，還要讓他們把頭髮搞亂，不要梳得一絲不苟的。他們照我的說法一通操作之後，果然蒙混過關了。

不過，像這樣隱瞞身分的事情只是少數。大多數時候，我們的訪談是光明正大的。當時中日關係正處於蜜月期，不論是在長沙還是上海，只要聽說我們是日本大報的記者，當地政府及企業家們都會熱情接待，一定要請客吃飯。這時候，我見識到了竹端的品格，他非常有原則，沒有在一個地方上過桌子，幾乎拒絕了所有的招待宴請。

只有在湖南瀏陽市的一個小地方，竹端才稍微應付了一下。因為他是外國記者，即使是去小地方，都要由省外辦的工作人員陪同前往。我們去瀏陽市採訪一家當地有名的煙火工廠，因為省外辦來的幹部和我們一起，當地的縣政府擺了三大桌宴席，剛見面就說要先吃晚飯。這時候，攝影師已經偷偷溜去拍煙火廠日常工作的場景了，竹端只好拿著杯子，假模假樣地乾了一杯，夾了兩口菜，謊稱肚子痛，才跑掉去找攝影師。留下我陪了領導們一會兒，也溜了。為甚麼竹端要吃那兩口呢？在中國是這樣的，你不下筷子，領導沒辦法開始。這是國情的不同，他們不知道日本記者根本不敢吃這種飯。

竹端後來對我說過：吃了別人的飯，就沒有辦法再寫批評報道了。《朝日新聞》作為一家「天下大報」，必須維持它的職業道德和客觀。連飯都不能吃，更不要說拿紅包了，絕對不可能的。

果然，那次採訪完回到日本以後，竹端在《朝日畫報》上發表的中國報道，既寫了表揚的，也寫了批評的，保持了客觀公正的立場。

說起吃飯，這次和竹端一起工作，也讓我見識到了日本的新聞工作者有多拼。他們基本上不吃午餐的，每天在飯店吃完早餐之後，就從早工作到晚，一直到晚上工作結束，才吃下一餐。竹端的這種對工作的敬業與執著，讓我深感佩服。

在竹端的強烈要求下，我們還特地搭火車到了四川的廣安市。為甚麼去這個很多日本人根本沒聽過名字的地方呢？是因為當時國外流傳著關於鄧小平快過世的傳聞，所以竹端要去鄧小平的出生地做一些訪問。我至今還記得那班火車的熱鬧場面，車廂裡又是雞又是鴨，還有腳踏車，簡直跟趕集似的。

我還記得一件有意思的事情，我們在鄧小平的故居採訪完以後，回到鎮上吃飯。這時候有一家餐廳的老闆，想拉我們進店裡去吃飯。竹端和攝影師用他們僅會的一點中文問：「你們有沒有冰啤酒？」餐廳老闆連忙點頭說有，還帶我們去看了擺滿啤酒的冰櫃。結果等我們坐下來後，他從冰櫃拿出來的啤酒，居然不是冰的，是常溫的。搞了半天，原來那個冰櫃已經很久沒有通電了，就是個擺設。

在廣安的訪談過程非常順利，竹端回到日本以後，把這四十天的訪談做成了一本《鄧小平南風特刊》，雙週刊的合訂本，總共一百一十頁，其中七十多頁都是這次專題，內封寫著「訪談協力：李小牧」。

很多年後，竹端從雜誌記者的職位調到了《朝日新聞》的出版部門，負責編輯出版書籍的工作，我們在這段期間仍然保持密切的聯繫。事實上，我在日本出版的書中，有一本叫《歌舞伎町案內人的365天》，就是由他策劃出版的。這本書無論是在裝幀、設計或攝影方面，都達到了最高標準。

032 八旬時裝大師，誇我手長得好看

在出《歌舞伎町案內人的365天》這本書之前，我和竹端就已經建立了深厚的感情。被日本兄弟工業株式會社侵權一事，就是竹端陪我到位於赤☒的兄弟工業東京分社，去跟對方的一個部長抗議。當時我的日文肯定還沒現在這麼好，全程都是竹端幫我一起吵架兼翻譯的，我發脾氣，他也跟我一起發脾氣。

身邊有這樣一個媒體的人，對方就不會覺得我弱，在這件事情上，竹端給了我很多幫助，鼓勵我打官司。後來在一九九七年，我在日本辦《僑報》的時候，四個版面的日文版，也都是他幫我做的。關於《僑報》的故事，以後還會跟大家詳聊。

二〇一四年的時候，我還帶竹端去湖南採訪過湘菜，這篇文章他發表在《朝日新聞》上以後，又被《參考消息》翻譯轉載，標題是「毛澤東熱讓湘菜流行」。所以我常說，竹端對我們湘菜在日本的宣傳，做出了傑出的貢獻。

二〇一六年，我第一次落選以後，我和竹端一起吃了一次飯，但沒想到那竟然就是我倆最後一頓飯了。不久之後，竹端突然消失了，兩年都沒有聯絡上。這段期間，我打了很多次電話，他

都沒有接。一直到二〇一八年，他的單位聯絡我，說竹端已經走了，並且通知我火葬時間。我才知道，他得了淋巴瘤，那兩年一直在醫院住院。竹端是個總把好的一面展示給我們的人，他不願意讓我們看到他生病的樣子，所以和大家斷絕了聯繫。

在新宿下落合的火葬場，我最後一次見到了竹端，上一次見面他還有點胖胖的，再見的時候卻已經骨瘦如柴。因為打了激素，頭髮已經掉光了。竹端的一生只活了五十一歲。還活著時候，我沒能跟他告別，這件事成為我的一個遺憾。從火葬場回來以後，我在微博給他發了一篇悼文。他一生深愛中國、不斷向日本人介紹中國社會，這篇中文悼文，算是我對他的一點點心吧。

我一直沒有忘記，二〇〇四年出版《歌舞伎町案內人的365天》的時候，竹端對我提議說：應該找一個傳記文學作家來聽你講故事，你一邊喝啤酒一邊說故事，才說得清楚你的人生。

竹端過世後，二〇一九年《奇遇人生》的導演趙琦到東京拍攝我和李誕的節目，跟蹤採訪了我七十二個小時之後，也說了同樣的話，他說：「李小牧的故事不是我在七十二小時裡可以講清楚的，應該找一個傳記文學作家來寫李小牧的一生。」

我一直很贊同他們的話。我也認為，憑我的文化程度，讓我寫出來太難為我了。但是我會表達，能講得出來啊！所以現在，我利用 YouTube 在講我的故事。我們現在才做了三十幾期，我覺得，憑我現在的身體狀態，做個一百期是一點問題也沒有的。

話題回到一九九四年，在寫作《歌舞伎町案內人的365天》這本書的時候，我因為《時裝》雜誌的工作，常常出入服裝界知名人士的各種聚會，得到了一個來自不易的機會——我成為了日本服飾美術大師的模特兒。

一九九四年春天，我去著名服裝設計師「花井幸子」的作品發布會採訪，在隨後舉辦的晚會上認識了這位大人物。他是一位看起來大約七十多歲的老人，上身穿著一件大紅色的襯衣，外面套一件粉紅色針織背心，下身是一條純白、筆挺的褲子，頭上還戴了一頂橙色無檐帽，再配上一副七十年代初期流行的那種墨鏡。這副打扮在人群中尤為突出，大家眾星捧月一樣圍繞著他，聽他說話。

這個老人獨特的氣質吸引了我，我忍不住向身旁的一位攝影記者打聽他是誰。這位攝影記者告訴我：「他就是日本時尚界的大名鼎鼎的長澤節先生。」

原來是他！長澤節的大名我早有耳聞，但一直沒有見面的機會。長澤節是「澤現代服飾美術所」的所長，屬於日本時裝界的泰斗級人物，在國際上知名的日本服裝界大師們，例如金子功、川久保玲、山本耀司、三宅一生、森英惠等人，都是他的弟子。所以當這位傳奇的大師就站在我的眼前時，我的內心異常地激動，暗中下定決心：「我一定要認識他！」然後我就手持名片，擠進層層人群，走到他的面前。

「長澤老師，非常冒昧，請容許我自我介紹一下。我是中國《時裝》雜誌的記者，叫李小牧。今天終於有幸見到老師，不管怎樣都想和您認識一下……」我用不太熟練的日語吞吞吐吐地說到。沒想到，長澤先生一下子握住我的手，大聲說：「素晴らしい！綺麗！綺麗！」（真不錯！漂亮！漂亮！）這些輪到我摸不著頭腦了，搞不清楚他說的是甚麼不錯。

他接著又說，「原來你是中國人啊！難怪身材這麼好！真是太棒了！」我於是明白過來了。就我所知，長澤節一向以喜歡年輕漂亮，特別是清瘦型的男孩而聞名。戰爭年代，他所畫的美女都是那種弱不禁風的樣子，因此被當時的決策層軍部指責為「不健康美女的畫家」，甚至還受到過禁筆的處分。不管男女，長澤先生酷愛的對象，一律都是那種長相漂亮、又瘦又高的類型。

以年齡來說，我當時早已不屬於是漂亮男孩了，但幸好外表看起來比實際年齡年輕，對自己的體形還說得上自信。當時的我，正是長澤先生喜歡的那種類型。

那天，他對我發出了邀請，讓我抽空到他的學校玩。其實，日本人一般說的「甚麼時候一起吃飯」、「甚麼時候一起喝酒」，或者「來我家玩」，一般是一種禮節性的語言，都不能當真。所以，當時我對長澤先生的這句話也同樣充滿了疑惑，我試探性地問他：「我真的可以去您的學校找您嗎？不會給您添麻煩吧？」

他哈哈大笑，誇我有禮貌，並且讓我不用顧慮，一定要去找他。幾天後，我找到了新宿區一棟只有六層樓但非常氣派的大樓，也就是「澤現代服飾美術所」。長澤先生熱情地接待了我，然後把我帶到最上一層，寫著「學生免進」的他的私人住所。

說實話，當他說「走！到我的房間裡一邊喝茶一邊慢慢聊！」的時候，我心裡其實有些不安。但一想到對方已經是年近八旬的老人了，不管怎麼也不可能向我發動「突然襲擊」，就也打消了顧慮，跟他上了樓。那是一個開放式的空間，中央一張大床，還有頂篷的，有一種歐風的復古感。

實際上，從長澤先生看我的眼神，我直覺上認為他是個同性戀。只是，他的眼光並沒有令人討厭的色迷迷味道，而是一種欣賞、一種讚許，而且，他一點也不掩飾自己的情感。

後來，長澤先生親口對我說，他其實是個雙性戀。關於這種性取向，他曾經對我說過這樣的話：「李桑，我既喜歡男人，也喜歡女人，只要是漂亮的，我都喜歡。」長澤先生喜歡所有美麗的人和東西，「美」就是先生的價值判斷標準。

長澤先生親口告訴我，他喜歡我的臉、五官和身材。如果是從別的男人口中聽到這樣的話，我可能會覺得受不了。但不可思議的是，聽到長澤先生這樣說，我居然有點沾沾自喜。這大概也是因為長澤先生對人毫無偏見而且坦誠，使我對他心懷敬意。

那天，長澤先生穿著寬鬆的襯衣，坐在有頂棚的床上，抓著我的手，一邊輕撫，一邊誇獎：「這手指多長，形狀多漂亮！」但是，他接著批評了我：「指甲太長了。不注意常修剪的話，那就對不起這麼漂亮的手了。下次來我這兒之前，可別忘了把指甲修剪好。」

他抓過我的手放在他的臉上摸了一會兒，又命令我把腳給他看。我只好照他說的把腳伸過去，沒想到他竟然慢慢將我腳上穿的白色運動襪給脫了，又說：「這種襪子太普通了，應該穿更性感的漂亮襪子。噢！」

長澤先生對我說：「李桑！你的身材可是太棒了！這可是天賜的，真難得。」然後又問：「你有女朋友吧？」我沒有打算隱瞞他，我坦白告訴他，我已經第三次結婚了。長澤先生似乎對此毫不在意，他向我發出邀請，問我願不願意到他的學校當繪畫課的模特兒。

我小心翼翼地說：「當模特兒可以，裸體絕對不行！」那時候，在陌生人面前脫光衣服，對我來說實在是無法想像的事情，尤其是繪畫模特，意味著被一大群人圍觀。當時我即便是在日本的公共澡堂，也就是錢湯裡洗澡，都會感到很不自在，何況是當模特兒。

長澤先生對我的拒絕顯得有些失望，但還是答應了：「沒問題！沒問題！那就不脫衣服怎麼樣？」於是，我就這樣開始了我的模特兒生涯。

033 我是一個不會打字的作家

時至今日，我已經在日本出版了二十一本書，計上這本就是第二十二本了。《歌舞伎町案內人的365天》是我的第三本書。二〇〇三年，日本開始流行在網路上寫博客，在這股風潮下，我也開始嘗試用日文寫博客。具體形式是：每天寫一篇日記，寫一個小故事，關於我身邊的男人女人，關於歌舞町正在發生的事，還有我對中日局勢的看法。

寫部落格為我帶來了很多好處，大概寫到第三個月的時候，《美國新聞週刊Newsweek》日文版的主編就找到我，希望我為他們寫專欄。再後來，《東京新聞》和《朝日新聞》也來找我寫專欄。

除此之外，還有一些奇怪怪奇的雜誌，也都來紛紛來找我約稿，包括在柏青哥店裡賣的賭博雜誌《遊戲》，還有日本風俗屆的情色雜誌《Best Club》，日本現役警察才能訂閱的雜誌《番》，以及小學館的偏保守的雜誌《SAPIO》和左派雜誌《週刊金曜日》。

最忙的時候，光是在日本的報紙雜誌上，我每個星期就要寫六個專欄。其中那本以歌舞伎町為主題的情色雜誌，我寫了十年，他們的稿費非常不錯，也允許我寫自己的故事。而《美國新聞週刊》則是我堅持最久的，寫了整整十五年。

其實一開始寫部落格的時候，我是沒有想過要出書的。但竹端要我堅持寫下去，等我寫滿三百六十五天的時候，他要幫我出書。是在他的鼓勵下，我才把這一年的部落格寫完了。

差不多寫到半年的時候，又有兩家日本出版社跟我聯絡，一家是河出書房新社，一家是雙葉社，都想出我這本書。但是照一開始約定好的，我把版權給了竹端。

竹端花了大量時間，一整年都在忙我這本書的事。我深有感觸：好的作家是離不開好的編輯培養的。在日本，每個有名的作家背後，都有好幾個編輯在支撐。這些編輯不只要負責催稿，也要關心他的生活、他的家庭，一整年就圍著他一個人團團轉。

所以很多日本作家和他們的編輯都是好朋友。大家都知道，日本有兩個著名的文學獎：芥川獎和直木獎。每年公佈得獎名單的時候，記者會第一時間去採訪得獎者的編輯，就是這個原因。

我還記得，他做了二十幾個封面設計方案給我選擇。當時我還在歌舞伎町街頭上班，我們在上高地咖啡館找了兩張大桌子拼起來，把封面全都展示出來，選了兩三個小時，最後才選擇了現在這一版。

書籍是紅色的，厚厚的書頁鑲上了黃色。紅色代表「紅燈區」歌舞伎町，黃色則是因為竹端聽我說過：黃色在中國是情色的意思。

封面上有一張我的照片，一開始我覺得彩色的更好，更帥，但竹端從出版的角度來看，認為黑白照片更有歷史感和故事感。他說：「黑白兩道，就是李小牧的感覺。」我說：「我是我是灰道，是無間道。」就這樣，在做書的過程中，竹端也跟我學會了不少中文。

為了強調我身為中國人的身份，這本書的封底用中文寫上了「歌舞伎町案內人的三六五天」的字樣，我要求燙金，竹端也滿足了我的要求。

在內容上，每一頁都會配一張照片，這些照片都是我親自拍的，但不完全和文字相關，有時甚至不發生在同一天。所以，這本書其實是三百六十五個文字故事，外加四百個圖片故事，總共是七百六十五個故事。

我寫文字向來都是百無禁忌，圖片更是大膽奔放，像是我和中國女朋友的裸照、和日本女朋友做愛的動作，都被放了進去。這些內容在日本是可以自由出版的。

在做這本書的過程中，有一件事讓我對日本的出版文化深有感觸。針對文字內容，他們都有專門的邏輯校正，不會出漏子。我記得，我最開始在原文裡寫到：「初到日本那天，是一個大雪天，我提著箱子從歌舞伎町走過」。

出版社就有人專門去核對一九八八年二月二十六日，也就是我第一次登陸日本那天的天氣，然後告訴我：「我去的那天其實沒有下雪，是兩天前東京下了十年未遇的大雪。」

當時的網絡，還沒有發達到像今天這樣可以隨時查詢的地步，出版社是打電話去氣像台核實的。諸如此類時間和地點上的細節，日本的出版社都是要一一校對準確性的。這就是日本人認真細緻的做事態度，給了我很大的影響力。

說起寫作，有個小秘密想向大家透露。我其實是不會打字的。中國的拼音，直到現在我也不會。寫中手稿的時候，我都是用手寫的。有一次，新華社一本叫《環球》的雜誌，向我約一篇歌舞伎町的稿子，六千字。我都是用手寫的，整整寫了十八張紙傳真給對方。對方的編輯說：「沒想到李老師那麼一個大作家，還用手寫。」我坦白道：「我不會打字。」對方哈哈大笑。

日文也是一樣，我也不會打字。寫《歌舞伎町案內人的365天》部落格的時候，我找了一個日本女人幫我打字。那是在我第四次離婚以後，在《歌舞伎町案內人》的電影發表會上，遇到的一個在日本做電視影片的單身女人，名字叫做白子。發表會結束以後，我跟相關人員一起去吃飯，這時候白子小姐就來勾搭我。當時我正在考慮在網上寫博客，我立刻覺得她可以來做我的打字員。

白子小姐是我過去的故事裡從來沒有講過的一個女人，這裡可以爆料。在那一年裡，她陪我一起工作，也陪我一起生活，通常是由我口述，她來打字。為了進入狀態，我有時候要邊講故事邊喝啤酒。

男人嘛，酒後亂性，我不敢亂，但我會跟她性。現在我腦海裡還能清晰地浮現出那個時候的畫面：我坐在椅子上，左手拿著啤酒罐子的手在動，右手拿著滑鼠看稿子的手在動，下面是她的嘴在動——這就是我最興奮的時候。

我認為人有兩種興奮，一種是肉體的興奮，一種是精神的興奮。這兩種興奮，對我來說都是最重要的，甚至可以說，我是為了這兩種興奮而走到的今天。而在一個民主國家，在日本這樣的國家，因為性自由和言論自由，這兩者是完全可以實現的。

我自認為我就是這樣一個人。在中國，我只是個小學畢業生，在日本，我也只是個大專生。為什麼我能出那麼多書，被日本人認得出我？除了我自己的人生經驗，也離不開竹端和白子小姐這樣的日本人，對我的鼓勵與幫助。透過和他們的交往，也提高了我在日本文化方面的修養。

除此之外，我也一直覺得，是好奇心和觀察支撐我走到了現在。這兩個東西是我媽媽教我的，直到現在我也是這樣，觀察到不懂的東西的時候，我一定會去問人。

就在我五十五歲出《我要參選》那本書的時候，遇到我不懂的常識性問題時，我會去問我一個比我年輕的編輯。對方很驚訝：「李老師這麼大的一個老師，連這個常識都不懂？」我確實不懂。但不懂就立刻問，這是最重要的。

話說回來，圍繞著《歌舞伎町案內人的365天》這本書的關鍵人物，除了白子小姐和竹端，還有一個女人，是來自瀋陽鐵嶺的K小姐。她在日本生活了很久，在中央大學讀的書，畢業後成為最早一批進入資生堂工作的中國人，後來又負責資生堂在中國地區的業務。

她年輕又懂電腦操作，這本書裡面的每一張照片，都是她幫我上傳到網路上，並且傳給竹端的。我每天要講的故事，有時候她也會幫我去蒐集背景資料。

有一天，我準備寫文豪亨利．米勒的故事，是她從網路上下載了《北迴歸線》這本書給我讀。當時我還自嘲自己也是「へんり（変李）」，変是變態的變，李是李小牧的李。

亨利．米勒作為一個美國人，因為宗教的問題逃到了法國，在法國出書三年後，才在自己的祖國出書。這跟我的情況一模一樣。我的第一本書《歌舞伎町案內人》，是二〇〇二年在日本出版以後，經過了許多波折，三年之後透過鳳凰衛視一位老闆級人物的幫忙，才得以在中國出版中文版。

寫完《歌舞伎町案內人的365天》，在寫第四本書的時候，我找到了亨利．米勒的最後一任老婆，日本女人德田寬子，對她進行了採訪。世界上很多國家的男人都喜歡日本女人，包括披頭四的約翰藍儂，他的老婆也是日本人。不過，在亨利．米勒去世的三年前，這個日本女人就已經和他離婚了，後來她一直很元氣地活著，九十幾歲了還在自己開酒吧，還在彈鋼琴。

無論是白子小姐，還是K小姐，她們都對我有愛慕之心，都希望能和我結婚。但那年的十一月，這本書要出版的時候，我回了一次國，和莉莉拍了結婚照。莉莉就是圍繞著這本書的第三個女人，雖然她沒有做任何具體的事務，但一直在精神上支持著我。這次我和莉莉是離婚一年多後復婚的，她也是唯一一個和我結過三次婚的女人。我們兩個的故事，以後方便的時候再說吧。

034 「傾心」殺人事件

受日本服飾美術大師「長澤節先生」的賞識，我在日本竟然成為了時尚模特兒。儘管穿著衣服，但同時被幾十名學生圍著，起初我還是有強烈的抵觸感。一兩個月過後，我慢慢地習慣了這項工作，那種抵觸感漸漸演變成了一種被注視的快感。我過去那種當舞蹈演員時，常常感受到的表現欲又復甦了。

但同時，我也漸漸感覺到了，年齡增長帶來的體力上的問題。當時，我已經是年近四十的人了，每擺一個 pose，我就要定在那三十分鐘以上，一動也不能動。然後休息十分鐘，喝杯水，上個廁所，接著又是新的 pose。

幸好我是學專業舞蹈出身的，長澤先生常常稱讚我，比專業模特兒會擺的 pose 都多。他喜歡看我的身材，最喜歡讓我穿背心短褲，其實他恨不得我全脫掉，但是因為我有言在先，他也沒有勉強我。我記得我有一張穿西裝的畫像，我們都非常喜歡。這張畫像被他用在了他的學校一九九六年的年度掛曆上。

但由於實在是體力不支，歌舞伎町的工作又一年比一年費神費力，我的模特兒生涯只持續了短短一年，就宣告結束了。模特兒工作結束後，長澤先生依舊約我一起喝茶、吃飯，談論時裝、電影等各種話題。長澤先生除了時裝設計外，還是一位電影評論家，經常在雜誌上發表電影評論。我每次和他在一起，都能學到很多新知識和新觀點，成為了我人生寶貴的經驗。

一九九九年六月廿二日，我得到了長澤先生去世的噩耗，他享年八十二歲。我參加了在青山殯儀館為他舉行的葬禮，葬禮規模之大遠遠超過我的想像，參加葬禮的人的衣著尤其令我難忘。與傳統葬禮時穿的固定款式不同，大家的黑色葬禮服都非常有個性、非常有設計感。在我看來，長澤先生的這場葬禮，也是充分展現了「長澤流」的風格，算是給他這麼一位時尚界大師的人生，做了一個完美的總結和紀念吧。

在與長澤先生的相識的這段期間，也發生了一件對我來說意義重大的事情，那就是久美子為我生了一個兒子。兒子非常可愛，繼承了我的眉清目秀，也繼承了他母親恬靜的微笑。在歌舞伎町的緊張工作之餘，我把心力都投入了對孩子的扶養上。為兒子換尿片成了我每天的必修課，而且我也非常樂在其中，一句抱怨都沒有，這在當時的日本是根本不可想像的。所以，後來久美子把我照顧兒子的狀況，告知她的父母和哥哥時，她的家人全都開始對我刮目相看。

我當時在歌舞伎町的案內工作，是從晚間七點開始，到隔天凌晨結束。雖然我每次回家都很疲憊，但是一見到我的大胖兒子躺在嬰兒床裡，伸展著柔軟的小手小腳，試探著這個世界，我的心裡就湧起一股前所未有的對生活的熱愛。我甚至覺得，我以往的所有努力都是值得的。

不過讓我感到微微有些煩惱的是，久美子對我的愛已經明顯地變淡了。她關注的重點已經從我轉移到兒子身上了。我們家的重心就是孩子。當孩子哭鬧時，家裡就會亂成一團，給他餵食，檢查他的尿片是不是濕了，或者捧出一堆玩具逗他，而當孩子歡笑的時候，家裡也如沐春風，其樂融融。

看著一天一天長大的兒子，我暗自下了決心，我要讓我的兒子得到日本最好的教育，成為日本最上流的人。於是，我將更大的精力投入歌舞伎町的案內工作中，去撈取更多的資本。也正是這個時候，歌舞伎町的犯罪事件越來越多。前文我跟大家講過的「快活林事件」，就是發生在這段時間。其實在發生那件事之前，當我站在歌舞伎町的街頭，就已經隱隱嗅到了貪婪和慾望不斷增長的氣息。但為了更好地生存，為了我們一家的未來，我只有我拼命工作。

一九九四年四月的某一天，我和往常一樣站在中央大街上等客，從靖國大街方向大搖大擺走過來七、八個人。我一眼就看出來他們是中國人，照例熱情地迎了上去，跟他們搭訕起來：「你們是中國人吧？如果願意的話，我可以幫你介紹有意思的店。」

其實我一看他們的樣貌就知道了：這是一夥福建人。其中的一人剛開口說話，立即證實了我的猜測，他用福建腔很重的普通話回答我：「有意思的店？你說甚麼店？」

我一下子就被這群福建人給圍住了，他們每個人的臉上都是一副兇相，感覺好像是要找我的麻煩。當時，我對於福建人還沒有形成多麼不好的印象。我知道日本有很多福建人都很低調地在努力工作，也都很能吃苦。還有很多來自福建的留學生，唸書也非常努力。所以，面對眼前的這群明顯來者不善的福建人，我在心裡分析：也許是因為他們第一次來歌舞伎町，有點緊張，本能地表現出敵意罷了。

當時我在歌舞伎町，已經有了強大的靠山，就算是「雅酷扎」我也不怕，更何況眼前這群人，充其量不過是鄉下的一群小混混罷了。只不過，我心中還是有個顧慮：萬一他們真有甚麼問題，在哪家店裡鬧起事來，或者不付錢就跑掉，那我在歌舞伎町的信譽可就沒了。

我斟酌再三，決定帶他們去平常和我關係不錯的、一家名叫「傾心」的上海夜總會。我用手機打電話給夜總會的老闆娘，悄悄地將事情原委說清楚。她聽後回答我：「按說不願意這些人來，但最近店裡的生意非常不好，客人很少，你還是帶他們來吧！」

沒想到，這群福建人才進了店裡三十分鐘，就又回到了我站著的中央大街上，一夥人將我團團圍在中間，開始大罵：「甚麼有意思的店，你居然敢騙我們！」

三言兩語，我就聽明白了讓他們生氣的原因，他們怒吼說，店裡一個陪酒的小姐都沒有，只有一個上海老女人。我好言相勸，一邊努力平息他們的怒火，一邊打電話給那位上海老闆娘問是怎麼一回事。

老闆娘哭訴說：「我告訴小姐們馬上要有一群福建人來，她們一聽就都給嚇跑了。以前也有福建客人來過，不滿意小姐的服務態度，抓著小姐的頭髮連踢帶打，把別的客人都趕跑了，所以大家一聽說是福建人就害怕。」

沒有辦法！別說讓他們付錢了，最後我還倒貼給了他們一萬日元，才算了事。但讓我沒有想到的是，就在這兩天之後，歌舞伎町突然發生了一起殺人事件，就是我介紹那夥人去的那家「傾心」夜總會的店長，被兩個福建人殺了。我心裡一慌：莫非就是那夥福建人幹的？那我豈不是要背鍋？

我慌忙去打聽消息。因為和這家店有回扣約定，關係又比較熟，各方面的消息都自然匯集而來。原來犯人並不是跟我發生爭執的那幫福建人。

事情是這樣的：「傾心」這家店是由來自上海來的姐弟三人一起經營的，姐姐是老闆娘，哥哥是店長。事件發生當天，姊姊和弟弟出門了，只有哥哥一個人在店裡。根據我所掌握的情報，其實兄弟倆和那兩個兇手早就認識，不但認識，他們原本就是一伙的，一起製作和販賣假護照、假在留卡。這次是因為分贓物不均，彼此發生了口角。

我也是後來才知道，原來我還跟這兩個兇手有一面之緣。那天我剛好去「傾心」的店裡拿回扣。看到兩個兇巴巴的、顴骨突出的男人站在店裡，正跟店長閒扯些甚麼，我還以為他們是來店裡喝酒的客人，就並沒有放在心上。然而，在我離開「傾心」數小時後，那兩個福建人和店長在談論中意見不合，發生了爭執，最後其中一個福建人拿出了匕首，店長被當場扎死，而另一個福建人也在打架中，被擊中要害身亡。

一個星期後，我和老闆娘一起到位於新宿區下落合的殯儀館去參加葬禮。被殺的那位店長的照片被掛在佛壇前，簡單的葬禮完畢後，遺體當即被送去火化。參加葬禮的人正在休息室等待火化，我茫然地註視窗外，這時候一輛警車停在火葬場，車廂後面的門被突然推開，一名手上銬著手銬、腰上綁著鍊子的中國男人跳了下來。

原來是姐弟三人中的弟弟，他已經因為偽造和販賣假護照而被警察拘捕，此刻是被特別允許與哥哥做最後的告別來了。他那被銬著手銬的手在空中亂舞，發瘋般號哭著：「都是我不好！都是我不好！是我害了你啊！」

一片寂靜的殯儀館裡，只聽得見他一人那號啕大哭聲，在場的人無不為之動容。不過流血和死亡在歌舞伎町可以說是家常便飯。妖艷美麗的歌舞伎町，或許恰恰是需要凡人的血。也正是從這件事開始，我對歌舞伎町的犯罪有了恐懼，開始在流氓和警察之間尋找立足的平衡點。

035 在流血與死亡間掙扎求存

我對歌舞伎町的犯罪有了恐懼，也間接對歌舞伎町我個人的人際關係產生了一些影響。為了我的自身安全，我開始主動去認識一些警察，還有媒體的記者。

「傾心」殺人事件在日本社會的影響很大，NHK電視台的記者松岡，就是在這個時候和我認識的。松岡當時加入了東京的「四方面記者俱樂部」，這個俱樂部是甚麼意思呢？在那個時候，東京警視廳在各個地區都有記者俱樂部，而新宿、澀谷、中野、世田谷這四個區簡稱為「四方面」，所以它們的記者俱樂部就叫「四方面記者俱樂部」了。

這種俱樂部只有日本的主流媒體，像是大報和電視台才能進去。針對大型的犯罪事件，尤其有死人的情況發生時，警察都有義務將情況告知這個記者俱樂部。這就是為甚麼，我們經常看到警察和記者，甚至直升機幾乎同時出現在許多事件的現場。

松岡聽說「傾心」發生了殺人事件，但當時他才剛到記者俱樂部，根本不了解歌舞伎町的情況，所以他就來找我打聽。我帶他去採訪了死者的姊姊。從這之後，我們順理成章地熟了起來，長期保持著交往。也多虧了他，我才知道了很多警察的內幕消息，才能說出今天的這些故事。

我曾提到日本兄弟工業株式會社盜用我的設計作品，強調一下，不是攝影作品，是時裝設計作品，以及我本人的頭像照片的故事。後來與他們打官司的時候，不只《朝日新聞》的記者竹端幫我吵架，還有鬆岡幫我找律師。這個律師不是別人，就是他的親爸爸。

後來，松岡成為了NHK東京局的局長，我協助他拍過很多片子。當年，韓國人在日本用便宜的韓國硬幣，加工後冒充日本的五百日圓硬幣，丟到自動販賣機買東西，最早就是我知道後告訴松岡的。松岡為此專門做了一個報道，採訪時我全程協助，並且聯繫了警察，因此這個案件，沒有像偽造假電話卡和假柏青哥卡那樣持續很久，不到幾個月就破案了。節目播出後，日本造了一批新的五百日圓硬幣，防止偽造。可以說，日本的五百日元犯罪事件的破獲，我李小牧是有很大功勞的。

因為我做的這些貢獻，現在NHK的常用聯絡人裡，還有我的資料。一旦遇到關於新宿、歌舞伎町的外國人犯罪事件，他們的記者都會來找我。包括這次疫情期間，發生了歌舞伎町的「雅酷扎」犯罪事件，他們也會來採訪我，聽我的意見。他們常年有我的銀行帳號，我去上節目的時候，會付我車馬費。

前些日子，萬聖節的時候，為了防止踩踏事件的發生，東京澀谷區區長早就公開表示不歡迎民眾前往澀谷狂歡，當天晚上澀谷也出現了很多警察維持秩序。這時候NHK的記者就特別打電話來找我諮詢：如果年輕人不去澀谷的話，當天會在新宿歌舞伎町的甚麼地方玩？我這麼一個外國人，能得到日本的國家公營電視台的極大信任，是很少見的現象。而我自己，也從中學習到了許多。所以我現在做 YouTube 的影片，二十分鐘左右的節目，基本上都是一次就過了，就是從做傳統電視節目中得到的經驗。

松岡在「三一一大地震」的時候，也給了我非常多的幫助。地震發生後，全世界的媒體都湧到了仙台，根本訂不到飯店。據我所知，就連中央電視台的採訪團隊，也只能住在旅館式的情人旅館裡。而我住進了真正的商務飯店，是松岡幫我安排的。他當時剛好被派到 NHK 仙台支局當負責人。

還有我出行要用的計程車。當時的情況是：四分一的計程車被海嘯沖走了，四分一的計程車司機被沖走了，四分一的司機家庭受到了損害，不能出勤。整個震區加起來，只有四分一的計程車可以使用。外地的車子也進不去，只有自衛隊的車可以進去。於是去仙台採訪的媒體人都在搶這四分一的計程車。

我的車就是松岡幫忙安排的。十天的採訪，每天配一輛車，我把所有受災的縣、所有被海嘯衝擊的海岸，都走了一遍。不過，飯店和計程車的都是我自費的，這點上沒有也不可能佔松岡的便宜。計程車一天四萬日元，十天就是四十萬日元，加上飯店錢共約六十萬日元，全是我自掏腰包的。

那次採訪，我是唯一一個在現場見到了時任首相菅直人的外國人媒體。我是代表在日華人報紙《東方時報》和《美國新聞周刊》的日文版去採訪的，並且在《東方時報》上得到了兩個頭版。這次報道，幫助我後來被民主黨黨首發現，從而參加了競選，得到了進軍日本政壇的機會。其中具體的故事，我在以後的節目還會說。

三一一大地震中，福島第一核電廠發生了爆炸和洩漏事故。三天後被媒體曝光，許多外國人都離開了日本，包括在歌舞伎町，一段時間裡，幾乎所有的外國人都離開了。很多人對日本失去了安全感，都在撤離，只有我始終沒有回中國，留在了日本。

一年後，NHK 做了一個「東京 3．11にて」（東京在 311）的特輯，專門來訪問我了。在那個節目裡，東京都石原知事只登場了三分鐘，而我足足出現八分鐘。節目播出後感動了許多日本人，紛紛打電話來對我表達感謝。源頭都要歸結於在震區十天的採訪，那次採訪如果沒有得到 NHK 和松岡的幫助，我是做不到的。

松岡和我私交很好，我和久美子還沒離婚的時候，我們兩家住得很近，就隔著一條大馬路，走路只要五分鐘。我們兩家人經常聚會。他的太太是寫音樂評論的自由撰稿人，和我也常常溝通創作的事情。

我認識松岡三十年了。這三十年來，久美子的理髮店裡，最常去的兩個固定客人，一個是我，另一個是松岡。即便在我和久美子離婚之後，松岡還是久美子店裡的常客，當然我也是，馬上我又要去久美子那裡剪頭髮了。

松岡家有三姐弟，全是媒體人，除了他以外，姐姐是《朝日新聞》廣告部的負責人，弟弟是日本「共同通信社」派往台灣支局的局長，後來還曾擔任過北京的副總局長。弟弟的太太也是中國人，所以他的中文講得也非常好。

松岡一家人都很忙，媒體人都是不分晝夜地工作，弟弟還經常在國外，一家人平時很難和爸爸在東京團聚。不過，在疫情發生之前，二〇一九年，他們還來到湖南菜館舉辦了一個家庭聚會。

話題回到歌舞伎町。「傾心」殺人事件之後，流血和死亡成了歌舞伎町的家常便飯。那之後不久，就發生了「快活林事件」，中國人的犯罪事件急劇增加。

從偷渡、假結婚、黑戶口，到竊盜、賣淫、偽造鈔票、偽造信用卡，再到販毒、走私槍枝、地下賭場、地下銀行等等等等。當時在歌舞伎町的中國人，可以說是膽大妄為、橫行霸道、無惡不作到了一定境界。他們犯罪的形式和手法多種多樣，是國內同胞無法想像的。

由於我的工作性質，我和在日中國人的接觸非常多，所以常常能掌握許多犯罪的「內部情報」。為了打聽消息，很多刑警都跑來找我。漸漸地，我成為了歌舞伎町的「中國通」：不管發生甚麼事情，只要是與中國人有關的，各路刑警們就一定會接二連三地跑來找我打聽情況。

同時，記者們也開始上門來找我做各種採訪，他們經常要求我出鏡，有時候還要照他們的要求做一些「表演性」發言。雖然我一直稱讚日本的媒體很有專業素養，但其實也有人會「做假」。有一次，一個民放電視台在拍攝關於偷渡蛇頭題材的報道時，讓我作為採訪對象說了一些話，等到播出時，我發現：我的臉被打上了馬賽克，聲音也變了，而且我居然被當成「蛇頭」之一來報道，我的話也被當作「蛇頭」的內在機密來傳播給觀眾。

就這樣，在不知不覺當中，我在日本的記者和新聞媒體中也開始「紅」了起來。這時候我警覺地意識到：如果我真的把自己所掌握的有關中國人的全部「機密」出賣給日本警方和記者的話，對於偷渡客和蛇頭這些「亡命之徒」來說，想要幹掉我也是易如反掌的事。

但如果我拒絕與警察合作的話，一旦我遇到了麻煩，比如來自日本「雅酷扎」，或者中國幫派的敲詐和挑釁的時候，警察肯定懶得插手，我的處境就會變得十分險惡。這導致了我必須採取一種「走鋼索」的方式，才能夠繼續在歌舞伎町這片土地上生存。

雖然「走鋼索」經常讓人心驚膽戰，但也多虧了和這些警察以及記者的深度交往，這三十五年來，只要跟歌舞伎町有關的殺人事件，我基本上都知道，只要我想知道，我基本上都能知道。特別是跟外國人有關的殺人事件。

這裡要特別提一句，近十年來，歌舞伎町的中國人殺人事件基本上沒有了，所以我也關注得比較少了，但這不意味著外國人殺人事件消失了，而是事件主角變成了越南人。現在整個日本，犯罪率最高的外國人也變成了越南人。偷竊、殺人、綁架，甚麼事情都有。

036 給日本警察當「線人」

在一九九四年九月的時候，我聽說了一個小道消息：有一夥來自中國的刑滿釋放人員，與東京的幫派聯手，進入到歌舞伎町，經過一番打探，他們準備對一家珠寶店實施搶劫。

這夥人的第二號頭目，在沒有「幫派」下來之前跟我是朋友，甚至有一次，他因為沒有帶「外國人身分證」被警察扣下，還是我跑去警察署向警察解釋，才把他保了出來。雖然之後我們並沒有太多聯繫，但我多少算對他有個搭救之情。後來我聽說他的簽證過期了，成了黑戶口，此後我們很久都沒見過面。

但這一次，當他帶著手下來歌舞伎町「踩點」的時候，我們偶然在街上遇見了，停下來閒聊了兩句。他聽說我在歌舞伎町拉客，嘲笑這份工作賺錢太少，慫恿我跟著他們去「發大財」。我婉言謝絕了。不久後，他特意給我來了個電話，要我之後兩天不要上班了，因為「可能會出點事」。當時我還沒太在意，歌舞伎町每天都會發生大大小小的意外，我早就習以為常了。

但讓我沒想到的是，那天後半夜，一個叫「松本」的刑警在街上找到了我，匆匆把我拉到「上高地」咖啡館，非常緊張地問我：知不知道從中國新來了一批「老手」，正計畫著打劫某家珠寶店。這時我的腦海裡一下就閃出那個黑戶朋友，想起他下午給我打的那通電話，估計松本說的就是他們。

當時我的內心很猶豫，一邊擺弄著咖啡杯裡的小調羹，一邊糾結著該如何回答松本的問題。如果說完全不知道，明顯是自欺欺人，以我在歌舞伎町的存在感，對這麼大的事件不可能一點兒風聲也沒聽到。松本也絕對不可能相信，否則他也不會來找我詢問。

更嚴重的是，如果他知道了我「揣著明白裝糊塗」，今後我的日子也就不會好過了，我不想冒這個險。但要讓我直接告訴松本，那夥人明天就會動手，我也是萬萬不敢的。他們可都是些亡命之徒啊，這要讓他們知道是我告的密，搞不好我連小命都保不住。

我端起咖啡，喝了一口，盡量讓自己的心緒平靜下來。很快我就想通了這事兒該怎麼辦。我對松本說：「從上週開始，確實出現了一些面生的大陸人，連續好幾天在這邊轉悠。我也試著上去拉客，說帶他們去看脫衣舞，但他們完全不感興趣，我也就沒有繼續糾纏了。」

松本並不滿意的我的回答，他一直暗示我繼續講下去。但是我能說的只有這麼多了，我必須先確保我自己的安全。而且說實話，我也不完全確定那位朋友就一定跟這事兒有關係。萬一是誤會，我的處境就更尷尬了。我只好對松本說：「您是職業刑警，您認為，如果誰要作大案，會提前通知我這個街頭的案內人嗎？」

不過說良心話，我心裡還是挺擔心的，如果他們真的搶劫了珠寶店，並且被警方查出來，我就完蛋了。因為在日本警察署的檔案裡，還留著我當年保釋那個人的紀錄。一旦被查到，我真是有口也說不清。最糟糕的情況，可能沒辦法繼續在歌舞伎町混下去了。

幸好，那夥人不知道是因為聽到了風聲，還是因為其他甚麼原因，第二天，歌舞伎町風平浪靜，珠寶店也沒有被打劫。此後，他們也沒再出現在歌舞伎町，我吊了很久的心，才一點點放下來。

老實說，我不喜歡大多數日本的警察。在我頻繁和犯罪者以及警察的互動中，我發現，大多數的警察其實和「雅酷扎」是一樣的，他們表面冷漠，內心卻很貪婪。但是這其中有一個警察朋友是個特例。可以說，是他改變了我對日本警察的負面印象。

在這裡，我不方便公佈他的真實姓名。因為我覺得他跟一個名叫「名高達男」的日本男演員長得很像，所以在這裡就姑且就叫他「名高」吧。不過，也有人說他長得像很受日本人歡迎的香港武打明星李小龍，有一次當我這麼告訴他，他還很不好意思，臉都紅了。

以前讀過我的書的朋友，也許會對名高有印象，我在書裡寫過，我和他是在歌舞伎町的一家拉麵店遇見的。其實並非如此。我和名高的相識，是因為一次上海人在大久保的卡拉OK店開槍打死人的事件。

當時我寫書的時候，這個事件還不滿十年，雖然犯人被抓獲了，我也不想透露他的真實訊息，所以虛構了拉麵店的故事。之所以虛構一個關於拉麵店的故事，是因為讓這個事件和我牽扯上關係的，是一個非法滯留在日本的中國人，他的綽號就叫「拉麵」。

那是在「快活林事件」發生的不久之前。有一天，我記得是一個冬天，出了一點點太陽，但還蠻冷。我開車帶老婆小孩去上野動物園看熊貓，正在拍小孩的時候，突然接到名高的電話。他的態度很客氣，開門見山地說：我們是警視廳國際科搜查一課的，現在有一個案件，需要你的配合。

我很好奇：警視廳國際搜索科的刑警為甚麼會有我的電話？他告訴我：在一個嫌疑犯的家裡找到了一堆我的名片。那就是「拉麵」住的地方，他的房子的保證人也是我。其實，「拉麵」也不是這次殺人事件主犯，只是其中一個同夥，我並不認識他。

為甚麼我會給不認識的人做保證人呢？因為他的同居人是「傾心」夜總會的小姐，這個小姐是我的砲友，我是給她做了保證人。我當時不知道這個小姐還有一個同居人，她還曾經送我一塊 **24K** 金勞力士手錶，後來想想，應該是「拉麵」給她的。

就在名高聯絡我幾天前，她和「拉麵」已經搬走了。他們走得很突然，保證金和禮金都不要了，還剩下半年的合約，跟我說可以讓別人住進去。當時，我的案內人工作進行得熱火朝天，登報招了一批小弟。其中一個小弟得到重用，我讓他當了「現場負責人」。但他當時還是學生，住在學生寮裡，深更半夜很不方便，我就讓他搬了出來，單獨住進那個房子裡了。小弟們的名片上，都留著我的電話號碼，名片一印就是幾千張。那個小弟還在日文學校，日文也講不好，所以警察才照著名片上的電話聯絡到了我。

見到了名高，我才知道原來住在這裡的兩個人已經被抓了。因為名高對我很有禮貌，態度很好，言談舉止又很讓人放心，和那些粗魯的警察不一樣，所以我盡可能把我知道的情況都告訴了他。問完了話，他還鄭重地向我道謝：「多謝你告訴我這些寶貴的資訊。以後可能還會麻煩到你。當然，你有甚麼需要我幫忙的，也一定請告訴我。我會盡量幫你的。」

順帶提一句，「拉麵」被抓之後，我還見過一次「傾心」的小姐。她當時因為和這事件有所牽連，即將被遣送回國。離開前，她告訴我：她家裡還有一箱日本古銅錢，跟犯罪沒有關係，要我幫她寄放。這箱錢現在還在我家裡，我一直等她來拿。我實在不知道怎麼該怎麼處理，不知道來源，也不知道是不是真的跟犯罪無關，甚至懷疑過是不是盜墓盜來的。

為此，我專門去諮詢過名高。名高說，警察也沒有這箱錢的犯罪線索，也沒有舉證，他們不能收。國際科搜查一課當時要抓的是使用槍枝和殺人事件，而不是小偷小摸，所以他們也懶得去問這些銅錢的事情。名高要我自己去處理這箱錢，我就一直放到了現在，正好現在也想通過我的節目，對那位「傾心」的小姐說，如果你看到了這期節目，請來我這裡把它取走。

那件事之後，我和名高就成為了超越警民關係的朋友，在我心裡：他和那些寄生在歌舞伎町的蛀蟲有著本質的差別。我沒有看錯他，他後來一路高升，成為了警司，退休之後我還去看他，現在也保持聯繫。

037 「解救」北京女孩

我親愛的小弟弟善男，因為毒癮在一九九五年自殺了，我受到了很大衝擊，開始小心地提防著毒販。我成功地擋住了各路毒品的誘惑，心理壓力卻越來越重，在歌舞伎町這條街上，生存總是危機重重。

一九九六年，我的生活在外人看起來正在步入正軌，案內人的工作很順利，招收了幾個小弟，三口的家庭生活也很美滿。但是，我自己的感覺卻不是這樣，我感到一種前所未有的疲憊，為了消除這種疲憊感，晚上工作結束後，我常常跑到歌舞伎町的夜總會去喝酒。就是從這一年開始，新宿的台灣、菲律賓和中國夜總會越來越多地變成了「出場店」。所謂「出場店」，就是小姐可以陪客人去情人旅館，以往日本的「斯納庫」，大多是由小姐陪客人喝酒唱歌，兩個人如果有進一步的想法，那是離開店後的自由，而客人在店裡的消費只限於酒水和每小時的固定費用，小姐則以上班時間計算工資。至於色情服務嗎？第一次在店外遇見你，第一次迷戀之後就是了。「出場店」開了一個新風氣，客人進到店裡，只要付一萬日圓的費用，包括了供應的酒水和小姐的陪客費，但最後客人可以帶小姐「出場」，兩小時三萬日元，過夜五萬日元，最初的一萬日圓是店裡的收入，小姐沒有工資，只能靠「出場」賺錢。

「出場店」可以算是台灣人的發明，它的本質是另一種變相的妓院，第一家店在歌舞伎町出現後，迅速遍地開花，非常受日本人歡迎。最火辣的時候，有的店每天晚上要接待超過一百位的客人，小姐們也不得不連續作戰。我跟一些開店的老闆娘熟悉之後，就聽了很多故事，例如有的小姐最高紀錄是一晚連續接了七個客人，她們的月平均收入都超過了百萬日元，還有的小姐即使在生理期也不休息。

有一天晚上，我和往常一樣到「出場店」去喝酒，老闆娘見我一個人坐著，就把一位女孩帶到了我對面的座位上。我看了她一眼，發現她身上完全沒有其他小姐們的那種風塵之氣，甚至可以說很清純，而且她的笑容也很拘謹，我猜她應該是剛來歌舞伎町，還不夠職業化。果然，跟她聊了幾句，就證實了我的猜想。她說她是北京人，去年十月來的日本，在語言學校上學，在這家店工作才不到一個月。我在這條街上混了這麼多年，見慣了各種各樣的人物，越看越覺得她不屬於歌舞伎町這個聲色犬馬的地方，我心中產生了好奇，她為甚麼要走上這條賣身之路？為了錢？不過我甚麼也沒問，只是隨意和她聊著北京的名勝古蹟，就在我們閒扯過程中，她突然問了一句：「你是不是有甚麼心事？」我愣了一下，好像一下子就明白了，這段時間的疲憊感不是身體，而是源自於繃緊的神經和內心的焦慮。下一秒，我幾乎脫口而出對她說：「跟我出去麼？」她竟然也毫不猶豫地答應了。我其實內心有點掙扎，一邊想到了在家的久美子和兒子，一邊內心確實很想透過性愛來緩解焦慮。在糾結的心情裡，我把三萬日圓交給老闆娘，隨後把女孩帶到了八年前我曾經打過工的那間情人旅館。

我已經很久沒有來過這間旅館了，房間還是熟悉的樣子，唯一的變化是電視機升級了。關上門我對女孩說：「先去洗個澡。」她「嗯」了一聲，然後開始慢慢脫衣服，依照日本的規矩，在這個時候女方要給男方清洗身體，她也照樣做了，但手法明顯不夠熟練。等到我們擦乾身體，並排躺在床上的時候，我滿腦子都是久美子陪兒子看電視的畫面，我結束了糾結，伸手把女孩摟在懷裡說：「算了，喝多了點，硬不起來，今天就不做了。」聽到這話，她體貼地說：「那一會兒你和我回去，我看老闆娘也認識你，讓她把錢還給你。」

女孩的態度給了我很強烈的好感，我笑了一聲說不用了。

「謝謝。」她說，你是我的第一個中國客人。

我問：「以前沒有中國人要帶你出來麼？」

她想了想說，有一次，我沒敢，對方樣子很兇，她有點怕，而且店裡的小姐也跟她說過，有些中國客人很變態，叫她要多加小心。

我又問她：「怎麼個變態法？」

她說：「有些客人好像吃了藥來的。還有人說福建的客人很粗魯，脾氣不好，小姐不照要求做就挨罵，甚至挨打。」

沒辦法，他們玩命地坐船偷渡上岸，然後又整天提心吊膽怕被警察抓住，時間長了一定會變態的。我給她講了個真實的故事。福建來的偷渡客，其實主要就是福清、長樂等縣的人，這幾個地方因為有親友先出來了，寄了很多錢回去，所以幾乎演變成整個村子都想到日本來淘金。為了實現淘金夢，他們不惜借上幾十萬元人民幣偷渡到日本，但是這些地方的偷渡客，普遍沒受過甚麼教育，有的連自己的中文名字都寫不清楚。

那天，我和這個女孩甚麼也沒做，就是聊這些話題，真正的「蓋著棉被純聊天」，我自己也覺得有點不可思議。對這個女孩，我從第一眼就充滿了同情，發自心底不希望她墮落到歌舞伎町的黑暗世界裡去。我直截了當地對她說出了我的想法：「你換店吧，我介紹你去一家不用陪客人出場的店。那裡是會員制的俱樂部，只要聊天喝酒就夠了，賺的錢也許沒有現在多，但對你來說比較安全，在這個三教九流混雜的地方，安全是最重要的。」

說完，我下了床，找出一張名片，在背面寫上那家夜總會的電話和名字，遞給她：「明天晚上你去面試吧，就跟老闆娘說是我的朋友。」

她接過來放進衣服口袋裡，再三感謝我，然後離開了。

女孩離開後，我卻沒有回家。我用房間裡的座機，給樓下的管理室打了個電話，把房間原定的兩小時休息改成過夜，然後又給久美子打電話，告訴她我今晚不回家。我躺在床上，看這個八年前每天打掃的房間，回顧了一番自己來到日本之後的歷程，我感到很累，精神很累。我對女孩子說的「安全第一」，其實也是在告誡我自己。位於歌舞伎町，新來的非洲人和韓國皮條客越來越多，為了守住多年汗水換來的「地盤」，我每時每刻都不敢鬆一口氣。但是，我的靠山鈴木最近好像慢慢失去了他的能力，有好幾次我向他提出需要幫助時，都被他找藉口推脫了。歌舞伎町越來越多的外國人，削弱了他的勢力，他在那些外國「同道」面前常常無所適從。這也難怪，一般的日本「雅酷扎」分子也不得不承認，中國、韓國的「道上兄弟」心腸更狠，他們可以一言不和就跟人拼命，其實日本流氓跟我們中國人差太多了，更不要說跟台灣人比。比中國人差在甚麼地方？真的是乖啊！乖！聽話！山口組橫濱有一個二代目之前被關進去，剛進去那一天跟他們哮，抓去扣三天回來就乖乖的。

雖然鈴木看起來不再可靠，但是一到他缺錢的時候，就會冒出來，找出種種理由要去一、兩萬日元，這樣下去可不行！我現在維持生活的「事業」，也許終有一天會被別人佔領，就是這樣的不安全感，讓我感到焦慮和心累，而且在家裡久美子對我也越來越疏忽，把全部心力都投入了兒子身上。

第二天晚上，我接到了北京女孩的電話，說她已經去過那家夜總會，老闆娘同意她留下來，她再次向我道謝。我說不客氣，她最後說了一句：「我看你也有蠻多心事，你要多保重。」我成功地「解救」了一個女孩，但自己內心卻沒有得到開解，我的焦慮和不安全感日益加重，終於又演變出一些新的事態。

038 與托尼相遇

一九九六年，新來的非洲黑人和韓國皮條客開始和我爭奪「地盤」，回到家裡妻子忙著照顧兒子，又常常疏忽了我。我試過找小姐，但因為過於糾結沒有成功，不久後我開始在柏青哥（パチンコ，即彈珠機）店賭博起來。賭博雖然讓我輸了很多錢，但同時也讓我收穫了一個重要的夥伴。

來日本的前八年，我沒進過幾次柏青哥店，之前也說過，語言學校的同學範勇與陳海波透過在柏青哥機器上做手腳，賺了很多錢，他倆好幾次拉我入夥，甚至教會了我基本的操作方法，但我始終沒有動心過。但這時的我，竟然開始每天出入歌舞伎町中央大街上的柏青哥店，完全停不下來，我開始明白為甚麼日本人沉迷於這種賭博遊戲了。那種巨大而吵雜的機器聲，確實可以暫時麻痺心靈上的空虛和憂慮，甚至有一個年輕的母親為了去賭博，把自己的孩子活活悶死在車上了。

對範勇和陳海波他們來說，柏青哥機器等同於提款機，可是對於一般的賭博者恰恰相反，它就是一台送錢送命的機器。我雖然很清楚自己在送錢，但因為收入正處於高峰，所以在賭博上毫不吝惜地揮霍。第一天，我輸了五、六萬日元，很快就上升到一天十幾萬、二十幾萬日元。運氣差的時候，身上的錢一會兒就輸光了。一天贏幾十萬的情況也有，最好記錄是有一天贏了二十七萬日元，但總的來說還是輸得更多。手上的錢輸完了，我又開始用久美子戶頭上的錢。

從一九九六年開始，不到兩年的時間我在柏青哥店裡，總共輸了二千多萬日元，現在看來也是一筆巨款，何況在那個年代。不過，唯一令我感到自豪的是，就算在那種情況之下，我每個月給久美子的七、八十萬日圓生活費從來沒少過。就是在這家柏青哥店，我認識了托尼。

托尼是這裡的店員，之前由於使用假卡的中國人犯罪猖獗，好多柏青哥店都在門上貼上了「中國人禁止入內」的告示。實際上在前天，你們可能已經聽說了SLOT機被人做了手腳，居然有三十峧台機器在一天之內被人偷了五百萬日元，損失歷來最大！為甚麼店裡的工作人員都沒注意到？沒有防範意識。但隨著機器性能和防範設備的更新，造假變得越來越難，柏青哥店對中國人的戒備也隨之放鬆。這背後還有個關鍵原因。當時在新宿附近，從事色情和餐飲業的華人大增，錢來得容易，加上中國留學生也增加了，好多人都染上了賭博的惡習，這些中國人成了柏青哥的主要財源。於是，歌舞伎町的幾家店，不但撤去了不讓中國人入內的拒絕招牌，反而僱用了一些中國人當服務員，服務那些有錢但日語不流暢的中國顧客。托尼就是其中之一。

托尼是上海人，之所以叫這個名字，是因為他長得有點像梁朝偉，日子久了，柏青哥店的同事們也就這麼稱呼他。每次我去，托尼都對我都很親切，得知他和我同年之後，我們就更投緣了。有一天，我正沉迷在賭博中，托尼來幫我換煙缸，突然低聲跟我說，賺錢不容易，省點花吧！你這樣下去，很容易走向犯罪。

托尼和我很有緣分，我們不僅是同年同月出生，也都是一九八八年留學來日本的。雖然在我面前很親切，但他年輕時脾氣非常暴躁，因為打架傷了人，還在國內拘留所被關過一陣。他來日本的第一年，在語言學校認真上學，到了第二年，打工的錢交了學費之後，又變成零資產。他喜歡聽音樂，主要是英文老歌，為了省下錢買唱片，生活相當拮据，最後他放棄學業，全力賺錢，學生簽證過期後，他變成了黑戶，在建築工地打工，位於歌舞伎町。

當時已經有不少中國人做違法的事情賺大錢，最多就是在柏青哥機器上做手腳，或偷盜搶劫，托尼始終老實地打工，就憑這一點，我判斷這個人值得信賴，開始動了小心思，想挖他來幫我當幫手。上文說過，當時的歌舞伎町拉客的韓國人越來越多，還出現了黑人，他們的足跡已經從新宿大劇院後面擴展到區役所街，有好幾次我眼睜睜地看著幾十米以外的客人被他們「截胡」。最初黑人在東京的據點在六本木，一九九六年橋本龍太郎當選日本首相，不久後坊間傳說他女兒在六本木被黑人騙進了酒吧，他得知後大怒，下令讓警視廳把六本木的黑人「趕盡殺絕」，所以黑人們就都開始到歌舞伎町來發展了。這讓我產生了強烈的不安全感，這樣下去我的「地盤」會被他們搶走。我認為這份工作只靠自己一個人的力量已經不夠了，需要找一些幫手。幾天後，我約托尼到「上高地」咖啡館見面，準備直截了當地問他，願不願意跟我一起幹。碰巧的是，托尼反倒先開了口。他說，我現在賺太少了，只能勉強維持自己的生活，沒有能力寄錢，我想賺錢多一點，又不想做犯罪的事情，所以能不能跟你一起幹？

我一口答應了他，還向他保證我也準備戒賭了，想好好工作，你要是能幫我那就太好了！從那以後，我就不再是單槍匹馬在歌舞伎町街頭戰鬥了。托尼比我想像中還能幹，他的身上天生流露出一種沉穩可信，這種氣質讓客人感到放心，不用花言巧語就願意去他介紹的地方。第一個月，他就賺了十萬日元，第二個月翻倍，第三個月以後，他每個月都可以賺到三十萬日圓以上。托尼的工作很順利，但我很快又感覺到只有一個幫手是不夠的，歌舞伎町有五個縱向的大街，還有十幾條橫向的小徑，縱橫交錯，像棋盤一樣複雜。我和托尼雖然佔據了其中兩個要塞位置，但視野有限，常常會錯失很多客人，我和托尼商量了一下，決定在中文報紙上刊登招人廣告，募集歌舞伎町的夜間導遊，反應熱烈，遠遠超乎我的意料。不過，很多人誤會了「導遊」的意思，等我在電話裡把工作內容解釋清楚之後，百分之八十的人打了退堂鼓，剩下願意嘗試的人，首先要經過我和托尼的面試。

三天後，我們見了十幾個人，感覺都不大合適，有的剛來日本，對歌舞伎町一無所知，有的有閱歷但太世故圓滑，不是那麼可靠。我跟他們說，如果做了我們這個工作的話，其他工作都不能幹了，因為我們這個工作不只是要用腦力，而且用更多的體力，每天都站在外面，雖然看起來只有五個小時，但是五個小時都在活動，還是挺累的。

在這邊打工的話，一個月的收入大概是多少？應該這樣講：做得好的一個月可以賺到七十萬元，這七十萬元和我對半分，那等於他要做一百四十萬元，才能拿到七十萬元。但也有做得少的，一個月賺十幾萬、二十幾萬、三十幾萬的都有。我的原則是寧缺毋濫，如果招來的人不靠譜，不但幫不上忙，反而會影響生意。

正當我煩惱的時候，日語學校的同學範勇突然打電話給我。自從我們的同窗陳海波，被韓國人用箭射死後，我和範勇每年總會聯絡一、兩次，他還是繼續著柏青哥機器作假，只是從東京周邊轉到了外地，成了流竄在日本各地的「遊擊隊」。範勇在電話裡說看到了我的徵才廣告，想介紹一個遠房表弟來試試。

「為甚麼不叫他跟著你賺大錢呢？我這裡很辛苦的，一站就是大半夜。」我很不理解地問他。他說表弟四月才剛來，日語不過關，樣子又緊張，容易暴露，到時候搞不好連他自己也會被警察一起抓走。

我答應他第二天和這個表弟見一面。在日本，男生工作很少，我們的收入還不算低，至少比洗碗的收入高很多，而且時間沒那麼長，才五小時每天，所以想做這份工作的人很多。電話不斷打來，就算是朋友介紹我也先聽聽感覺，感覺好了就來見見面。

第二天下午，我和托尼在上高地咖啡館，見到了範勇和他的表弟魏小軍。這個魏小軍出現在鳳凰衛視的紀錄片《歌舞伎町皮條客》裡，其中有一段在上高地咖啡館面試的情節，那個臉上打著碼，嘴裡說著採訪可以但別拍我的臉的胖子，就是魏小軍。為了這次拍攝，他人生第一次打上了領帶。我收下了魏小軍，他是一個認真努力、淳樸老實的留學生，在我手下做了一年多，每個月賺三、四十萬，經濟狀況比他周圍絕大多數洗碗的同學好多了。

日語學校畢業後，魏小軍來辭了職，從此失去了音信。魏小軍，不知道你有沒有看到，如果在看的話，你應該聯絡我向我道謝，下次能見面的話請我喝一杯，我請你喝一杯也行，都已經過去二十多年了。你應該來看看我的，現在很多人來看我，包括當年吵過架、結過仇的人，見面的時候，都是會一起笑談往事，甚至一起哭到早上，有些人現在做了上市公司的老闆。

想起年輕時候，那些吵架都覺得很好笑，回憶起當年很艱難的時光，又覺得挺感人的。時間會淡化所有恩怨，有句老話叫「一笑泯恩仇」，到了我這裡，就是「一哭泯恩仇」。

039 和葦子重逢

上文提到我和範勇久別重逢，他走了以後，我久違地想起了很多剛來日本時候的事情。我們在語言學校的朋友陳海波已經不在這個世界了，那之後我常常陷入一種懷舊情緒當中，腦子裡反覆回顧著來到歌舞伎町這八年的事情。

我最開始打工的那家小餐廳，小個子的佐藤依然很忙，依然沒有找到女朋友，依然吃他自己做的生魚片，我偶爾也會去吃一頓飯，他會特別送我兩盤免費小菜。我跳過舞的那間「姊妹」俱樂部也還在繼續開著，但裡面所有的舞者、服務員，甚至老闆都已經換了人。有一次我帶了兩位中國客人去看「姊妹」表演，發現裡面的燈光和音響也換成新的了，我站在觀眾席的最後，遠遠看著那些撓首弄姿的「姊妹」們舞動著大腿，想起了曾經的自己，所有的事情之中，最讓我懷念的是我的第一個日本女人葦子。不知道是不是心靈感應，就在我懷念葦子的時候，她突然又出現了。

那年秋天的一天，晚上八點多，我剛吃過飯，照例站在一番街上。對面走來一個女人，一眼看過去就覺得有些面熟，再定睛一看，這不是七年沒見的葦子嗎？！自從我和葦子被前妻小梅抓包，不歡而散之後，這是我第一次再見她。我有點兒發愣，她的變化很明顯，七年前她總是穿著性感時髦的服裝，髮型也很時尚，一看就知道是歌舞伎町風格的女郎；再見她，穿著樸素，完全是街頭普通少婦的打扮，神態中也沒有了年輕時的飛揚。葦子看到了我，臉上也流露出驚訝的神情。我很快反應過來，趕緊走上前幾步，跟她打招呼：好久不見！沒想到你還會再出現在歌舞伎町。她也禮貌地笑起來：好久不見，沒想到你還站在這裡。我問她過得怎麼樣？她說：一般吧。

重逢來得突然，除了簡單的寒暄，我們一時間都找不到話說，我猶豫了幾秒，鼓起勇氣問她：想請你喝點東西，你有時間麼？她看了看手錶，表示可以有一個小時左右的時間。我心裡暗想，七年前她可不是這樣的，那個時候只要是和我在一起，她從來不在乎時間。但我還是表示，就一會兒，坐下來聊聊。她還有點顧慮，向我確認：你的妻子不會介意吧？我聽出來了，七年前的事給她留下了陰影，我趕緊說，在那之後，就跟小梅離婚了，也有六年了。接著，我對她坦白，我現在又結婚了，妻子是個日本人。

那天，我沒有帶葦子去常去的上高地，而是去了西武新宿車站旁的一間格調高雅的咖啡館：雷諾公司。我認為那種高檔安靜的氛圍，更適合重逢的我們。我們每人點了一杯法式咖啡，一邊喝咖啡，我一邊打量著葦子，我們都不是二十幾歲的年輕人了，七年的歲月，在她身上留下了明顯的痕跡，不知道是不是因為過去放縱的生活，讓她看起來有些衰老，這是歌舞伎町這條街上的人們的通病。

傍晚來這家店的客人，都是上班前的女招待們，梳妝打扮所需的時間為十五分鐘左右，她們在這家店變妝為夜晚的模樣，然後各自去上班。經常能聽到小姐們這樣子的對話：「一年比一年不景氣啊。」「是啊，就是，太惱火了，快做不下去了。」

我和葦子在一起的時候，她曾經送我一台佳能的單眼相機。和她七年後再見，我一邊喝咖啡一邊跟她寒暄：你送我的那台相機，我還好好保留著，儘管過了七年，數位相機產品早就更新換代，但我還是常常自己拿著那台照相機去拍照，和後面的老婆或女朋友出去旅遊的時候，我也帶著那台相機。當然，我不會跟她們說是誰送我的。看著坐在我對面不再年輕的葦子，想起她從前美麗的的樣子，我心裡覺得有些愧疚，終於時隔七年向她道歉。對不起，是我的錯，我那時候沒有告訴你我結婚了，是我騙了你，對不起，請原諒我！

聽到這話，葦子愣了幾秒，笑著說，沒甚麼，都是過去的事情了。我告訴她，我那天打過好多次傳呼，但她一直沒有回。她說，在被小梅大鬧一場之後，她很快就離開了歌舞伎町，沒有再回來過，此後去過名古屋，在那裡待了兩年。大約五年前，她回到了老家鹿兒島；三年前，她和當地的公司小白領結了婚，現在是專職家庭主婦。

說完自己，她又問起我，你怎麼樣？一直在歌舞伎町嗎？我當時的生活正在鬱悶之中，好像遇到了一位可以傾訴一切的親人，毫無保留地對她講了我的第二次離婚、我的業務上升、我遇到了久美子、有了孩子……還有，我現在受到韓國人威脅的困擾。

「那也不錯，恭喜你！」她說。她還是和從前一樣體貼和善解人意，反覆叮囑我，你一個外國人，真的很不容易，以後要小心啊。我忽然想到，七年之後，葦子為甚麼又出現在歌舞伎町了呢？「我現在很少來東京。」她說：「這次來了，就想看看歌舞伎町有甚麼變化。」

我感嘆說，變化很多，畢竟七年了。「是啊，有好多地方我都認不出來了。」她說。「我們曾經常常一起去吃飯的店，現在改成柏青哥店；不過你還在。」這讓她有點意外，而我向她保證，我會在這條街上堅持下去。

有那麼幾秒鐘，我差點就要邀請她去情人旅館了，但是在慾望之外，有個理智聲音制止了我。我可以回憶，但不可以再走回頭路，最後我打消了這個念頭。一個小時過去了，葦子說要走了，我默默結了賬，陪她走下樓。我本來想給她一張我的名片，上面有我的手機號，但轉念一想還是算了，她已經是別人的妻子，有這樣的一次重逢，已經是意外的驚喜了。我們像普通朋友一樣道別，互相鞠躬，說著小心保重。

葦子在轉身前朝我揮了揮手，我一直目送她的身影消失在歌舞伎町的大街上。我不知道葦子是不是真的原諒了我，更不知道她對我到底有沒有過認真的感情。我究竟只是一個填補過她空虛的小白臉？還是她也從我這裡感到過真的快樂？這個問題永遠沒有答案。

傷感歸傷感，念舊歸念舊，但在現實生活中，我必須打起精神，我繼續焦頭爛額地尋找幫手，又刊登了新的招募的廣告，廣告裡強調的一個條件是，必須是有正式身分的中國人，如果是偷渡者或是「黑」下來的留學生，在歌舞伎町這種人來人往、關係複雜的街頭，是做不長久的。

大概從一九九三年初開始，蛇頭組織的存在，已逐漸被日本人掌握，原因是中國偷渡出國的活動越來越猖獗，到九〇年代中期就成為日本社會極為關注的重大焦點。當年講的「偷渡」，拿到現在更符合語境的說法，大概就是「走線」或是「潤」，但是「潤」是合法的，「偷渡」更接近走線，是違法的。那時發生了這樣一個事件，從福建偷渡去美國的船「黃金冒險號」駛進了美國東岸，由於原本來接應的小船不知為甚麼沒能準時趕到，船上的偷渡客們耐不住性子外出窺探，想找機會靠岸，結果輪船在慌亂中觸了礁，三百多名落海的偷渡客拼命想游到岸上。這起偷渡事件震驚了全世界，也使偷渡成為國際性的重大犯罪議題。

這樣的悲劇，今天也仍在發生，就在三月廿九日，在墨西哥的一個海灘上，發現了八具中國人的遺體，懷疑是計劃從南美、中美洲「走線」偷渡去美國。在日本，很多偷渡者需要支付給蛇頭數百萬日元，這些錢是他們東拼西籌來的一大筆債，甚至是借的高利貸。這些人帶著發財夢，登上日本這個傳說中的「黃金之國」，想短期內還清借貸，並給家裡匯回巨款。可是，等他們到了日本以後，才知道這裡早已不是想像當中的黃金寶地了，日本的泡沫經濟時代已經結束，這些沒有正式身分的人難以找到賺錢的工作，他們面臨著還不了錢的困境，還不了錢的後果會怎麼樣呢？不但自身生命受到威脅，在國內的父母、妻兒、兄弟姊妹都有可能遭到不測。我聽過有很多人，因為不能及時還錢，導致國內的家人遭到報復的故事。大多數偷渡客被逼入絕境之後，走上犯罪之路，既然這樣，又為甚麼偷渡客屢禁不絕，而且還愈演愈烈呢？除了一些人求富心切外，跨國的偷渡組織也起到了推波助瀾的作用。這些蛇頭與日本的「雅酷扎」勾結，成批地將借了高利貸登船的國人運到公海，再趁機將他們換到日本的船上，這樣便能順利地躲過海上自衛隊的盤查。有了日本「雅酷扎」協助，這一系列操作成功率很高。

一九九七年的深秋，我就遇到了一個蛇頭，有一天我照例站在歌舞伎町的大街上招攬客人，一個中國男人直直地朝我走了過來。他看起來大約五十歲左右，眼神很兇，脖子上戴著一條很粗的金項鍊，只看了一眼，我就判斷他是「道上的人」，但我肯定他不是那種在街頭打打殺殺的小混混，因為我觀察到他身上的西裝雖然顏色艷俗，卻是高級品牌。等他走得更近些，我又看到他手上戴著一塊非常醒目的鑽石勞力士，常年歌舞伎町的觀察經驗告訴我，這個人肯定是中國「雅酷扎」的。果然，聊了兩句，他告訴我他是香港人，我像平常的工作一樣，拼命向他介紹我的工作內容，打聽他的喜好，問他想去哪一種店。他立刻表示有興趣，但提了個要求：我第一次到歌舞伎町，甚麼都不懂，你能不能陪我一起？

我對這個神秘的香港人有點好奇，想搞清楚他是甚麼來頭。做我們這一行的，多一個朋友就多一條路，他要是真的有甚麼來頭，搞不好以後也能幫我的甚麼忙。於是，我答應陪他，把他帶到了我常去的那家上海夜總會。起初，這個香港人和其他客人一樣，被陪酒小姐們簇擁著，一邊喝酒，一邊跟她打情罵俏，大約過了一個多小時之後，他才突然低聲表示：想單獨跟我談點事。我叫小姐們迴避之後，他開始嚴肅起來，問了我一大堆私人問題，先問我來了歌舞伎町多久，每天賺多少錢，又問我和「雅酷扎」組織有甚麼交情。

我開始吹牛：「當然，歌舞伎町裡的『雅酷扎』組織我都挺熟的，你想，我每天在歌舞伎町大街上站著都這麼久了，和他們沒有特殊的關係能幹到現在嗎？我和他們的大人物都有私交。」聽到我的話，他兩眼發光，立刻向我發出邀請：「你願不願意跟我一起幹？」

我這才知道他的真實身分。原來，他就是那種專門運送偷渡客的蛇頭，那，我到底有沒有答應他呢？在這裡我先賣個關子，下文揭曉答案。

| **Part 5** |

遊走幫派間

040

小弟的故事

找上我的那個蛇頭，自稱名叫「安迪」，說自己是專門組織從中國把人偷渡去日本和美國的「雅酷扎」組織成員。為了把買賣做得更大，這次專程來到日本，想跟日本的「雅酷扎」強強聯手。在他的設想裡，偷渡客們上岸時，應該由日本的「雅酷扎」組織來接應，他來找我，就是想讓我當日本「雅酷扎」組織的聯絡員。我不想做這種遊走在犯罪邊緣的事，儘管他一再表示可以開個高價，我還是拒絕了。我給他的理由是，我膽子小，經不起大的風浪。幸好，這個安迪也沒有再勉強我，我們在街頭告別後，他再也沒有出現過。

那之後，我又遇到一些蛇頭來找我，也有日本人來找我，其中既有「雅酷扎」，也有日本的一般人，因為這個事情賺錢。很多人開始做起了偷渡的生意，在他們眼中，我這種既懂日語，又和「雅酷扎」打過交道的人，是能幫他們組織接頭、傳遞訊息的最佳人選，我每次都成功地控制了自己。雖然我的工作和色情業緊密相連，但案內人，畢竟在日本法律允許的範圍之內。我知道這些蛇頭幾趟下來，就能賺個上億日圓，利潤驚人，但卻是犯法的事情。我不斷告誡自己，我有所為也有所不為。在當時，為錢所困的中國留學生當中，願意為蛇頭的偷渡活動，充當中間聯絡員的人不在少數，很多人剛來日本都是很單純的，但很快就抵擋不住金錢的誘惑，走上了不勞而獲的路。如果大家不知道當年中國人是怎麼偷渡到日本的，我推薦可以去看我協助拍攝的成龍主演電影《新宿事件》的開頭，裡面反映得還是很真實的。

話說回來，我在招募案內人小弟的時候，也不會考慮這些偷渡者，或是「黑」下來的非正式身分的留學生。那一段時期，我連續面試了二十多個人，最後只選了一個叫「杜偉」的男孩子。「杜偉」是東北吉林人，來日本留學半年多，一直在兼職當清潔員，我看中了他外表忠厚，儘管托尼私下對我表示過，他可能有點木訥，不一定適合做這行，但我在經歷了陳海波的事件之後，把一個人的忠誠老實看作是最重要的考量。杜偉給我留下了良好的印象，我相信只要他肯努力，工作還是很容易上手的。第一個星期，杜偉的收入不大好，只有兩萬多日圓，我從自己的錢包裡又掏了五萬日元補貼給他。我認為生意不好不完全是他的原因，那幾天天氣不好，所以客人也很少。而且，對以前連歌舞伎町都沒怎麼來過的他來說，總要有個適應的過程。看到杜偉，總會讓我想起自己剛來到歌舞伎町的樣子，這讓我總是很想特別關照他，何況他也是個懂有禮貌的年輕人，對我和托尼都很尊敬。

過了一個月，杜偉的生意漸漸好起來了，就連對他持懷疑態度的托尼，也表揚他了。有意思的是，杜偉年輕帥氣，得到了好幾個夜總會老闆娘的青睞，那些在風塵中打滾的中年女人，好像特別喜歡這種單純的小伙子。有家店的老闆娘甚至想挖他過去，說一個月給他開三十萬，只需要他站在那裡調酒就好了。杜偉沒有接受，他表示還是想跟著我幹，他的生意越來越好，因為他的一臉誠懇和善良，許多外國遊客都很樂意透過他介紹到店裡消費，他的收入也一下子猛漲起來。

沒想到，這時又發生了另一個我意想不到的小插曲。我的保護傘鈴木打電話給我，語氣非常不友善，說：「李桑，你怎麼管教你那個小弟的？居然讓他搞我們頭子的女兒？！」我才知道，杜偉在歌舞伎町的街頭站得久了，認識了山口組一個小頭目的女兒，那個女孩原本也不來這邊，人家在大名鼎鼎的東京大學讀社會學，因緣巧合，她想做一個歌舞伎町外國人生活狀況的調查，居然自己就大膽地摸進來了，剛好在街上遇見了杜偉。也不知道是不是看上了杜偉長得帥，女孩後來常來找他，讓他幫忙介紹歌舞伎町的情況。剛開始，杜偉還防著她，可隨著兩個人成天在歌舞伎町裡到處閒逛，居然日久生情了。這件事被小頭目知道了，不只當即將女兒囚禁在家，而且也給杜偉發出了死亡威脅。可是杜偉也是愣頭青，竟然想模仿電影裡英雄救美的橋段，結果激怒了小頭目，然後鈴木就被派來找我的麻煩了。

我聽完前因後果，覺得事態嚴重，趕緊向鈴木賠禮道歉，承諾一定會解決這件事。掛了鈴木的電話，我立刻撥通了杜偉的手機，讓他來找我一趟。當他出現的時候，臉上青一塊紫一塊，已經掛了彩。據他說，白天站在街上做案內人的時候，突然跳出來一群人，揪起他的衣領子就打，嘴裡邊還罵咧咧說著「癩蛤蟆想吃天鵝肉」。幸虧旁邊夜店的老闆娘叫來了警察，那群人才終於走了，要不然還不知道要被打成甚麼樣。那天，我只對杜偉說了兩句話，一句話是，你要清楚這裡是日本人的地盤；另一句話是，女人還會有的，可是命就這麼一條。這也是我站在歌舞伎町這麼多年，時時提醒自己的兩個經驗之談。

幸好，杜偉是個懂事的小孩，經過這件事情以後，他也慢慢變得成熟起來。我後來和鈴木和他一起出來吃了個飯，總算是把這個事情給一筆勾銷了。吃飯的時候，杜偉遞給了鈴木一個信封，「雅酷扎」解決問題都是要用錢的，我們都知道這個規矩。遞信封的時候，杜偉嘴裡講的是：「三百萬，請收下！」三百張一萬日圓的日幣，是不可能全部裝進一個信封裡的，裡面其實只裝了三十萬日元，那麼杜偉為甚麼要這麼說呢？其實這是圈內開玩笑的行話，一般都會把幾萬講成幾十萬，幾十萬講成幾百萬。所以鈴木也開玩笑回答說：「下次請一定給我三百萬。下次一定要給三百萬！」當天晚上，就是在這種很和諧的氛圍裡結束了。

這之後不久，杜偉就和後來的女朋友一起回國了。說到杜偉，我又想起了我另外一個小弟。這個小弟的故事，我以前從來沒講過，今天在這裡首次公開吧。二〇〇〇年左右，中國駐日本大使館裡有一個一等書記官作為調查員，專門調查日本社會問題的，跟日本外務省派去中國的阿古智子的工作是一樣的，只不過阿古是調查中國社會的。中國大使館這個調查員的兒子就在日本，後來做了我的小弟，我們叫他「小高」，因為父母都是學日文專業的，他從小受到家庭環境薰陶，日語說得非常好。我是在歌舞伎町一家居酒屋遇到他的，有一天，我帶著一個日本女朋友去宵夜，他正好在那裡打工，他和我的女朋友用日語對話，完全是日本人的感覺，有些字我還不懂。

但是他認識我，那是二〇〇二年，我已經出了書，他看過我的書，認出來我是誰，免費送了我兩個烤好的螺，又送上來兩個烤好的扇貝。後來，他用中文給我講了一句：我在居酒屋幹得很累，時給才八百日元，我能不能跟著你幹？因為我在書上寫過每個月能賺一百萬，他覺得跟著我能賺錢。實際上，我不知道當時他已經快沒簽證了，他是透過語言學校來日本的，但是自己不上進，沒有考上大學院，他知道哪怕大學畢業就找工作，最多也就每個月二十萬日元左右，不如跟著我幹。我聽他日文說得好，就答應了他，結果他跟我做了沒多久就黑下來了。我不知道這個事情，因為他說他跟父母住在日本，我以為他是殘留孤兒，他也不敢說父母是大使館的人，而且已經四年快到期了，就要回國了。父母離開日本後，小高又跟我做了有一年多，有一天突然就被警察抓了：

小高拉著客人說：「大哥（お兄さん）。」

「怎麼了？」對面有些不耐煩。

「再去玩一家店怎麼樣？」

「回家了，今天不玩了。」

小高聽得出對方不耐煩，於是重鎚出擊：「出場店怎麼樣？新開的哦！」

「啥？」

「出場店，就在那邊特別近。」

一聽到這句，那客人眼神變得銳利起來，一下按著小高：「我是警察！別動！別動！說了別動！再動就要犯別的罪了。」

那到這裡，人基本上是沒救了，小高只能小聲默念：「明白了，對不起。」

我跟我所有的小弟都講過，不要去拉日本人，不能去拉日本人，一來是怕和日本皮條客起爭端，二來是怕拉到便衣警察，特別是一些出場店，因為帶小姐出去還是違法的。小高就正好拉到了一個來釣魚的便衣，還跟便衣說可以帶出場，而且可以「本番」，我想全世界的男人都知道這個字的意思，他興高采烈地把便衣帶去了店裡。那天晚上，大概有三組便衣在歌舞伎町抓出場店，這些出場店當時大多都是外國人在經營，菲律賓、韓國、台灣，特別是中國人開得最多。小高就撞到槍口了，把便衣帶到了一家台灣媽媽開的店，進去之後這個便衣立刻開始聯絡其他同事過來。小高日語很好，開始意識到不對勁，給我打了個電話，我立刻去救他，但我趕到的時候店已經被警察封鎖了，進不去。我在門口跟守門的年輕便衣講了不到五分鐘話，就遠遠看見一個已經退了休的警察，戴了個耳機走了過來，我認出他是過去新宿警察署保安系的系長，專門管風俗的，以前曾經協助過他執法，調查歌舞伎町宰人的日本店的時候，我是他的線人，在日文中被稱呼做「いぬ」（犬）。日本警察大量利用這樣的線人，因為他們只有十九萬人，管理整個日本，警力遠不足。我請他通融一下。

警官叫到：「你來晚了！」換句話說：已經太晚了！說是已經在店裡以「現行犯」逮捕了，上面已經批示下來，改不了。但是又補了一句說，明白了，是你的人。我當時理解這個話的意思就是，也許可以酌情從輕處理，也許就進去幾個小時，罰點錢就放出來了。但萬萬沒想到，小高是沒有簽證的，後來他被強制遣返回中國，回去之前我還到入國管理局看過他兩次，那時候他爸爸專門從北京飛過來，我才知道他是大使館的有名人物。我一直給小高找關係，所以其實後來也算是從輕處理了，警察沒有起訴他，被起訴的是那家店，說他們賣淫嫖娼。為了表示感謝，好幾年後，我開了湖南菜館，小高的爸爸還特別帶了一波人來店裡吃過飯。

在他被抓十五年後，二〇一八年郭文貴請我在北京的盤古大觀吃了一頓英國女皇同款國宴，號稱價值二百八十萬人民幣，當時在場總共有十來個人，包括一些著名主持人和娛樂圈的人，小高也是在場的其中一個。是我跟他聯繫，請他一起來參加的。這頓飯的故事，我在《美國新聞周刊Newsweek日文版》寫過，從「挺郭」到識破他的騙局，最早隱退，又是另外一段很精彩的故事，以後有機會再詳細地說一說郭文貴的故事。

041

黑人來到歌舞伎町

一九九七年，日本社會發生了一個劇烈變動：亞洲金融危機，正在席捲歌舞伎町。佔有證券業一席之地的山一證券崩盤，百年老店兩年後落下了帷幕。

經濟蕭條，使得整個日本消費市場都很低迷，很多日本人經營的夜總會，不管規模大小，相繼倒閉。同時，中國人開的夜總會，卻急速取而代之，數量越來越多。到了一九九八年，中國人開的夜總會幾乎完全取代了其他競爭對手。新宿歌舞伎町，歷來是寸土寸金，即便經濟不景氣，地價、房租也沒有大幅的滑落，在那個時候，即便是一間只有十幾平方公尺的店面，每個月也要五、六十萬日圓的房租，地段好的更貴，而且在簽約之前，要繳十個月房租的押金，還不包括白給房東的禮金，和給地產仲介商的手續費，這些加在一起，沒有七、八百萬日圓根本就辦不成。更何況還有裝修、進貨，也要花錢，一家店開下來，一千萬日圓的投資是最普通的。

那時人們都念著：「歌舞伎町，現在是冰河時期，以前光小費就能收一百萬喔！我們從前的時代是成捆鈔票的時代，是可以白手起家的時代，看看現在不景氣的樣子，真是有點感傷呢！歌舞伎町變了。」

所以，中國人這一輪搶灘歌舞伎町的強猛攻勢，連日本社會也感到驚奇。在這裡開店的中國人，從哪裡弄到的這麼多錢呢？其實，當時在歌舞伎町能夠如此財大氣粗，投資千萬還腰纏萬貫的，絕大多數都是透過偽造電話卡、賭博遊戲作弊等違法行業，累積了第一桶金。就像我之前說過的範勇與陳海波，每個月的收入多則千萬，少則百萬。管他是誰，只要掌握了訣竅，都能贏錢。

九〇年代末期，日本對於公用電話及賭博遊戲廳加強了防範措施，這些人不得不尋找新的財源，於是紛紛把眼光投向了色情業。中國人開辦的色情業越來越興盛，我的生意就更好了，而且在經濟低迷的環境下，人們在色情上尋求心理慰藉的需求反而更強，這也為我們的「案內人」生意帶來了新的商機。不過，歌舞伎町的街頭，繼韓國人之後，又出現了新的敵情，那就是黑人。

黑人「拉客的」剛出現的時候，沒有引起我的注意，畢竟東京是個國際大都市，聚集著來自世界各地的人。最開始看到幾個黑人在歌舞伎町晃蕩，我以為他們也是遊客，很快，我發現他們從事的工作似乎和我一樣，並且沒有固定的地盤，隨心所欲地活動，完全不遵守歌舞伎町的行業規則。我敏感地預感到，他們的出現會對我的生意產生不小的影響。這些黑人拉客的兩、三家酒吧，都剛開業不久，外觀完全是歐美風格，從招牌到價目表全是英語。俗話說，要知己知彼才能百戰不殆，我決定看看他們在搞甚麼名堂。我首先想到一個「臥底」，我以前曾經登過廣告的報社，有一個懂英語的編輯，我知道他在英國留過學，也去過美國，這個編輯是個很老實的男人，以前從來沒有來過歌舞伎町。我聯絡上他，以請他幫忙翻譯資料為理由，約他在新宿見了面，然後才說明了我的想法，希望由他作為客人，進到店裡了解詳情。他一開始有些害怕，在我的在三懇求下，終於答應去試試。在我承諾過，事情不對就立刻報警。之後，他朝街上一個膀大腰圓的黑人走了過去，兩人交談過幾句，走進了一家新開的酒吧。我在酒吧外抽著煙，大約等了二十分鐘，他才腳步匆匆地走了出來，臉上紅紅的，看見我如同見到了親人，我急忙又把他帶到了「上高地」咖啡館。

據他說，他進去的是一個「無上裝酒吧」，裡面有類似脫衣舞場的舞台，只穿一條丁字褲的白種女人裸上半身，在舞台上跳鋼管舞。如果客人看中哪個，付一千日元的小費，就可以讓她到自己的身邊來跳，也可以用嘴親她的上半身。那些黑人告訴他，只要再付八千日元，就可以把女人帶到旁邊的單間。這個編輯不愧是讀書人，還有板有眼地跟我分析，那些黑人說自己是美國人，但我聽得出他們的英語並不流利，應該是從非洲來的。裡面的女人也自稱是來自英國、澳洲甚麼的，可是東歐口音特別重，還有一些是拉丁美洲口音。得到了重要的情報，我大概知道了那些黑人和酒吧是怎麼回事。

為了感謝編輯，我不僅負擔了他在酒吧的花銷，又付了一萬日元給他做報酬。那時我還沒想到，我會跟這些黑人直接衝突。

一九九八年的春天，我在街上拉了三個中國客人，剛說好帶他們去看脫衣舞。一個穿著白襯衫的黑人就跑過來，用英語說著要不要漂亮的女孩？我狠狠地瞪了他一眼，大聲用日語說道：這是我的客人！你懂不懂規矩？沒想到他根本看都不看我，依舊笑嘻嘻地對我的客人說，也可以看女人跳舞，很便宜的。三個客人中有一個聽懂了，好像有點動心，他用英語問黑人：女孩是不是日本人？黑人把頭搖得像撥浪鼓一樣：不不！嘴裡接著蹦出一串國家的名字，甚麼法國、美國、義大利之類。他沒想到這些中國客人來歌舞伎町，就是為了看日本妹，他們聽到黑人的話立刻失去了興趣，轉身跟我走了。

依照歌舞伎町不成文的規矩，如果一個「拉客的」和客人商談好之後，一起走向某家店的過程中，其他的「拉客的」是不能上前攪局的。一般「拉客的」和顧客的對話如下：

「多少錢啊？」

「店鋪不同價格不同。」

「有陪酒的和做保健的、各種各樣的。」

「三千嗎？」

「小姐陪酒的話四千。」

日本「雅酷扎」還好，韓國人和中國人也好，只要在這裡混，就要遵守行規。不久後，我的小弟托尼和杜偉也遇到了被黑人半路殺出的事情，我覺得我應該和鈴木說一下事情的嚴重性了。

還沒等我找到機會開口，黑人先和日本人「拉客的」發生了衝突。一天傍晚，一番街的小廣場上，黑人和日本人「拉客的」廝打在一起，我聽見叫罵聲就跑了過去，站在旁邊圍觀。才兩個回合，日本「拉客的」就被打倒在地，無論身材還是打架的本事，他們都和黑人差太多。緊接著日本「拉客的」的同夥，紛紛趕來助戰，變成了七、八個人打兩個，但黑人仍佔有絕對優勢，基本一手臂掄一個。如果日本「拉客的」不抄傢伙的話，我估計再來四五個也不是對手。後來來了幾個警察，手忙腳亂地控制局勢，兩名黑人被帶走了。

我和聞訊來圍觀的托尼、杜偉看夠了戲，決定去「上高地」吃點東西。在上高地，我們聊起了杜偉的私事，和「雅酷扎」小頭目女兒斷了關係之後，杜偉又跟一個東北女孩好上了。這個女孩也是先在日本留學讀語言，後來在歌舞伎町當陪酒，日子長了，簽證過期了，就「黑」了下來。因為是家鄉，女孩在情感上特別依賴杜偉，居然情願為了他放棄賺錢的機會，說著一起回國好好過日子。杜偉覺得我的事業面臨黑人的威脅，不放心在這個時候離開。我跟他說，既然這個女孩子認的是感情，而不是金錢，已經算是歌舞伎町的一朵奇葩了。要是當初我的女朋友有這種想法，我在情感上也不會這麼波折，所以，雖然我也捨不得放走杜偉，但還是勸他要珍惜對方。

我正勸著杜偉，一抬頭又看見那兩個被警察帶走的黑人，晃悠悠地走進來，居然就坐在我們旁邊。我本來以為他們終於能收斂一下了，但看到他們的樣子興高采烈的，彷彿甚麼都沒發生過，我忍不住問其中一個：「你們不是被警察帶走了呢？」

「沒事了。」他哈哈大笑，語氣很猖獗。「警察？他們敢把我們怎麼樣？我老婆是日本人！」

聽到這話，我和托尼交換了一個眼神，心照不宣的笑了笑。這些黑人確實大多來自非洲，他們的妻子也確實是日本人，當時有個說法，日本女孩普遍喜歡精力旺盛的黑人，因為黑人無論是尺寸還是時間，都明顯比亞洲人長，所以黑人在日本不但沒有受到歧視，反而容易獵艷，這一點令很多外國人都難以理解。

說起來，今天的中國山東大學，為甚麼會有三個女大學生給一個黑人當陪讀的情況，我猜除了學校開出的畢業條件以外，應該也有類似的原因的吧。在街上，一個日本女孩傍著黑人的場景並不少見，在澀谷一帶還有不少黑人酒吧，裡面擠滿了日本女孩和黑人男人，他們常常跳完一支舞就去了情人旅館。更有趣的是，在錄影帶出租店裡，專門有日本女性和黑人的色情錄影帶，有的攝影組還帶上漂亮可愛的色情女星到海外找黑人拍片，這種心態很有意思。

說到黑人，我的鼻子是往這邊歪的，這就是受黑人所害。有一次我的小弟跟他們發生了矛盾，打電話叫我過去，矛盾的原因是甚麼呢？小弟拉的客人中途被黑人截走了，按照日本人的規矩，這種情況下後者要給前者分成。這些黑人截走客人的時候，嘴裡也說著「交給我吧（任せて）」，看來是知道規矩的，但是因為不想給錢，他們撒了一個謊，說客人在途中不去了。他們沒想到，他們去的店也是我們的網路裡的店，我常說，我們在歌舞伎町的網絡，也是一個「情報網」，色情網路情報，我們的「情報網」是很充足的。當場我就打電話，跟店裡的媽媽確認，知道黑人已經帶了幾個客人過去。小弟跟黑人爭執的時候，我擋在前面，跟他說別爭了，我們已經查到了，客人還在裡面，不信你跟我走走，我們去確認。他也不說話，突然就用額頭狠狠地，一鼻子血就出來了。我馬上給我的保護人打電話，就來了一群人，他也慫了。

這個黑人呢，其實是專門給一家日本人鋼管舞店拉客的，但途中自己做了私活，也開始給別的店拉客。後來，是那家鋼管舞店出錢給我賠償了十萬塊的醫療費，老闆人很好，說以後要手術的話，還會再報銷醫療費。這個老闆也是因為這次認識了我，才知道他手下的人在幹私活兒，解僱了黑人，反而跟我建立了關係，後來我也開始幫這家店拉客了。這個店現在還在，名字叫「I heart歌舞伎町」，它的招牌經常在我的訪談和各種影視作品裡，甚至還成了歌舞伎町電影的名字。

我拿了十萬塊錢，找到了東京醫科大學的整形科，照了片子，說裡面的骨頭斷了，鼻子歪了。二〇〇六年，我已經四十六歲了，外科醫生跟我開玩笑，乾脆你再找那個黑人給你這邊一拳，就正回來了。後來他又補了一句，你的年紀大了，不適合做鼻子的外科手術，就讓它歪著吧，你可以去配個眼鏡戴著，這樣別人就看不出來了。我從那一年開始戴眼鏡的，完全不是因為近視或老花，就是為了擋住我被黑人打歪的鼻樑。

黑人的故事，在歌舞伎町裡還有很多，我們下次再接著說吧。

042

小弟內鬥

我招了一個名叫金東的新小弟，而在我最信賴的托尼看來，這個人對他造成了極大的威脅。托尼害怕隊伍繼續壯大，自己的地位未來將會受到挑戰，畢竟當時他在日本是黑戶口，他不希望我認真地經營一支隊伍。於是，托尼把我帶到了電子撲克的賭場。

電子撲克是一種甚麼東西呢？它和彈珠機不一樣，彈珠台不直接和金錢發生關係，贏了以後要在店裡用彈珠台球換禮品，大多是一些塑膠玩具之類的東西，換不了錢，只有一種香煙的過濾嘴，在歌舞伎町有一些商店專門回收它，回收價格從一百日圓到一萬日元之間不等，可以拿去賣掉，這是合法的。這種做法，類似在日本不能嫖娼賣淫，但是可以去出場店和泡泡浴，和小姐私下自由交易，這和店裡沒有直接關係，但大家又都是預設的，相當於鑽法律的空子。

電子撲克是直接用現金交易，付一千日圓現金，店家會給你開機，然後你可以得到一萬日圓的免費服務，有時甚至是一千日元的開機，就能贏到四萬或六萬日元，所以會吸引很多人去打。就是這種電子撲克，托尼跑來誘惑我：你可能用一千日元就能贏到六萬日圓。但這是個陷阱，很有可能轉手輸了五十萬日元。當時的歌舞伎町已經有了十幾家電子撲克店，這條街上很多的中國人和其他的外國人，或是夜總會的小姐，都會在上班前用一千日元去玩一次，運氣好的時候能贏到數萬塊。我贏得最多的一次，一天贏了一百萬日元，但這種情況極為少，基本還是輸的多。

那為甚麼托尼要這樣做呢？因為每天他要分給我一半的收入，如果我天天站在大街上，就會很清楚他的營業額，若我沉迷於電子撲克的話，就沒有時間去管他了。那段時間，我常常賭著賭著就沒錢了，就打電話喊他來送錢，這等於是向他借錢。第二天的營業額，他也許就不用給我了，所以托尼只要身上有錢，一定會借我，沒有錢也會借錢來給我。就這樣，五萬、十萬的，他等於是用賭博控制我了。

我想要壯大我的團隊，只有金東一個人是不夠的，所以在他入夥的那個月，我在中文報紙登出了廣告，經過幾輪面試，又新增加了幾個幫手。從此以後，我帶著初具規模的「小弟團隊」——李組，一起站在歌舞伎町的街頭工作了。但即使招了這些「小弟」，我們也不是甚麼嚴密的組織，與「雅酷扎」幫派完全不同。首先，我這裡人員流動很頻繁，人數時多時少，常有黑戶口的中國人請求加入，但都一律被我拒絕。也就是說，除了最初的托尼之外，我所招收的一定是有簽證，身分明確的人。簽證的種類我並沒有太要求，不管是拿留學簽證，還是配偶簽證，只要不是黑戶口就行，這是最低條件。連那些被我僱用的人，一旦簽證到期無法續簽，我也會辭掉他。乍聽之下好像很無情，但我有必須小心的理由。我們的工作是每天站在街上，又是在歌舞伎町，最容易引起警察和入國管理局警告，如果裡面有哪個黑戶口的人惹了事，勢必會找到我這個負責人的頭上，到時候我就會被從這條街上排擠出去。最糟糕的情況，甚至會被從日本驅逐出境。另外，我這裡如果有黑戶口，或者犯罪嫌疑人，那就等於我在這條街上有了「把柄」，再也不能堂堂正正地做生意了。

這裡給大家小小的科普一下。到了一九九九年，石原慎太郎當東京都知事的時候，以東京為重災區的關東地區已經有十萬人的黑戶口，這個數字很有意思。因為在八〇年代日本首相中曾根康弘，曾經提出了「引進十萬留學生」的國策，當時政府已經預見了高齡化和少子化的未來。我常開玩笑地說，來了十萬留學生，結果十萬人變成了非法滯在。留學生計畫過了四十年了，現在日本人意識到這個政策也不是很有效果，乾脆直接引進勞動力了。最近政府又提出了「二〇二五年外籍勞工數量增加五十萬人」的方針，所以，如果大家最近來日本，可能會覺得看到便利商店、機場、飯店、計程車到處都有印度人的身影。上個月廿一日在江戶川區議員選舉中，出身印度的 Puranik Yogendra 議員初次當選，我感到非常自豪，今後想廣泛地進行各項工作。

其實外勞不全是來自巴基斯坦、孟加拉這些窮國家，還有很多越南人和緬甸人，他們是現在日本引進外籍勞工的主要群體。現在中國人來日本已經基本不打工了，大多是家裡有錢的中國人，才來日本留學，這些人都不願意打工。在留學生群體中，日本的大學有「一低兩安」的說法：「價格低、安全和安心」，來日本的中國男留學生都喜歡買摩托車，都去考一個摩托車駕照，但不怎麼遵守交通規則。這五年之內因為摩托車的交通事故死掉的留學生不在少數，包括我湖南菜館有一個打工者。他還不算是富裕階層，也買了一輛兩百萬的中古摩托車，就因為不遵守交通規則，被汽車撞沒了。還有一位是我粉絲的小孩，在這裡當留學生，在斑馬線上滑電動滑板車，被日本司機撞了，滿身是血，還拍影片發小紅書和抖音，想蹭個流量。我跟他說，你趕緊刪了，日本的規定是不能在斑馬線上騎這個車的。所以在這裡，我也想提醒我的粉絲們，喜歡摩托車也好，電動車也好，一定要搞清楚交通規則，也請一定遵守，日本是全世界交通規則最嚴格的國家，交通事故的死亡人數每年都在下降，但是外國人的死亡數據每年都在增加，就是因為不遵守交通規則。

好了，言歸正傳。我不願意僱用黑戶口當小弟，一方面是因為「雅酷扎」一定會趁火打劫，他們會向我要比平常高很多的「保護費」，這是用腳趾都能想到的。另一方面，如果我手下的小弟和別的拉客的人發生糾紛，對方肯定會攻擊我的弱點，威脅我要去警察或向入管局檢舉，要求我把客人給他們或答應他們更過分的條件，而那個時候我就不得不答應他們。因為如果一旦被入國管理局抓住，「黑戶口」一定會被遣送回國，我手頭雖然有托尼這顆定時炸彈，但和別的拉客團夥相比還是要乾淨很多，我絕對不會放鬆和降低用人標準。

我是怎麼選小弟的呢？首先，我在中文報紙上打出廣告，親自用電話先試試，然後再面試來報名的人，先看是否有合法簽證，然後再從年齡、經歷、為人、談吐、外表、穿著等等方面進行綜合判斷，看對方是不是適合案內人工作。外表不順眼的人，絕對是不適合與客人打交道的。我在這裡補充一下，所以我的前妻久美子覺得我找來的小弟，各個都是帥的，以為我是同性戀。

言歸正傳，接下來我要佈置小弟們固定的「崗位」，或說「站位」。每個人的位置都不是固定的，每隔一個星期就會按照順時針輪流換站位，每個人都想站在最好的地段、最好的位置上，這樣收入才會更多。為了避免牠們貧富不均，互相爭搶好位置，這是我能想出的唯一辦法。另外，除了當「大哥」的我，大家一律平等，不存在「雅酷扎」組織的那種等級制度，最多有先來後到的問題。但即便是早到的人，也絕對不會享受比後來者更多的優惠條件，一般情況下，我從每個「小弟」那裡收取一半的手續費，也許有人會覺得這個錢收得有點多，但其實不是，我的這些「小弟」之所以能在歌舞伎町的大街上謀生，恰恰是因為我多年來的努力，得到了這塊地盤，而且那些「關係戶」也都是我一家營業來的。如果不透過我，任何一個人外來者想在歌舞伎町的任何一個地方另起爐灶，早就被人拉出去狠狠地揍一頓了，其實等於是我把自己的地盤分給了「小弟」們，讓他們得到一個賺錢的機會。

我規定，「小弟」的營業額由他們自己計算和報告，每天下班後我們都要開會，大家將當天的營業額寫在紙上交給我。這裡必須存在一個基本的信任，有時候也會有一兩個謊報營業額，所以我時不時會打電話給店裡，抽查並確認他們帶了幾個客人、客人消費了多少錢，後來我自己忙不過來就僱用專人、現場的管理人來管理他們。如果發生了瞞報營業額的情況怎麼辦呢？除了罰款之外，還設有「停職一星期」的處分制度，具體情況我會具體對待。如果情節嚴重，當然是炒他們的魷魚了。

誰能想到，我第一個炒魷魚的人就是金東？金東的工作越來越順利，三個月後，他每個月的收入就達到了四十萬日元。可是，隨著收入的增加，他的慾望也隨之膨脹了，完全變成了另外一個人，他開始穿起名牌，脖子還掛上了「雅酷扎」成員最喜歡的那種粗粗的金鍊子，看起來就像土鱉暴發戶。不僅如此，他也開始以客人身分出入一些夜總會，毫不收斂地在小姐身上佔便宜，他甚至常叫來店長，質問為甚麼店裡的小姐沒有規矩，要求小姐向自己賠禮道歉，完全是一副痞子作風。金東的工作態度也越來越像流氓，每當發現了目標，他就會像蛇一樣纏上去，軟硬皆施地讓客人跟他走，而且他越來越不懂合作，經常自作主張。不久之後，我對他的信任就降低到了零點。

記得有一天，他帶著三個香港客人去了區役所街的一家上海夜總會，我的「地盤」當時只有中央大街和第一番大街，在這之外的地方拉客是違規的，但把我的「地盤」拉到的客人帶到別的地方的店裡去，倒是沒有問題。這家店每個客人收一萬日圓的酒水費，給我的回扣是百分之五十，我們的回扣只從客人在店裡的消費額計算，三個人每人五千，也就是說金東的營業額應該是一萬五千日元。這一天金東報給我的營業額只有五千日圓，這種事情他已經犯過不只一次兩次了，我馬上把他叫到面前，訓了他一頓，給了他停職一週的處分。他不但沒有反省，還死皮懶臉地纏著我：「李哥，下次我不敢了，這可是我第一次啊。」托尼沒等我說話就指著金東，都四、五次了，你以為李哥不知道！這個時候金東已經很囂張了，他對托尼大罵：「關你屁事！」並且也要動手，我不想事情鬧大，只是警告金東說，依規矩辦事，先停職一周，要是以後再犯，我就辭了你。

此後，每次見面，托尼都要發幾句金東的牢騷，金東也沒閒著，常在我面前說托尼的壞話。我看得很明白，兩個人都想幹掉對方，以便自己能賺得更多。這場較量持續了半年，終於有一天托尼給金東下了個套，把他給「幹掉了」。

043

小弟變敵人，韓國人來找麻煩

上文提到隨著收入的增加，金東的胃口是越來越大，工作態度也越來越像流氓，完全變了一個人。不久之後，我對他的信任就降到零點，而他與托尼的關係也勢同水火，雙方竟當著我的面對罵起來。終於，托尼設下圈套，把看不順眼的金東給幹掉了。

是甚麼樣的圈套呢？那天，托尼在路上拉到三位客人，假裝心情不錯叫上了金東一起，把客人帶到店裡去，回扣當場兩人對半分了，臨走前托尼還「大方」地讓金東把名片發給了這幾位客人。其實，這裡面有一個是托尼的熟人，托尼已經偷偷串通好，他們先在這家店玩一個小時後，然後給金東打電話，請金東把他們介紹去另外一家店。金東接到電話不疑有詐，把客人帶到了新的店，並且拿了回扣，像這種情況，如果是兩個人一起把客人帶到店裡，即使是客人打電話要求其中一個人再帶他們去別的店，後一家店的回扣也應該是兩人平分的，這是預先設定好的規矩，托尼知道，金東也知道。但托尼也非常清楚，金東不會遵守規矩，他一定會自己私吞回扣。

金東上鉤了，果然沒告訴托尼，自己又拿到了另一筆錢。當天晚上，托尼沒吭聲，第二天等到我出現了，他才向我告狀，說金東私吞回扣，接著口氣強硬地向我施壓，說要是再不辭掉金東的話，他也就不幹了！我趕緊把金東叫出來，核實情況。

「豈有此理，我怎麼了？我營業額第一，為你們賺了那麼多的錢，你敢偷拿回扣？」

他沒有抵賴，馬上就招了。「這種事，誰不幹？」

這時候他也反應過來，掉入了托尼的圈套，當場破口大罵，說托尼是卑鄙小人。

「你他媽罵我？揍你！」

我意識到托尼和金東已經不可能共存了，內心短暫權衡一番之後，我告訴金東，為了保持我們這個隊伍的穩定，我只能辭掉一個人，但我不會辭了托尼。金東非常憤怒，瞪著眼睛，最後「呸」一聲，狠狠地朝我面前吐了一口痰。我淡淡的看著他回了一句：「我們這裡有規有矩，破了規矩，就得請你走路。」

「你會後悔的，我告訴你！放我走，你會後悔的！」他悻悻然罵道。

金東說到做到，他確實為我帶來了讓我頭痛的問題。幾天後，他找了幾個中國人，組成一個新的「皮條客」團夥，自己當起了大哥，以區役所街為據點，開始了他們的拉客活動。不久，他就開始讓自己的部下侵入我的領地中央大街，頻繁地招搖來招搖去，故意騷擾和挑釁我們。金東見到我和托尼，故意做出視而不見的樣子，有時還要向地上吐口痰。說實話，我自認為當初對他是不薄，對於他的如此行為，我只能表示遺憾。不過，特別要說的是，金東雖然離開了，卻在我身邊留下了一個重要人物。給我當「小弟」期間，為了討好我，金東把他日語學校的同學莉莉介紹給我認識了。

莉莉以前是江蘇一個大學的大學生，學的是日文專業，我第一次見到莉莉時，儘管她無論樣貌還是身材，都是我喜歡的類型，但當時我的心思還放在兒子身上。雖然久美子越來越少關心我了，可我覺得還是要信守一些基本的原則。而莉莉當時身邊的男友，我覺得對她也還不錯，所以很長一段時間，我和莉莉也是普普通通的朋友，她偶爾需要幫忙的時候，我也會抽空去她家一趟，但是莉莉後來成為了我生命中重要的女人之一。記住這個名字，我們以後還會再說她。

好了，現在我們回到一九九八年，金東被我開除後，組了一支新的「皮條客」隊伍，不斷地來挑釁我，讓我很頭痛。同時，韓國人「皮條客」也正在歌舞伎町醞釀新的暗湧，到一九九八年十月事情終於爆發了。那天下午，久美子要請她的幾個日本朋友到家裡來吃湖南菜，對於湖南她們並不太了解，但說起那裡是毛澤東的故鄉，日本人都表現出極大的興趣。我剛到日本的那些年，還很年輕，缺乏政治意識和覺悟，常以自己出生在毛澤東的故鄉為榮，現在想來那就是一種被洗腦造成的無知和愚蠢。

因為歌舞伎町的工作持續到深夜，平常我都是中午才起床，那天因為要請客，早上九點我就起來了，買菜、切菜，準備晚上的大餐。那一年我的生活還是很有家庭氛圍的，我做飯的時候，久美子就在旁邊帶孩子。我的兒子已經四歲了，日語跟英語都掌握了一些基本的單字，我覺得他的樂感也很強，有時候還會隨著音樂手舞足蹈，看著他一天天成長，我覺得我的生活蠻美滿的。到了十一點，準備工作告一段落，我急急忙忙換好西裝，跳上剛買的新車，去了西新宿的西餐廳，我和名高約好在那裡見面。十一點半，我到了餐廳，一邊吃漢堡套餐，一邊和名高交換對近歌舞伎町情勢的看法，我和名高保持每週見一次的頻率，有時候是一起吃午餐，有時候是晚上一起去喝酒，席間談些新宿的時事，這已經變成了一種習慣。下午一點，我回到家，迅速換下衣服，用早上準備好的食材做了幾個涼菜，兩點開始久美子的朋友陸陸續續地來齊了，我為她們泡了香片茶，也就是湖南人的茉莉花茶，很受日本人歡迎，又跑進廚房去做熱菜。聽到久美子在客廳的電視裡，給她們播放全家到中國旅遊時拍的錄影，我也從廚房跑出來，客串解說幾句，炒炒氣氛。

後來，久美子的朋友們把話題轉移到我兒子身上，說他長得又秀氣又聰明，將來一定是個帥小夥，她們問我們有沒有為孩子的將來做甚麼打算，久美子告訴她們我的想法，希望兒子以後成為芭蕾舞明星，實現我沒有能實現的舞台夢。不過，我覺得他要是能成為像木村拓哉那樣的影視歌三棲明星會更好，這一點久美子也同意。我們兩個人的想法，都是讓孩子成為演藝明星。久美子的朋友聽說我們要把孩子培養成明星，紛紛圍著孩子拍了合照，大家開玩笑說，將來要是成了明星，這張照片就值錢了。

我兒子四歲就開始學芭蕾，在小學三年級的時候，進入了日本一流的芭蕾舞團熊川哲也「K

芭蕾舞團」旗下的學校，同一年他還被日本正當紅的傑尼斯事務所選中，在裡面做了一年的伴舞。在那一年以後，他又被日本的 NHK 幾十年來最有名的兒童節目《天才 TV 君》（天齋 TV 君）選拔中，這個節目每年只在全國招廿五個人，他就是其中之一。我的兒子在 NHK 做了兩年，全日本飛去給各地的小孩過生日，他當時飛機的積分比我去中國做節目多很多，加上他又拍了一些電影啊電視劇，自己就掙夠了後來大學的全部學費。

上了大學之後，他演了一些電視電影，但都是一些配角，他自己發現在日本從事藝能行業競爭是很激烈的，養不活的人是大有人在的。後來，他放棄了這個行業，現在在東京一家大手 IT 公司做營業，也還在繼續學中文，他大學就是學中文的，大家如果對他的事有興趣，可以上維基百科「日向滉一」查一查。

好，回到那一天，到了下午四點，餐點全部準備好，我跟久美子和她的朋友們說了聲「抱歉」，摸摸兒子的頭，快速換上了便裝，背上了攝影包，用七十公里的時速開車趕走了青山大街的時裝展會場。下午五點時裝展開始，我開始了我作為攝影記者的拍攝工作，展覽會結束以後，我又和相識的攝影記者、時裝評論家們一起參加了酒會，大聊特聊時裝界的新八卦。快到八點的時候，我的手機響了，是托尼打來的，他在電話裡說：出事了！韓國皮條站到我們的地盤來了，要我馬上趕回歌舞伎町去。

我一陣慌張，飛快地奔向停車場，跳上車，一踩油門，去了歌舞伎町。等我趕到的時候，就看到中央街的路口上，托尼帶著幾個小弟，正和七、八個韓國人對峙著，我趕緊插到他們的中間，鼓氣氣勢吼了一聲：「誰是你們的頭兒？」幾個韓國皮條一齊瞪著我，一個彪形大漢踏出一步，用日語說到：「從今天開始我們也要站到這條街上！」看起來，他就是他們的頭兒了，因為之前被名高提醒過好幾次，我其實挺提防這些韓國人的。但我知道，這時候我不能表現出一絲一毫的退縮，否則就等於認了輸，以後我們在這條街上就會被韓國人壓著做事，陷入被動的局面。所以，我也用日語對那個彪形大漢說，中央大街和第一番大街是我們的地盤，你們韓國人的地盤不是在櫻花大街嗎？聽到我這話，他將一張大臉皺在一起，表示從今天開始他們也要站在這裡。

正在這時，從靖國大街走過來一個「雅酷扎」打扮的男人，看到這個男人，那幫剛還怒氣沖沖的韓國人立刻卑微地集體點頭哈腰起來。我打量了一下這個男人，他長著一臉橫肉，額頭和臉頰上有好幾道傷疤，臉上泛著油光。我想起了之前名高告訴我的情報，幾乎立刻肯定這個人就是那個傳說中的「朴」。果然不出我所料，男人直接走到我面前，用流暢的中國話開口說，「我姓朴，你也知道最近不景氣，所以也想在這條大道上做點生意，不會為你們增添其他麻煩的。」說完，他又回頭對那群韓國人用韓語嘰裡呱啦講了一通，依照名高的情報，「住 X 會朴」是出生在韓國的華人，儘管我知道這件事，但聽到他在漢語、韓語和日語之間流暢地切換自如，還是非常驚訝。我心想，怪不得他雖然只是住 X 會下面的一個小組員，但卻統管所有的外國人。「住 X 會朴」接著又問我，做你靠山的是？我沒有說鈴木的名字，只告訴他是山口組的 X 心會。聽到我的回答，他的態度更強硬了。

也許大家都聽過，山口組是日本最大的「雅酷扎」組織，甚至在亞洲都是首屈一指，但其實在日本，山口組的總部在大阪、神戶和京都等關西地區，勢力也以在那邊最強，雖是強龍卻難以壓住東京的地頭蛇。當時山口組在歌舞伎町的勢力，也只有一個小小的X會，就是這個X心會「住X會朴」說，山口組早就同意讓他管理歌舞伎町所有外國人了。今天他暫時給我一個面子，讓韓國人先撤，不過以後我不能跟他的人過不去，不然有我好看的。說完，他嘴裡哼著歌就走了，那幫韓國人也尾隨著他離開了。臨走之前，還挑釁地看了我好幾眼。

我當然不能眼睜睜地看著別人來分割我的地盤，這個事情之後，我做了一件鋌而走險的事情，而我的兩個保護傘，也是在這個時候出現的。

044

幫派的夾縫間

有一天夜裡，我在中央街街角的「後樂麵店」門口，監督小弟們拉客，遇見兩個「雅酷扎」成員，一胖一瘦，他們從一輛黑色賓士車走下來，衝到我面前，一把抓住我的衣領威脅我說：「你就是那個姓李的吧！聽說你最近囂張得很，到處張牙舞爪，你們的後台到底是誰？」我告訴他們，是山X組的鈴木，沒想到兩人根本不買帳，依舊拉著我的衣領：「你聽著！我們是極X會的，這一帶是我們的地盤。」

歌舞伎町專有區域，都被日本「雅酷扎（ヤクザ）」瓜分了，我在自己專欄上常使用的「名言」：歌舞伎町是「日本雅酷扎博物館」。這句話在電影《孤狼の血》上映造勢會上，用我的嘴巴講出時，引起了全場哄堂大笑。但其實並不是每一個地方都分得那麼清楚，有的地方，一條街上有好幾個「雅酷扎」組織共同管轄，關係也非常微妙。當時，正是極X會的勢力越來越大的時候，而且我已經知道關東地區的街店，接頭拉客的都是極X會在管理著。

這裡先解釋一下極X會的背景。東京新宿歌舞伎町，在華麗的霓虹燈的陰影中，一個巨大的幫派組織每天都有可能捲入地盤紛爭。極X會在新宿和池袋擁有強大的勢力，但隨時都有可能被其他幫派組織給做掉，因此每週五晚上九點，極X會大約有一百名成員在歌舞伎町這裡集合，保護自己的地盤不受其他幫派侵佔。極X會是一個在全國大約擁有五千人規模的「的屋」組織，「的屋」和一般的暴力團不同，本是在祭典中擺攤的攤販行業，然而僅靠擺攤的收入他們無法壯大起來，因此他們進軍幫派猖獗的紅燈區，通過做酒吧和夜總會的保鏢，乃至從事金融等各種各樣的工作，來獲取資金。

那兩個男人繼續說道：「聽說你最近連櫻花街也敢去了，那可是我們的地盤，你隨便跑到那去是不行的！」這時我才知道，櫻花街根本不是住X會的地盤，已經歸極X會所有了。那天「住在X會朴」之所以害怕我給山X組打電話，後來也不敢找我的麻煩，就是害怕這件事情暴露，他更害怕自己在他們的地盤上作威作福的事，被勢力強大的極X會知道。

我權衡了一下利弊，決定向極X會屈服。我問眼前的兩個男人，想讓我怎麼做？他們指了指他們的黑色賓士車，讓我坐進去，我也照辦了。坐下的那一剎，我不知道他們要帶我去哪裡，結果，他們只是要在車裡，跟我談「好處」的問題。他們表示可以當我的盾牌，他們提出的數目讓我很心疼，但我轉念想到那些找事的韓國人，最後還是答應了他們的條件。

我特別想說這兩個男人，他們一個叫崎田，一個叫瓜田，我和他們的交往關係一直持續了很久。尤其是瓜田，常看我頻道的觀眾，應該已經在之前的對談影片裡見過他了。崎田當時是瓜田的組長，後來因為一個內部的碎屍案件被判了十八年，瓜田成了他的繼任者。崎田被關在日本大名鼎鼎的小菅警衛所（こすげ拘置所），我去看他三次，還送了我剛出版的第一本書給他，書裡寫了他的故事。為了避免侵犯隱私，我用了個代號「S君」，他看了書抱怨：為甚麼不寫我的真名？！後來他聽說我要拍電影，還跟我說拍電影的時候，一定要用我的真名！後來，電影中演他的是日本著名相撲選手「舞之海（まいのうみ）」。在當時的監獄和拘留所裡，大家都以認識名人為豪，崎田進去後把我的書帶到裡面傳閱，所以不只在日本的警察大學、日本國會圖書館有我的書，日本的監獄大學裡也流傳著我的書和各種訪談我的雜誌。所以不少在監獄裡的人沒有見過我本人，但都知道我。

總之，從那天開始，看似我有了兩個後台——山X組和極X會，但其實和兩座大山之間發生了各種各樣的糾葛。至於朴桑，他也沒打算放過我，我第一次遭到福建人綁架的幕後黑手就是他。這個經典的故事，留著以後再細說，現在，我們先回來說一下「東北虎」的後續。

冬天的歌舞伎町，一到晚上就非常寒冷，我站在街上，常要去「後樂麵店」的前面買一罐熱咖啡，稍微回復一下體溫。有一天我一邊喝咖啡，一邊與一位熟識的日本小姐聊天，正聊著，從區役所街上走過來一個打扮得像過氣的「雅酷扎」、誇張地聳著肩膀的男人。又是金東，他大搖大擺地走到我面前：「我大哥要見你！怎麼樣？敢去見嗎？」

「有甚麼不敢的？！」我不怕他，相反，我確實覺得應該好好解決一下和金東新靠山「東北虎」之間的問題了。我們約好第二天下午三點在「上高地」咖啡館見面。第二天，當我準時來到「上高地」時，他們已經坐在裡面了。金東正在喝著一杯冰咖啡，「東北虎」在旁邊翹著二郎腿，兩人那副樣子，怎麼看都是不入流的鄉下流氓，根本不像甚麼大來頭的人物。

不知道為甚麼，這一次「東北虎」不像上次那麼耀武揚威了，一開始他口氣溫和地指著金東對我說：「上次在ルノアール（雷諾亞）的事情向你道歉，今天只想跟你說一件事，你給他個面子，都是中國人，別互相過不去，怎麼樣？」我知道這絕對不是他來見我的目的，直截了當地問他：「到底找我甚麼事？」「東北虎」也不繞彎子了：「我的要求只有一個，你交出兩百萬的話，我可以考慮放棄你的地盤。」

聽到這話，我心裡反而輕鬆了。一開始我搞不清楚他是要給金東撐腰到底，還是只想要錢？既然他只是要錢的話，那事情就簡單了，我也不再顧慮甚麼了，指了指金東對他說：「老大，我想和你單獨談談，能不能讓你旁邊的小子走開？」「東北虎」看起來是個粗人，但也有點明白了我的意思，他點點頭，衝著旁邊的金東努了努嘴示意他離開。金東極不情願，還想狡辯幾句，但東北虎訓了他一句：「行了行了！出去！」金東於是不情願地走了。

我看著金東走出門身影消失之後，轉過來馬上對「東北虎」講：「咱們有話好說，我先『小意思』二十萬？以後的慢慢來。」

「東北虎」的嘴角一揚，看起來很高興。「還是你聰明，剛開始就這樣的話，我也不會這麼強硬啊。」

既然錢的事情談妥了，我乾脆向「東北虎」提出要求：「請你以後不要再為金東跟我過不去了，你覺得行麼？」聽到我的話，東北虎居然一反常態，也說起金東的壞話來：「那小子最近口氣越來越大，我也很不高興，既然你這麼有誠心，他就交給我來對付吧。」他停頓了片刻，又問，錢甚麼時候給？我趕緊從胸前的衣服口袋裡，掏出一個信封塞了過去。其實，我一早就預料到事情的發展，事先準備好二十萬日元帶來了。我笑著對他說：「二百萬日圓！請！」「東北虎」高高興興地收了錢，我想他應該再也不會來找我甚麼麻煩了。

沒想到幾天後，又發生了另外一件事。那天下午，我的新晉「保護人」之一，極X會的崎田打電話給我，我剛一接到電話他就劈頭大罵起來：「喂！小子！你是不是得意過頭了？」

「怎麼了？」我小心翼翼地問。

「甚麼怎麼了！這些混蛋是你的人吧？膽子真大，以為你們在甚麼地方，這是在日本！趕快統統給我滾回你們的國家去吧！」

他口氣很激動，我越聽越不明白發生了甚麼，而且聽筒裡還不時傳來其他人的怒吼聲，我升起了一種不祥的預感。我急急忙忙穿好衣服，從家裡開車到櫻花街，看到崎田帶著二十多位「雅酷扎」成員，正在和一群中國的幫派對峙著，看起來馬上就要大打出手。平常，只要發生一點小鬥毆，歌舞伎町的閒雜人員就會饒有興趣地跑來圍觀，但這次完全不同，無論是日本人拉客的、韓國人拉客的，還是那些小姐和媽媽桑，一律都躲得遠的，怕自己也捲入這場爭鬥中。我的一顆心落了地，我確認了和極X會對峙的那群中國人，並不是我們的手下，他們甚至還是我的對手。我看到了金東也在裡面。這時，托尼一路小跑來到我的面前：「李哥！你還是離開這裡比較好，那些人是因為你才在這鬧事的！」

原來，今天托尼和幾個小弟剛站在櫻花街上準備拉客，「東北虎」和金東突然來找麻煩，說我們的地盤在中央大街和一番街，櫻花街從今天開始由他們管理。托尼告訴「東北虎」和金東，有甚麼話和保護人說，於是給崎田打了電話，自己先帶人撤了。三十分鐘後，崎田帶領著極X會的一群小弟出現了，和「東北虎」一幫人在櫻花街上吵了起來。原來「東北虎」收了我的錢，確實放棄了進入中央街和一番街的想法，但他又把目標對準了櫻花街，想強佔櫻花街的地盤。不過，他們沒有通過日本「雅酷扎」的同意就自顧自地打進去，如果認可了他們這種行為，管理這區域的極X會哪還有臉面？崎田他們當然是不會答應！

「東北虎」用蹩腳的日語對一個「雅酷扎」成員說，我朋友很多，我們只要一叫一、兩百人立刻就會趕來。極X會的一個小弟被這話激怒了，他衝上去揪住「東北虎」的衣領，一場大暴亂眼見就要爆發。正在這時，大街兩頭各自出現了幾十名手持木刀、砍刀的「雅酷扎」成員往這邊趕來，簡直就像是港片《古惑仔》中的場景。後來，在電影《新宿事件》中，根據我書中的故事重映了這一幕場景。「東北虎」一群人立即被圍困在中間，看起來像「雅酷扎」頭目的小個男人站到前面，他的身高看起來雖然只有一公尺六左右，但全身都是掩藏不住的殺氣。

「你們這幫傢伙是不是不想活了？誰是頭？給我站出來！」

「東北虎」似乎從來沒有經歷過這種場面，臉上的神情一下子就緊張起來了。他向前邁出了一步，站了出來，金東也趕緊跟著他到了前面，替他做起了翻譯。

「他是我們的頭，姓陳，他的日語不太好，有甚麼話由我代他說。」

這時，從靖國大道上傳來了警車的警笛聲，「東北虎」的臉色一下子變得鐵青。我捕捉了他這個神情變化，瞬間明白了，原來他還是個黑戶口。小個子男人冷笑著對「東北虎」說：「我想你們不會喜歡警察吧？說實話，我們也不喜歡，怎麼樣？還是乖乖地跟我們來吧！到我們的事務所坐下，咱們慢慢談？怎麼樣？」

就這樣，「東北虎」和金東在一大群日本「雅酷扎」成員的簇擁下離開了櫻花街，談判的結果是金東一群人被極 X 會收為門下，每個月只要交納相當金額的「保護費」，就被允許在櫻花街進行他們的買賣。我醒悟了，無論是日本「雅酷扎」還是中國的幫派們，兩者的最終目的是一樣的，那就是錢。我感受到了自身處境的危機，不知道自己在歌舞伎町的這場明爭暗鬥中能夠生存到何時啊……

045

如何證明自己存在過？

講了很多歌舞伎町的派系爭鬥，令我自己的生存處境受到威脅，不過在那個冬天過後的一九九九年，也發生了一些好事。來到日本的第十一年，我拿到了永久居留，我們簡稱「永住」；而眾所周知，到二〇一五年我又從「永住」變成了「歸化」。今天就來聊一聊大家關心的「永住」和「歸化」話題。

一九九九年，我來到日本的第十一年，我的兒子已經六歲，我和久美子買了三房一廳的新公寓，搬了家，住到蠶森公園附近，把兒子送進了公園裡的杉併區第十小學。這一年，我同時申請了日本的「永住」與「歸化」。我剛來日本的時候，申請「永住」需在日本居住二十年，按照這個標準我還要等上九年才能申請，幸運的是在一九九九年，永住申請的條件放寬了，只要住十年就夠了。我是在年初提出「永住」申請，十月就批下來了，很快，因為我的老婆、小孩都是日本人。

雖然我在這之前還沒有成立公司，但一直以個人身分主動繳納導遊（ガイド）工作的稅，並且按時繳納健康保險和房屋租金，因為這些原因，我在申請「永住」的時候幾乎沒有遇到困難。同時，我也在申請「歸化」，但因為我有違反交通規則的紀錄，出過一次車禍，不到半年的新車全損，有保險公司全賠，但扣了三點。所以，在提出申請半年後，日本法務局的國籍科主動給我打電話，勸我放棄申請，說因為交通違規的點，很難批下來，建議我「三年後再來」。我就把材料撤了，不是被拒，相當於是被「勸退」了。據悉，現在是扣了一點，也會被「勸退」。

既然說到了「永住」，也順便說說「歸化」吧。我是在二〇一四年再次申請「歸化」的，當時最主要的原因就是我要參加二〇一五年新宿區的議員選舉，一定要先拿到日本國籍。雖然這次我沒有任何交通違規，但其他需要交的資料也是五花八門，光是資產和收入證明上需要填寫泉源徵收票、年收、健保、社保的繳納總表資料表、各地方稅納、都民稅、區民稅證明、地方稅所得稅證明、公司的登記資料證明等等，附上這些材料才能證明我在日本是合法工作、合法納稅。因為我離了好幾次婚，還需要去每個搬過家的區役所開出婚姻和居住證明來。另外，我的餐廳僱用了正式員工、店長、廚師，還要出具員工們的日本福利年金、社會保險繳納證明等。

不過，在日本準備資料雖然繁瑣，但流程還是很順暢的，真正讓人頭痛的是中國的材料，出生證明、家庭成員證明、包括最後一次離開中國的時候住在甚麼地方，也需要開證明。我在中國湖南長沙開福區居住的那條街，因為拆遷已經沒了，我跑去派出所，整個派出所找不到我所有的資料。我又去我父母的單位去找他們的檔案，但被告知不是黨員不能查看檔案。焦頭爛額的時候，我突然想起來，我在一九九九年申請過一次歸化，當時這條街還存在，我曾經開出來過一套公證書。有一個我父親的舊識是某部門說得上話的人物，他給我出主意：你應該去國家檔案局，涉外的公證書等相關文件，那裡一定有的。透過這個人找關係，我進入了國家檔案局的湖南省檔案館，一般人是進不去的，在中國甚麼都要靠找關係。在檔案館裡，我順利找到了一九九九年開出的公證證明，然後把這套證明影印後，由檔案局蓋上公章，再拿去公證處公證，然後還要等一個星期。我在中國待不了那麼久，委託在湖南的嫂子，把最終開出的公證書快遞到日本，才總算結束了這一系列折騰。

在我的歸化過程中，最難的就是回國拿這套證明的過程，差點把我搞崩潰了。終於，這些都準備好，二〇一四年六月中旬我向東京法務局正式提交了書面申請，九月我就到東京法務局接受了面試，十月初去中國大使館遞交申請國籍證明並註銷了護照，這意味著審查基本上已經結束，日籍指日可待。接下來就是坐等「官報」發榜了，一般來講，半年左右就可拿到日本國籍，這樣的話，參加翌年四月的新宿區議員選舉，時間上還是綽綽有餘的。新宿區議員選舉公告是在二〇一五年四月十九日開票，以這一天為準的三個月前為期限，必須在新宿區政府完成住戶登記，才能成為有選舉權的人，否則無法成為候選人。也就是說，我的國籍下來的最終時限是一月十九日。時間越來越緊迫，我始終認為在這之前，我一定能加入日本國籍，可是左等右等，好消息就是不來。

二〇一五年很快就到了，元旦假期結束後，政府機構又重新開始工作，每天早上我都會打開官報的網頁，查看「關於日本國歸化許可」一欄的信息，這幾乎是我那段時間每天的「必修課」。然而，官報並不是每天更新，而且負責入籍結果批示的法務省，也只是一週更新兩、三次訊息。我每天都滿懷期望地一邊禱告，一邊打開網頁，但始終沒有找到自己的名字。就這樣，時間到了一月十四日，也就是新宿區議員選舉報名截止日前五天，這一天的官報上依舊沒有出現我的名字，我徹底陷入了絕望，難道就這樣沒戲了嗎？

做好最壞的心理準備，我撥通了新宿區選舉管理委員會辦公室的電話，也正是這通電話救了我。如果在選舉公告的三個月前入籍沒被批准的話，是不是就失去了被選舉權？面對我如此直截了當的問題，第一位接電話的負責人竟然無言以對，不過這也情有可原，眼看就快到報名期限了，突然來了個外國人準備拿到日本國籍後成為候選人，這種情況的確很難遇到。接著，換了他的上司繼續接聽電話，此時此刻電話裡傳來的消息，對我來說簡直就是福音。他是這樣回答：「先生，不是的，如果三個月前就身為外國人住在新宿區的話，獲得日本國籍的時間即使不到三個月，也可以用之前的時間來彌補，所以可以獲得選舉和被選舉權。」

日本的公務員向來以保守固執著稱，怎麼會有這麼通情達理的對應辦法？我後來才知道，這並不是新宿區政府的特權，也不是特別為我開了甚麼後門，而是二〇一二年《住民基本資料登記法》的修正法案救了我。幸虧在申請歸化時，我已把住戶票的地址遷到了區政府同一町的歌舞伎町「湖南菜館」，這也成為了我在日本的「出生」本籍的住址。而更好的消息是，兩週後的二〇一五年二月四日，我終於在官報上找到了自己和兒子的名字，我的入籍申請被批准了。恰好這天有「日本放送」的早晨廣播節目「邦丸日本」，我作為評論員和這個節目長期合作，從我公佈申請日本國籍並且要挑戰政界起，就隨時在節目裡分享我的入籍歷程，就在我被批准入籍的這一天，剛好趕上錄影節目。主持人野村邦丸和我把原來的腳本幾乎全部更改，一起分享了官報上這個好消息，正式宣布了將參與競選，節目裡也是一片歡聲笑語。

在這裡我也想說一說，常有朋友問我，來日本選「永住」還是選「歸化」？我可以講講，我這三十多年來的觀察，現在的「永住」真難，跟「歸化」一樣的難。我在一九九九年申請「永住」的時候感覺還比較簡單，現在門檻比那時更高了。首先，現在的「永住」需要你繳交厚生年金，也就是社會保險，而且要連續三年以上。我那時候沒有買厚生年金，只買了普通的國民健康保險。還要嚴格審核你的護照，每年需要有三分之二的時間待在日本。然後要求年收入在三百萬日圓以上，這裡面的標準也是越來越嚴，主要是要評估你的納稅狀況，為了防止那些兩頭跑，拿了永住不在日本繳稅的情況。據我所知道，很多在日本的廚師因為不願意報稅，或少報稅，也不願意買厚生年金，雖然可以續簽工作簽證，但他們就算來了十年以上也拿不到永住。拿不到永住，意味著不能低利率貸款購買房子。更甚是，政府最近又在內閣會議上通過了入管法等修正案，進一步明確了外國人的永住條件，規定了在永住之後故意不繳所得稅和社會保險的情況下，將取消永住權或變更在留資格。

相比「永住」，「歸化」對語言能力的考察更加嚴格。我在二〇一四年申請的時候，有一個多小時的日語面試，被問了大約一百五十條問題，基本上就是問有沒有犯過罪、有沒有違反交通規則之類的。我老實回答，我有被逮捕過一次，但沒有被起訴。這個面試不僅是考察你的日語水平，更是考驗你的誠信度：你有沒有說謊？有沒有做一個日本人的誠信？還問我跟老婆離婚有沒有給生活費，我說我以前給三十萬，三一一大地震以後減少到二十萬，小孩上了大學以後每個月給十萬，直到小孩大學畢業二十四歲參加工作那年，才停止給扶養費。順便帶一句，普通一般職員離婚，給小孩的扶養費也就是五至八萬日圓不等。法務局的審查官，還專門給已離婚的前妻久美子打了半個多小時的電話，詢問我的為人和誠信。久美子後來告訴我，其中有一些問題涉及很「失禮」的隱私，我至今不知道審查官具體問了些甚麼。

聽說現在的「歸化」考核裡面，也增加日文筆試，筆試通過才能進行面試，其實是對日文程度考核更嚴格了。表面上講，在日本生活五年，只要納稅就可以申請「歸化」，但其實不是那麼簡單，這裡面有很多我們不知道的內定的標準。但最基本的原則，我是看得出來的，在這裡納稅多的、納稅年數長的、跟日本人結婚的，尤其是有子有女的，也就是說，為日本經濟和少子化做出貢獻的，比較容易獲得批准。在我的熟人裡面，有一位在新宿開店的畫家，他一度在日本是黑戶口，後來跟日本人結婚了，還生了一個小孩，就在我們新宿開店。他去申請「歸化」，不到半年就批給他了，我覺得原因就是為少子化做了貢獻，而且他沒有別的刑事案件，人品是不錯的。但到今天為止，李小牧在日本為解決少子化問題，更是做了好幾次的貢獻。

這些故事其實告訴我們，無論「永住」還是「歸化」，如果你是良民的話，其實不難，至於選「永住」還是選「歸化」，我作為一個準政治家，建議如果你真心喜歡這個國家，一定要學會這個國家的語言，成為這個國家的一員。

最後，我還想多說兩句日本護照這個「萬能的通行證」。二〇一三年，我擔任特邀嘉賓去參加我的電影《人間》在加拿大多倫多國際電影節，當時我拿著中國護照，在海關被盤問了兩個半小時。對方打開日本網站，搜尋我的信息，看到我書中寫的和日本幫派的故事，懷疑我是在日本生活的「チャイニーズマフィア（中國黑手黨）」。而和我同行的日本人男演員，幾秒鐘就過了海關。半年以後，我又去土耳其參加伊斯坦堡國際電影節，也同樣是拿著中國護照，被困了兩個小時，海關人員當著我的面拿著放大鏡，重複看我的護照是不是假的。這兩次讓我深有感觸，中國護照太難通行了。不過，日本護照雖然可以免簽一百九十四個國家，被公認是全球「護照排名指數」第二的國家，但是在疫情之後，現在去中國是要申請簽證的，而且中國駐日本大使館的網站是全世界最難用、最麻煩、最囉嗦的網站。所以，我現在去中國是非常麻煩的，乾脆也懶得去了。

046 來自東北的大偉

金東的新靠山「東北虎」被日本「極Ｘ會」收入門下，「東北虎」知道我背後有警察，因為他沒有簽證害怕被警察抓，再也不敢來騷擾我。如此一來，儘管投靠了「極Ｘ會」，但由於搶不到地盤，他很難在歌舞伎町生存下去，不久後他就離開了東京，往日本的東北地區去了，從青森到了北海道，最後因為在北海道的一個搶劫案件被判了刑，遣返回了中國。這些都是名高在兩年後告訴我的。

「東北虎」走了以後，歌舞伎町又來了「東北狼」，這個人是在日本後來被定為準暴力團的「中國龍（チャイニーズドラゴン）」其中一個主要的頭目，名字叫「大偉」，就是我這本書裡講到的大偉。大偉的主要活動範圍原本是在錦西町一帶，後來才進入歌舞伎町，為了搶佔地盤，他命令手下打過托尼。因為托尼是黑戶，被打也不敢報警，這其實是打給我看的，甚至想繼續威脅，目的是為了把我趕出歌舞伎町。大偉和他的手下經常聚集在風林會館的「巴黎人咖啡館」，也就是我在最早的節目裡說的中國人打死日本雅酷扎的地方。

有一天，我剛剛在歌舞伎町 koma 劇場的旁邊把車停好，剛一下車，五、六個來者不善的中國人就衝上來把我圍住了，說：走吧，跟我們去一下風林會館吧。我就知道要去巴黎人了，我只好跟著他們一起走，同時腦中快速思考該怎麼辦。我注意到那幾個人日文不太好，於是拿出手機，假裝要跟我老婆打電話，我對他們說我要讓老婆過來把車開走。幾個人猶豫了一下，但沒有阻擋我，電話很快接通了，我趕緊對著那邊說：「久美子，現在我要去風林會館的喫茶店，有一個會談，車停在 koma 的前面了，一個小時後麻煩你把它開走。」話說完，我飛快地掛了電話，實際上，我打的是名高的電話。我用這種方式向他傳達了我去了哪裡，按照我們的默契，他馬上就猜到我肯定是被威脅了，而且他的辦公室，也就是「組織犯罪搜查本部」，就在我們歌舞伎町的某一大樓裡，那時候正好是傍晚，他跟幾個同事剛要下班，準備喝個小酒回家，還沒開始喝就接到了我的電話。

到了風林會館，大偉坐在裡面，還帶著十幾個手下，金東也坐在他們當中。「東北虎」走了以後，他跟了「東北狼」，他知道「東北狼」才是真正在日中國人的大佬，比「東北虎」有勢力多了。坐下來講了五分鐘話，我就看到沓里人的兩個門口，都來了便衣警察堵在那裡，其中那個主要進出口的門口，我看到了名高。其實大偉要講的無非就是那些話，從今天開始我允許你在街上拉客，但是小弟歸我管，兩條街也歸我。我跟他打著哈哈，不說行，也不說不行，就在這個過程中，我的電話響了，一看是名高打來的。他說，你站起來，往我這邊走，不要回頭。

我剛站起來走了兩步，金東認出了名高，大家都知道是警察來了，但不知道警察來幹甚麼，也不敢阻止我。我一走到門口，名高的兩位同事就一把搶走我的電話，一邊架我一個把我帶走了，在現場的所有人看到一幕「我被警察帶走了」的場景。其實，這是一齣給他們看的戲，走出門沒幾步，兩個警察就把我放開了，把我帶到停車的地方，親眼目送我安全地離開了那個地方。但我知道，大偉不會善罷甘休，我還得給他面子。

帶著當時的女友莉莉，我去了大偉在錦糸町的中餐館「天安門」。「天安門」門口，也是東京最早安裝攝影機的地方之一，是警察為了監視大偉的組織活動。那天我剛到半小時，警察就給我打了電話，確認我的安全。大偉的真名叫佐藤威夫，這是公開的，他被稱為「中國龍」的「Don（ドン）」，在日文裡面是「大佬」的意思，就是說他是中國幫的大佬。大偉出生於黑龍江，因為媽媽是「殘留孤兒」，在中國的小學裡他常被叫「小日本鬼子滾回日本去」，遭到毆打和欺負。他也曾一度加入中國人民解放軍，但是在一九八六年和媽媽一起回到了日本，取得了日本國籍並且創辦了一家貿易公司。「殘留孤兒」也就是「遺孤」，是指那些在一九四五年日本軍隊從中國撤退期間，因為種種原因被遺棄在中國的日本孤兒。一九七二年中日邦交正常化以後，這些人大部分都回到日本生活並獲得日本國籍。但是「殘留孤兒」及其後代，在日本社會遭受了不少的歧視，這些青少年淪為暴走族，四處尋找打架對象。

依日本的規矩，二十歲後成年了才能加入「雅酷扎」組織，所以那些十幾歲未成年的「殘留孤兒」後代們就加入了「チャイニーズドラゴン」，漢字寫作「怒羅權」。怒羅權的創始人有兩個，一個是佐佐木桑，他是在十一歲的時候跟著殘留孤兒的媽媽回到的日本，後來在日本長大，成為了怒羅權的初代總長。據大偉說，佐佐木桑是正牌的創始人，還有一個公認的創始人叫汪楠，他在吉林省出生，十三、四歲的時候來到的日本後，因為受到了歧視和差別對待，在學校常被日本人欺負，為了生存下去而成立了「怒羅權」組織。「怒羅權」這個名字就來自於他們對日本的「權力」的「憤怒」，再加上戰神「阿修羅」的「羅」字。而跟隨大偉的小弟們，基本上都是二十歲之後從怒羅權「畢業」後到了他身邊，加入「チャイニーズマフィア（中國黑手黨）」。當時的大偉和小偉，在江湖上被稱為「佐藤兄弟」，在頂峰時期他的小弟多達幾千人。據說，從怒羅權出來的小弟們，只有很少一部分成年後加入了「日本雅酷扎」，其餘百分之九十以上都成為了「チャイニーズマフィア」。因為沒有經濟來源，他們起初做了一些違法的事情，例如我之前說過的偽造彈珠機的心臟部分（俗稱ルーム）和假卡之類。但到了現在，三十年之後，不少人都慢慢走上了正軌，做起了生意，開賓館、飲食店，有了自己的產業。

二〇〇五年的大年初一，大偉被日本警察逮捕，這件事引起了日本社會的關注。我曾經在寶島社旗下的雜誌特刊上寫過一篇詳盡的大偉專訪文章，其實專訪他是另外一個作家，但我陪那個作家去訪問他的。大偉被逮捕以後，TBS電視台沒有經過我的同意，當天晚上的新聞節目擅自使用了裡面的一張照片。我對這件事很不滿，為了表示我的立場，在出版第二本書的時候，封面特別拍了一張用手頂著脖子的圖片，假裝那是一把槍，意思是如果因為這張照片得罪了大偉等人，我可能會被他們殺死，與其被別人殺死，還不如我自己自殺。這其實也暗示了，我在歌舞伎町生存的一種處境。不久後，ＴＢＳ就來找我私下賠禮道歉了。

大偉進監獄前，專門舉辦了一場宴會，那也是我第一次進到大偉的家裡。各路人馬都來送別，我把我新出的書也送給了他，我們就是這樣成為了朋友。有一件很重要的事情，一定要表揚大偉。在他被逮捕之前，千葉縣發生了一起柏青哥的送金車遭搶劫事件，被搶走了數千萬日元，還有一個人被槍殺了，這個案子是一個中國留學生和一個日本人聯手幹的。警視廳搜查一課，相當於香港的重案組，專門調查重大案件和殺人事件，第十系的系長找到了我，給我看了犯人在高速公路上被拍的照片。我給我十幾個小弟每人影印了一張，如果在歌舞伎町看到他們，立即給警視廳打電話，但找了幾個月都沒找到。

我把大偉介紹給了這個系長，他拿著照片拜託黑龍江公安廳，當時中國政府還是很配合的，日本人被順利的遣返回日本。當時把這個日本人從北京機場接回來的，就是我在搜查一課的擔當H桑。破案之後，H桑特意讓系長一起請我到了警視廳新大樓的十六樓警察食堂，吃了一個咖哩飯。周圍全是警察，就我一個路人在裡面坐著。日本的警察不能隨便請客吃飯，這頓飯是系長個人掏腰包的。這是大偉做的好事，後來他被抓的時候，我還找H桑開了證明，證明他對警察有協力，拖延了兩個月才被關進去，並且把一年半的刑期減到一年。

在日本，抓到槍犯和殺人犯是最大的立功，因為大偉的幫助，H桑很快就升職了。在大偉服刑的時候，H桑還帶了夥伴一起去了他服刑的日本東北部的監獄，名義上是調查事情，實際就是去探監。他們在筆記型電腦裡夾著巧克力帶進去，也帶了一些色情雜誌，畢竟男人嘛，在裡面要打手槍的。

出獄後，大偉就回到中國。二〇〇九年，我帶著竹端先生去訪問他，在《朝日新聞》刊出了一期專門報道，他住在北京郊區一棟大別墅裡，附泳池和桑拿，平時還有保全在站崗。大偉隆重接待了我們，在北京一間最貴最屌的素食餐廳，全是用豆腐做的肉和魚，一點也不差日本的精進料理。那一餐應該吃了好幾萬塊人民幣，一開始竹端不敢吃，最後說不是請記者吃飯，是招待朋友，他才勉強和攝影記者跟我一起去吃了這頓飯。

大偉回到中國以後，靠著軍隊時期的朋友和資助過的留學生的幫忙，在東北地區從事城市再開發、礦石開採和鋼鐵製造業，又搞起了股票投資。我們採訪的時候，他已經是腰貫三億日圓的大老闆了。現在，大偉仍然是一個很有錢的商人，他跟中國的銀行界、政商界特別熟，因為日本人的身分，很多中國人做日本的生意時還常都會找到他。某巨型銀行的一個女副總裁，大偉還帶著她到歌舞伎町，還在湖南菜館吃了飯。他也認識很多中國明星，我就見過好幾個，他跟毛阿敏的老公尤其熟，因為他們是家鄉，很早以前就認識。毛阿敏第一次到日本開演唱會，就是大偉組織的，會場就在我們新宿的厚生年金館的公會堂。這樓已經沒了，但直到今天我和大偉仍是好朋友，只要他來東京，還是會來湖南菜館找我喝酒的。早兩個月，他還帶了一個明星來湖南菜館和我們一起喝酒。

047

一個中國女人之死

一九九九年十一月二十七日，神奈川縣的一間公寓裡，發現了一個倒在血海裡的中國女人，雙手被手銬銬著，頭上蒙著被子，血是從脖子流出來的，慘不忍睹。我聽說了這個受害女人的身分，立刻去買了一份當天的晚報，在社會新聞版上找到事件的報道，上面果然寫著一個我特別熟悉的名字：劉美玉。

兩年前的一天，劉美玉突然出現在中央街上，走到招呼客人的我的面前：「你就是李桑吧？我在風林會館地下一層開了一間夜總會，有空請來玩玩。」說著她遞給了我一張名片，看到名片上的名字，我沒忍住笑起來，因為我的中學同學中也有一個叫做劉美玉的。她一聽，就咯咯笑了起來，那我們更有緣分了。

劉美玉是「羅曼亭」夜總會的老闆娘，雖然已經有三十五歲了，但人如其名，依然是歌舞伎町都能脫穎而出的漂亮女人。她是哈爾濱人，身材豐滿，全身散發著一種成熟女人的魅力。第二天，我就出現在她的夜總會，當時我生存壓力大，想儘早和她談妥回扣約定。劉美玉出現在店門口，上前挽住了我的胳膊，我看出來她天生就適合做這種行業，眼神嫵媚，聲音溫柔，一招一式都很懂得如何向男性展現她身上的女性魅力。但我同時也感覺到，她身上有一種「毒性」，這種

「毒性」和她的外表是成正比的。

我恭維她：「哎呀，真漂亮！今後我們多多合作。」

「就拜託了！」她接著說：「你看我的店漂亮吧！」

我說：「我說的漂亮是——你漂亮，你們店當然也漂亮，你們的小姐們也漂亮，但最主要是你漂亮。」

這是李小牧式的社交話語術，她聽了很高興，她跟我說話就像在撒嬌：「是我要拜託你幫我帶客才對呢！現在的生意不那麼容易做，你要幫我多帶些客人來啊！」一邊說著，兩手熟練地打開錢包，掏出三張一萬日圓的鈔票，塞進了我的西裝口袋裡。

此後，我會因為帶去客人的關係，時不時地去她的店裡收回扣。劉美玉的夜總會生意異常火爆，她說「羅曼亭」是她和另一個中國女人合開的，但據我所知，幾乎客人都是衝著她來的。她偶爾會站在風林會館的入口處，從不主動去拉客人，只要用風情萬種的姿態往那兒一站，不一會兒就會有色迷迷的男人上來搭訕。她只要略施手腕，就能將客人「抓」進店。

我對她佩服不已，長岡就是被她魅力迷倒的男人之一。對劉美玉來說，長岡的意義可不只是來消費的客人，長岡當時的職務是警視廳保安部專管歌舞伎町產業的頭頭，他像中了劉美玉的邪一般，晚上常泡在「羅曼亭」，一直到深夜。劉美玉當然明白他的重要性，雖然也讓他自己掏了幾次腰包，但絕大多數情況下都是全部免單的。後來我聽說，劉美玉甚至自己支付給小姐三萬日元「出場費」，讓長岡帶他相中的女孩子到情人飯店開房。當然，她自己也和長岡睡過。長岡得到了這些財色的好處後，更加死心塌地的拜倒在劉美玉的石榴裙下。這裡要特別說一下，日本的公務員、警察和政治家，都是可以去風俗店消費的，但必須是自費，不能用公款當交際費，政治家更不能用政治獻金。所以，前兩年在廣島的一個國會議員，在他公開報帳的發票裡面，有一張是當地一間表演脫衣舞的酒吧，被查出來以後要公開道歉。

除了長岡之外，還有兩個警察也是「羅曼亭」的常客。據說，劉美玉靠這三個警察的關係，常常得到一些秘密情報，比方說入國管理局及警察時不時會來歌舞伎町，進行突擊大搜捕，夜總會進行的賣淫交易是違反法律的，特別是很多小姐拿著學生簽證甚至是黑戶口，即使是那些持有日本人配偶簽證的小姐，也擔心會被發現她們是假結婚。所以，這些酒店的經營者和小姐們最害怕的，就是入國管理局及警察。然而劉美玉的「羅曼亭」卻「走運」得很，據說每次大搜捕的時候，她都「恰巧」地關門休息。她本人說這只是一種巧合，但我才不相信，她絕對是早早從警方內部得到了風聲。

我過去就聽過有一些外國人的色情店，常以財色賄賂警察，金東的同夥之一「黃毛」，過去在開按摩店的時候就吹☒過，我每個月光賄賂警察就要花三百五十萬，所以別說按摩，真的打砲也是沒人來管我的，不知道他說的是真是假，但那家店的確沒被警察抄過。最後在經營到第三年時候，「黃毛」旗下七、八家連鎖店，因為被檢舉提供「本番」服務，一夜之間全端掉了。由於組織賣淫和偷稅漏稅數十億的罪名，「黃毛」最終被判了實刑入獄三年。

劉美玉的賄賂都是真槍實彈的，她店裡的小姐作證，她經常送給那些警察昂貴的名牌商品，還不時獻身於她的保護人。雖然劉美玉受到了許多客人的追捧，但店裡的小姐和男店員們卻都很討厭她，有一個小姐說過這樣的話，像她那種嗜財如命的人，我還是第一次見到。原來，一般的夜總會規定，客人在店裡點的單，陪客的小姐可以抽取一半左右的提成，但劉美玉規定小姐們只能拿百分之二十。其實這筆錢對於新宿的夜總會來說，真的不算多，但劉美玉就是摳門兒得很，為此她與店裡的小姐還大吵大鬧。不過，小姐因為她那裡的生意確實好，只能不情願地向她讓步。而男店員說，她賺那麼多錢，還連我這點可憐的工資都要剋扣，真是個守財奴！他舉了個例，說如果遲到一分鐘，劉美玉就要扣掉他半小時的薪水。

她對我也不如第一次那麼大方了，我去她那裡收錢時，她不時要賴掉一部分金額，例如我明明帶了五個客人去，她硬要賴說我記錯了，只給我四個人的錢。剛開始的時候，我也就不多跟她計較，少一個就少一個吧，但是時間久了，她越來越變本加厲，我明明把客人送到了她的店裡，她卻騙我說客人隨後轉身就走了，不能算我拉的客，事情越來越過火，我不得不嚴厲地警告了她一次：「你這種做法在歌舞伎町可是混不長久的。你知不知道，想把你轟走的人多了？我這裡也是在做生意，你這樣搞的話，我也沒辦法做人的。」

劉美玉的臉色突然變了，前一秒還在發嗲，下一秒就換上一副咄咄逼人的表情：「你少威脅我！你這個拉皮條的，你以為你是誰啊？」既然這樣，我也只好自認倒霉，不再給她的店裡拉客。可沒過幾天，她又跑來找我發嗲：「李哥，怎麼好幾天沒見到你？也不給我聯絡幾個客人，真是的一點也不夠意思。」

劉美玉就是這麼一坨摳門、勢利、臉皮厚的「美玉」。據說，就在劉美玉被殺的那天早上，長岡突然接到她的電話，不是平時那種撒嬌的聲音，反而有點顫抖。「馬上幫我準備兩百萬日元帶過來！」聽起來好像在害怕甚麼，她的聲音讓長岡意識到問題不對勁。這個長岡還是個講究情分的人，只不過當時還是凌晨，銀行根本沒有開門，誰手頭上會有兩百萬日圓的現金呢？於是，長岡立刻四處籌錢，最後和他關係一直不錯的歌舞伎町某家賭博遊戲店的店主，借給了他兩百萬，兩個人隨後一起趕往劉美玉的家。他們趕到那兒，用備用鑰匙打開了門，劉美玉早已一命嗚呼了。長岡立即報了警。

從各種報紙，尤其是小報的報道上看，案發時間差不多是二十七日清晨四點半左右到六點五十分左右，兩名罪犯闖入劉美玉的家，用手銬銬住她的手，再用繩子把她的雙腿捆綁，搶走銀行卡兩張，名牌包一個，最後用匕首割斷了她手腕和脖子上的動脈。驗屍報告也顯示，她生前還遭到了輪姦。兩名犯人在銀行取出了劉美玉卡裡的六百萬日圓存款，因為自動提款機一次最多只能取一百萬日元，而人工櫃檯則有被識破的風險，所以犯人們轉了好幾家銀行，這些銀行的防盜攝影鏡頭拍了這兩名犯人。經警方調查，得知這兩個人在事發當天已經從成田機場搭飛機離開了日本。

長岡也受到了牽連，這個案子意外地曝光了他和劉美玉的特殊關係，他不得不接受內部調查。我從名高那裡得知他受到了免職處分，理由是收受劉美玉的賄賂，利用職權給她提供了一些秘密的情報。從警方掌握的資料來看，長岡收下了劉美玉送的一隻價值兩百萬日圓的勞力士手錶，當他的小孩考上大學時，劉美玉又送給他幾十萬日圓祝賀金。像長岡這樣的被日本媒體稱為「惡德」的警察，我覺得也挺可憐的，說到底他們也是被歌舞伎町「毒害」的一類人。

劉美玉的死，給我帶來了強烈的衝擊，我越來越感覺到身邊有不少懷有敵意的眼睛在盯著我，而周圍認識的人當中，就有好幾個與殺人事件有關。那段時間，我的手機還常常會接到一些恐嚇電話：「你小子小心點，當心遭暗算！」、「你已經被盯上了！」、「你老婆兒子還好嗎？」到後來，這種相對「文雅」的恐嚇電話已經成了我的家常便飯，有時候對方不發一言，有時候只說了一句「殺了你！」電話就掛了。我每天都活在這樣的不安和惶恐之中，我猜有些電話可能是金東派人來騷擾我，但也有些電話讓我摸不清頭緒。我開始懷疑，難道真的有人在暗處瞄準了我？如果自己是單槍匹馬，出甚麼事也就認命了，但是我已經有了妻子和兒子，不管發生任何情況，我都不能牽連到自己的家人。我的神經一天比一天緊張，眼看著鏡子裡的自己，越來越憔悴衰弱，簡直不忍目睹。

劉美玉的悲劇，不是個別事件，是那個大時代下，芸芸中國人飄洋過海的結局之一。他們懷著各自的慾望與夢想遠走他鄉，盼望鯉躍龍門，能拿到身分，在陽光下生活，不過更多的，就在廚房和夜總會裡面，每天機械般勞動。嚴格來說，美玉是幸運的，最少她死了以後，成了小報的獵奇八卦。很多人死了，也就在某個角落消失了，無人知曉。

1841
一八四一

性事／政治家：歌舞伎町的人權主張

作　　者　李小牧
責任編輯　關煜星
文字校對　Jason
封面設計　楊雨謠
內文排版　京藤設計有限公司 吳巧蕙
出　　版　一八四一出版有限公司
印　　刷　博客斯彩藝有限公司

2025 年 1 月　初版一刷
定價　450 台幣
ISBN　9786269901739

一八四一

社　　長　沈旭暉
總 編 輯　孔德維
出版策劃　一八四一出版有限公司
地　　址　臺北市大同區民生西路 404 號 3 樓
發　　行　遠足文化事業股份有限公司
（讀書共和國出版集團）
郵撥帳號　19504465 遠足文化事業股份有限公司
電子信箱　enquiry@1841.co
法律顧問　華洋法律事務所 蘇文生律師

性事／政治家：歌舞伎町的人權主張／李小牧作．-- 初版．-- 臺北市：一八四一出版有限公司出版：遠足文化事業股份有限公司發行，2025.01
面；　公分
ISBN 978-626-99017-3-9（平裝）

1. CST：李小牧　2. CST：歌舞伎
3. CST：夜間娛樂　4. CST：文化環境
5. CST：回憶錄

782.887　113020407